QUELQUES
CONSIDÉRATIONS
SUR NOTRE TEMPS

DU MÊME AUTEUR

CHEZ LES MÊMES :

Essai de Philosophie pour tous, 1 vol. in-12.
Des Problèmes de la vie et de la mort, 1 vol. in-12.

———

QUELQUES
CONSIDÉRATIONS

SUR

NOTRE TEMPS

Nouvelle édition

PAR

M. JACQUINET

━━━━━━━━━━━━━━━━

PARIS

LIBRAIRIE ACADÉMIQUE DIDIER

PERRIN ET Cie, LIBRAIRES-ÉDITEURS

35, QUAI DES GRANDS-AUGUSTINS, 35

1905

QUELQUES CONSIDÉRATIONS
SUR NOTRE TEMPS

I

DU VRAI ET DU FAUX DANS LE PROGRÈS
ET DANS LA LIBERTÉ

Quand l'homme souffre, il fait effort vers un
mieux espéré, c'est son instinct ; si c'est une classe
ou toute une société qui se trouve mal du présent,
il en est chez elle comme chez l'individu : on y
cherche une amélioration qui satisfasse, et si le
mal dont on souffre peut être attribué à un état de
choses dont d'autres profitent, il y a guerre entre
les classes ou les individus, ou révolution contre
l'Etat. Un mouvement analogue se rencontre dans
l'ordre des sciences et des arts.

De là des changements qui ont pour principe ou
tout au moins pour tendance le progrès, mais qui

1

ne sont pas toujours des progrès ; qui ne sont souvent que des substitutions, des substitutions d'individus ou de choses ; il n'y a progrès que là où profite le bien général, et non par un changement en vue d'un bien particulier. Un progrès réel ne s'opère qu'à travers beaucoup de changements ; il est comme un diamant au milieu d'un tas de sédiments. C'est à la suite de changements et de révolutions multiples qu'une justice plus grande s'est établie parmi les hommes entr'eux, suivant une loi de progrès éclairée par l'expérience; c'est à la suite d'épreuves et de tentatives qui ne sont que des changements, que se découvrent d'autres lois qui sont le fondement des sciences morales et des sciences physiques ou naturelles ; et ainsi du reste.

Si le changement ne constitue pas le progrès, s'il n'en est tout au plus qu'une condition, il n'est pas moins vrai que le progrès, ou la marche vers le mieux, exige un certain mouvement dans les esprits. Ce n'est pas toujours la souffrance résultant d'un état d'imperfection quelconque qui met ici les esprits en travail; c'est aussi la vue d'un bien plus grand en perspective, et l'espoir de l'atteindre. Tels, parmi les individus ou les collectivités, sont satisfaits de leur sort, fût-il même médiocre : ce sont les conservateurs, en politique et ailleurs; tels autres, moins contents du présent, n'aperçoivent un mieux possible que pour faire effort vers lui : ce sont les progressistes de divers ordres.

L'on est conservateur, ou par habitude, ou par

intérêt, ou parce qu'on se croit en possession de ce qui ne change pas.

L'habitude est une seconde nature, a-t-on très bien dit; elle s'empare si bien de certains hommes ou de certains peuples que c'est une souffrance pour eux d'innover en quoi que ce soit, comme si leur nature en était violée. Tel est l'état des races stationnaires du vieil Orient asiatique, qui vivent de leurs traditions de mœurs et d'idées séculaires, sans pouvoir arriver à la conception d'un état meilleur; il leur faudrait, pour cela, une ouverture d'esprit qu'elles ne possèdent pas; faute d'exercice et d'enseignement extérieur, leur intelligence est restée dans le marasme; elles vivent comme leurs pères ont vécu, cela seul importe. C'est aussi là ce qui fait la routine de beaucoup de gens du peuple, à la campagne surtout, même chez les nations plus avancées en civilisation.

Chez celles-ci, les conservateurs par intérêt ne sont point rares. On appartient à un ordre de choses social ou politique dont on profite; cet ordre de choses peut exister au détriment d'autres qui en souffrent; les esclaves, par exemple, sous le régime de l'esclavage; peu importe, il faut maintenir ce qui est, car l'intérêt des autres échappe aux yeux de ceux qui bénéficient du présent; il y a d'ailleurs des droits acquis dont on ne peut les déposséder sans injustice. Ainsi raisonnent les conservateurs politiques et autres, aristocrates contre démocrates, riches contre pauvres, absolutistes con-

tre libéraux, chacun n'ayant en vue que ses intérêts ou les intérêts de sa classe.

Les conservateurs religieux rentrent plus ou moins
dans la classe précédente, avec cette différence chez
eux que la foi en une croyance remplace en général, comme mobile, l'intérêt chez les politiques;
ils se croient en possession de la vérité seule qu'il
importe de défendre et de maintenir; toute réforme
est sacrilège et odieuse à leurs yeux. L'on sait d'ailleurs que, religieux et politiques, les conservateurs
se sont plus d'une fois rencontrés sur un terrain
commun, et en s'appuyant les uns sur les autres,
pour maintenir un ordre de choses existant conforme
à leurs convictions unies à leurs intérêts.

En dehors de ces trois classes de conservateurs,
il en est d'autres éclairés et désintéressés, et dont
nous parlerons pour les opposer plus loin à certains
progressistes en qui la sagesse ou l'expérience font
défaut.

Nous avons dit que les progressistes forment le
second camp de toute société en voie de compléter
sa civilisation. Frappés par l'état d'infériorité ou
d'injustice de l'ordre présent, ou du mal résultant
d'erreurs tenues pour vérités, poussés par un mouvement naturel de leur esprit qui aperçoit un ordre
de choses meilleur ou plus vrai, les progressistes
cherchent à sortir de l'état stationnaire ou rou-
tinier où se plaisent les conservateurs d'habitude,
d'intérêt, ou de doctrine, pour porter ce mouvement dans les choses et dans les idées.

Mais la médaille a son revers. Au sein d'une société tourmentée par la recherche du mieux, le progressiste n'est parfois qu'un révolutionnaire, sinon un simple amateur de changements : c'est ce que l'on a souvent vu de nos jours. L'idée de progrès étant relativement une idée moderne, elle est devenue en vogue parmi les jeunes générations, et beaucoup d'entraînés l'ont adoptée sans la comprendre, mais uniquement pour rester dans le mouvement, comme on dit : de là tant de prétendus progrès qui ne sont que des changements.

D'autres n'ont cherché dans les bouleversements sociaux que l'occasion de se créer une place au soleil et de faire leur chemin, sans nulle préoccupation d'intérêt ou de bien publics, même à l'encontre de tout intérêt ou bien publics. Voilà les artisans du faux progrès.

Il faut comprendre que le progrès dans les idées et dans les croyances, comme la rupture des liens qui nous rattachent au passé, se font d'ordinaire par l'intermédiaire d'agents placés à des pôles opposés ; d'une part, les hommes de bien et les esprits supérieurs qui conçoivent, de l'autre, les cœurs légers qui adoptent par esprit d'opposition ou d'aventure, et dans des vues peu sérieuses ou peu avouables. Interrogez l'histoire, voyez ce qui s'est fait depuis un siècle en Europe, regardez ce qui se passe autour de nous : vous retrouverez ces deux classes d'êtres, dont les uns ont trop souvent compromis le bien que les autres avaient conçu, soit par sottise, soit

par inexpérience, soit par égoïsme ou tendance
mauvaise. Ainsi, avec nos idées modernes d'affranchissement, dans les milieux vulgaires ou peu cultivés, dans les ateliers, dans nos villages, ce sont
souvent les moins bons, et non toujours les plus
intelligents, que l'on voit sortir des rangs pour se
rallier les premiers aux idées nouvelles; ils voient
là une brèche à faire à la vieille forteresse des âges
passés, et ils s'y précipitent avec ardeur; mais c'est
dans des vues et des espérances précisément opposées à celles qui ont servi de mobiles aux initiateurs
bien inspirés dont ils se prétendent à tort les disciples; les premiers n'ont voulu que le progrès
conforme au bien de tous, ceux-ci, au contraire, y
voient l'occasion de s'affranchir des liens qui les
gênaient.

On pourrait déterminer ainsi la marche d'une
bonne idée : les sages et les intelligents la trouvent;
les gens qui parlent et écrivent la répandent; la
foule l'adopte, et les imbéciles, aidés des exploiteurs, la gâtent.

De quoi se compose l'opinion? De deux grandes
classes de gens : ceux qui pensent par eux-mêmes,
et ceux qui ne pensent que par les autres. La première classe, la moins nombreuse, comprend les
gens instruits et intelligents; dans la seconde, on
compte la foule. Celle-ci n'est soumise en général
qu'à des entraînements; elle remplace les idées
qu'elle n'a pas par celles qu'on lui suggère, sinon,
par des mobiles aveugles ou des habitudes d'esprit

dont elle ne se rend point compte. Il y a beaucoup plus de gens qu'on ne pense qui, à divers titres, font partie de la foule : les femmes, par exemple, qui senten* plus qu'elles ne pensent, agissent en général par entraînement, et le mouvement qui les emporte reçoit d'elles en retour une nouvelle intensité; il en est encore ainsi de la jeunesse.

L'opinion, où foisonnent ainsi les gens qui ne pensent que par les autres, est gouvernée non seulement par les esprits supérieurs et désintéressés, mais encore, malheureusement, par les habiles qui l'exploitent à leur profit. Ceux-ci tirent parti de toutes ses faiblesses pour réaliser leurs calculs; ou bien, si ce ne sont que des esprits légers, inexpérimentés, exaltés, ils entraînent les autres dans les fautes et les folies où ils sont eux-mêmes emportés. Pourquoi le monde paraît-il souvent si bête? C'est qu'il obéit servilement ou d'une façon inconsciente aux idées fausses qu'on a l'art de lui faire partager, et avec lesquelles on le dupe. De là, à certains moments, l'empire malfaisant de la mode ou de la vogue, qu'il s'agisse de gens ou de choses. D'autres fois, l'effet contraire se produit, quand on a affaire avec des esprits passifs, esclaves de leurs habitudes; alors il n'y a plus entraînement subi, mais plutôt obstination et résistance aveugle aux idées nouvelles; c'est là l'œuvre du préjugé, c'est-à-dire la conséquence d'un entraînement ancien qui persiste. Dans les deux cas, au surplus, il n'y a ici que des esprits aveugles ou passifs.

Dans ces conditions, que peut être, en politique, par exemple, le suffrage universel, vers lequel gravite le monde aujourd'hui? En général, une pure loterie; l'expérience l'a déjà plus d'une fois démontré; c'est à qui s'emparera le plus habilement de l'esprit des foules, qui ne pensent et n'agissent que grâce à l'impulsion dominante qu'elles reçoivent; si cette impulsion est bonne, on votera bien; si elle est contraire à l'intérêt général, on entraînera le pays vers des conséquences funestes. Dans le suffrage universel, on a cru trouver une garantie pour les intérêts de la démocratie, et l'on a peut-être eu raison à certains égards; mais s'il est généralement vrai que l'on ne fait bien ses affaires que par soi-même, et sans trop se fier au zèle des autres, encore faut-il avoir pour cela quelque clairvoyance dans l'esprit, et ne pas prendre, comme on dit, des vessies pour des lanternes. Le suffrage universel, partout où il a été admis, a fait arriver d'autres hommes au pouvoir — et c'est sans doute ce qu'on a voulu — sans qu'on puisse dire toujours que c'est le grand nombre qui en a retiré le plus d'avantages.

Éclairer l'opinion, pour que la classe des gens capables de juger par eux-mêmes devienne un jour plus nombreuse que celle des gens qui ne pensent qu'à l'aide de l'esprit des autres et au risque d'en être victimes, voilà sans doute la bonne voie. Il ne faut pas se faire trop d'illusions toutefois : l'opinion publique, quoi qu'il arrive, se composera toujours de bon nombre d'êtres trompés par les apparences ou esclaves de l'idée dominante, quelle qu'elle soit ; on peut bien aider les boiteux à marcher, mais on ne peut pas faire qu'ils n'aient une jambe plus courte que l'autre.

Dans l'évolution des idées où s'engendre le progrès politique et social, on peut faire cette remarque que l'initiative est souvent prise par les membres des classes qui ont intérêt à le repousser, en maintenant ce qui existe. Voyez les antécédents de la révolution de 1789 : ce furent les salons où primait la noblesse, qui acclamèrent les idées démocratiques de Rousseau et les livres anti-catholiques de Voltaire. Et aujourd'hui, que voyons-nous ? Ce sont des bourgeois qui ont posé les fondements du socialisme, et c'est le socialisme qui déclare la guerre à la bourgeoisie et veut la détruire. Et quand un jour le radicalisme des esprits a tiré toutes les conséquences des premiers principes ainsi posés, et qu'il s'agit de réprimer ce dont on commence à s'effrayer, on ne le fait qu'avec une certaine mollesse qui empêche d'atteindre le but. Est-ce la peur qui retient ici des cœurs timides ? Non, ce sont plutôt des scrupules de conscience et de justice, que fortifient des habitudes d'éducation.

C'est que, souvent, dans les idées nouvelles, quelque abus qu'on en fasse par la suite, il y a un fond de vérité et de justice qui a d'abord frappé ou séduit les esprits sérieux et réfléchis autant

qu'honnêtes, si même d'autres, en plus grand
nombre peut-être, ne les adoptent d'abord que par
légèreté et comme des nouveautés qui ont la vogue.
C'est ainsi que ces idées ont trouvé des protecteurs jusqu'au sein des classes qui auraient dû y
être hostiles, en recevant de leurs concours une importance qu'elles n'auraient pas eue sans cela.

Voilà pourquoi le moment d'enrayer et de sévir
arrivé, on n'y procède pas toujours avec la vigueur
nécessaire, mais seulement contraint par la force
des choses, et avec certains ménagements que ne
connaissent pas de moins scrupuleux et à la main
plus rude. Or, il faut souvent une main ferme et
pesante pour arriver à réprimer efficacement, lorsque les passions et les cupidités déchaînées à la
suite de l'évolution nouvelle ont changé le bien
en mal et la justice en oppression; les meilleures
intentions ne peuvent y suffire, car on a affaire
alors à des gens qui ne respectent que la rudesse
et que n'intimident que les coups.

A cela, les premiers inspirateurs ou protecteurs
du mouvement, dont ils seront peut-être eux-mêmes les victimes, ne peuvent se résigner ; ils sentent qu'ici il n'y en a pas moins une part de justice que leur conscience et leur raison se refusent
à condamner ou que réclame leur époque; ils sont
faibles, encore plus que gênés par leurs antécédents, contre les coupables ou les fous qui ont
compromis la bonne cause, et, tout en les maudis-
sant, ils encouragent par cette faiblesse honorable

— puisqu'elle est chez eux inspirée par la justice, mais compromettante quand même — ceux qui ne connaissent que la force et la violence : de là, alors, les nécessités des dictatures, ou les prétextes aux usurpations de pouvoir.

C'est ainsi que, par les conservateurs eux-mêmes, à travers mille obstacles, s'accomplit le progrès des choses et des idées, et non pas même par les plus aveugles d'entr'eux, mais souvent par les plus honnêtes et les plus clairvoyants; il y a ici une force ou une logique des choses à laquelle ils obéissent, sciemment ou non, même contre leur propre intérêt ; c'est l'impulsion instinctive vers le progrès social. Ce sont les idées qui mènent le monde.

Le progrès prend souvent des voies mystérieuses. Il en est ainsi ailleurs encore qu'en politique. L'entraînement des esprits en écarte aussi souvent qu'il y ramène. Nous l'avons remarqué déjà, il y a peu de gens capables de juger les choses en elles-mêmes selon leur valeur propre ; la plupart doivent être sollicités et entraînés, et il est de purs caprices d'opinion auxquels on se laisse d'autant plus facilement emporter que l'on est plus débile de volonté ou de jugement.

En matière de mœurs, de goûts, d'usages, tout comme en politique, il existe une vérité du moment, cette vérité fût-elle en opposition avec la vérité vraie et constante; en littérature, dans les beaux-arts, même en quelque mesure en manière scientifique, cette vérité du jour donne le ton, tout comme la mode pour les vêtements ; peu y échappent, et c'est ce qui fait l'objet de l'entraînement à certaines heures dans l'esprit des gens.

Comment cela arrive-t-il ?

Un certain concours de circonstances, l'influence de certaines personnalités, des résultats heureux et momentanés qui impriment un fort cours aux idées, voilà ce qui agit sur l'opinion à un jour donné ; stimulée par les orateurs, les écrivains, les critiques du jour, elle devient alors, cette opinion, comme l'air respirable d'un lieu, d'un peuple, ou d'une classe. Prenons pour exemple la liberté politique et les autres libertés qui en sont la conséquence.

On avait longtemps souffert du despotisme du pouvoir absolu, des privilèges de ceux qui le soutenaient et qu'il favorisait, de la contrainte sous laquelle on maintenait les esprits et les choses. Un jour, pas loin de nous, on parvint à secouer le joug sous lequel on vivait depuis longtemps, et les libertés modernes et nécessaires, en même temps qu'elles réparaient les iniquités du passé, furent des bienfaits qui constituent la meilleure part du progrès social et économique de notre époque.

Depuis lors, le mot de liberté a joui d'un vrai prestige ; principe fécond, en même temps qu'il flattait notre instinct naturel d'indépendance, on lui a attribué non seulement tous les progrès qu'il pouvait à juste titre revendiquer, mais encore on lui a supposé des vertus qui devaient mener à tous

les autres. Par une conséquence naturelle, le mot
autorité n'a plus guère eu d'écho ; et comme l'ordre
social ne peut exister sans une certaine mesure
d'autorité, l'ordre a été rangé parmi les vieilles
choses. Tel a été l'entraînement du siècle qui va
finir ; on ne va jamais à la juste mesure qu'après
de nombreux tâtonnements ; la liberté en réaction
avec le despotisme devait nécessairement mener à
d'autres abus.

Autre exemple : Un jour, des esprits éclairés et
indépendants se sont aperçus des abus religieux et
du faux mysticisme de certaines croyances traditionnelles imposées aux fidèles ; encouragé par l'affranchissement des esprits dont on avait bénéficié
à d'autres égards, le monde des affranchis a dès
lors non seulement brûlé ce qu'il avait autrefois
adoré, mais en outre rejeté toute croyance spiritualiste se rattachant par quelque lien au passé ; on
s'était trouvé dupe de sa foi au surnaturel, et l'on
s'est fait libre-penseur dans la moins bonne accep-
tion du mot ; ne plus rien croire désormais en dehors
de la science est devenu de bon ton ; et dans l'esprit
du jour les mots *religieux* et *superstitieux* ont
paru synonymes. Voilà où l'on en est encore un peu
aujourd'hui ; peut-être jusqu'au jour où l'on se rejet-
tera dans quelque folie de crédulité ou de dévotion,
ce qui constituera, au pôle opposé, un autre entraînement tout aussi peu justifié.

Plus aucun joug de quelque nature qu'il soit !
Tel a été le cri de notre temps. Outre le bien réel

résultant de la disparition des anciens abus du pouvoir spirituel ou temporel, une telle tendance flattait trop les instincts d'indépendance de notre nature pour qu'on ne s'y laissât pas emporter avec bonheur, et sans se demander jusqu'où elle pourrait entraîner.

En a-t-il été autrement en matière littéraire et artistique? Non. En littérature, des œuvres qui avaient longtemps fait l'admiration du monde, prises pour modèle et imitées selon des règles étroites, finirent un jour par lasser les esprits; on avait aperçu de nouvelles voies et de nouvelles sources; on y alla, et l'on fit bien, car le domaine du beau s'agrandit d'autant et prit plus de variété. Mais de ce jour, trompé par le succès qui sourit aux nouveautés, le monde n'a plus guère estimé que ce qui s'émancipe de toute règle et de tout antécédent : on a d'autant plus apprécié le neuf qu'il s'éloigne davantage du vieux; il n'y a plus eu de maître, tout le monde l'est devenu; plus d'idéal, chacun a eu le sien. De là, en France particulièrement, depuis plus de soixante ans, tant d'extravagances littéraires devenues à la mode parmi les décadents du jour; et de là, en général, le faux goût de notre fin de siècle, tant au fond que dans la forme [1].

Pas plus qu'en littérature les faiseurs et les systématiques n'ont manqué dans les beaux-arts. Chez

[1]. S'il faut en croire Montaigne, cela, sans doute, n'est pas particulier à notre temps : « Il ne s'y vcoid qu'une misérable affectation d'estrangeté, dit-il de son siècle...Pourvu qu'ils se gorgeassent en la nouvellité, il ne leur chaut de l'efficace. »

les peintres, il y a eu autrefois des maîtres, et des
œuvres considérées encore aujourd'hui comme par-
faites, qui ont servi de modèles; les écoles du passé
en Italie, en Flandre, en Hollande, en Espagne, ont
eu des procédés, ont laissé des traditions que longtemps on a acceptées comme guides; mais ces pré-
décesseurs avaient-ils donc épuisé les ressources de
l'art, et ne devait-on que suivre la voie qu'ils avaient
tracée, sans jamais s'en écarter? Ou bien, les yeux
sur la nature, pouvait-on tenter d'autres épreuves
et se faire un idéal différent? On l'a cru, et, en
dehors des académies, on a produit de belles choses
qui ont renouvelé l'intérêt et multiplié les aspects.

Ce qui est arrivé pour la peinture est arrivé
pour la musique. Les Italiens, les Allemands, les
Français nous avaient longtemps charmés par des
créations qui faisaient école, et dont il semblait
qu'on ne pouvait guère s'écarter. Néanmoins, avait-
on fait vibrer toutes les cordes de l'émotion, n'y
avait-il plus d'autres goûts à satisfaire, d'autres
fibres à toucher, et en variant la méthode ne pouvait-on faire apparaître un monde nouveau? Tout
récemment, Wagner est venu, et son drame lyrique
ou symphoniste a conquis les applaudissements du
jour; il a tout mis dans un orchestre de science
merveilleuse, et rien sur la scène qu'une mélopée
continue que les instruments interprètent; c'était
nouveau et cela a suffi; parmi les fanatismes d'autrefois, nul n'a surpassé le fanatisme wagnérien.
Et en musique comme en peinture, l'entraînement

a ainsi suivi les écoles nouvelles ; elles ont fait des
disciples contempteurs du passé, qui n'ont obéi
qu'à des inspirations personnelles ou systématiques. En peinture particulièrement, on a vu des
impressionnistes, des pointillistes à la recherche
d'une esthétique nouvelle ; et, surtout, une classe
de barbouilleurs sans études et sans savoir, qui
n'ont rien de commun avec les maîtres de l'art, ni
avec l'art lui-même. Est-ce que la vogue en est
moins venue à ces écoles nouvelles? Non ; il y a
eu ici comme une entente générale pour acclamer
ce qui était le plus opposé aux goûts d'autrefois,
c'était le progrès et c'est devenu *la mode;* chacun
de s'y conformer à l'envi, fût-ce sans plaisir ni
conviction : tel est l'empire du *snobisme,* et tels
sont les résultats de l'entraînement : il affole les
esprits en leur représentant comme vrai ce qui est
faux, bien ce qui est mal, beau ce qui est laid. Il
se produit jusque dans les sciences, théoriques ou
d'application, où parfois les doctrines nouvelles
arrivent à entraîter les savants et les industriels.
Mais ceux-ci se reprennent vite et reviennent à la
vérité des choses. Tandis que le grand troupeau
des aveugles, sur lesquels agissent ces caprices
d'opinion, ne délaisse l'un bien souvent que pour
le remplacer par un autre proclamé à son tour le
progrès du jour.

S'il y a des entraînements qui durent au delà des
caprices ou des circonstances qui les ont fait naître,
ce ne peut être que l'œuvre de la contrainte dans

les milieux où manque la liberté et où ceux qui
commandent à l'opinion ont intérêt à déguiser la
vérité ; là, le faux s'affermit et devient préjugé,
effet d'un premier entraînement qui s'est comme
figé. Mais si l'on consulte dans leurs évolutions
libres la marche habituelle des choses et des idées,
on trouve qu'une fois le mouvement donné le monde
passe de la liberté des opinions au radicalisme du
principe, sous la direction aveugle ou intéressée de
chefs d'occasion, que suivent à la file les moutons
de Panurge, et l'on ne revient un jour à des idées
plus saines que lorsqu'on voit un grand trou qui
s'ouvre sous vos pas.

Nous l'avons dit, l'homme est d'autant plus facile
aux entraînements dans des voies fausses qu'il aime
le nouveau et le changement. Ce ne sont jamais que
les liens de l'habitude et de la tradition qui peuvent
le retenir dans un même ordre d'idées, et ceci n'arrive qu'aux peuples vieillis ; mais dès que la liberté
avec le progrès général ont ébranlé les dogmes du
passé et rajeuni les esprits, tout tend à se renou-
veler, et de telle sorte qu'un jour l'opinion, comme
par une revanche des choses, ne se plaît plus que
dans le changement ; cette tendance se fait sentir
en tout, dans l'ordre des idées comme dans l'ordre
des faits, dans l'ordre du bien comme dans l'ordre
du beau ; plus rien n'est stable ; le bon s'en va avec
le mauvais, car tout ce qui est nouveau est alors
considéré comme un progrès et une condamnation
définitive du vieux ; et cela réveille l'intérêt et

procure une émotion ; on n'en demande peut-être
guère davantage. De telle sorte qu'en toutes choses,
lorsqu'on a atteint un certain degré de perfection,
il faut dire qu'on est bien près de la décadence [1].
Du nouveau, n'en fût-il plus au monde ! Tel est le
cri, à certains moments, des sociétés en mouvement,
et le public, non sourd, mais aveugle, répond à ce
cri des ennuyés, ou des malins qui spéculent sur
la sottise humaine, comme à l'en-avant des impatients, par un signe d'assentiment général. Il n'y
a rien de moins plaisant que la vérité, c'est toujours la même chose.

Cet état d'âme est celui de beaucoup de sociétés
modernes, à la suite de tous les bouleversements
qui ont signalé le dix-neuvième siècle et imprimé
comme un pli nouveau aux caractères ; cette instabilité, ces tendances désordonnées des goûts et
des esprits sont surtout sensibles dans les pays qui
ont été plus directement influencés par ces bouleversements réitérés ; là, on a pris comme habitude
de n'avoir plus aucun principe en rien pour pouvoir changer plus souvent et plus aisément l'ordre
de choses en tout, selon des goûts nouveaux. C'est
une des maladies du jour, et peut-être faudra-t-il

---

1. « Sitôt qu'une opinion devient commune, il ne faut point d'autre
raison pour obliger les hommes à abandonner et à embrasser son
contraire, jusqu'à ce que celle-ci vieillisse à son tour et qu'ils aient
besoin de se distinguer par d'autres choses. Ainsi, s'ils atteignent le
but dans quelqu'art ou dans quelque science, on doit s'attendre qu'ils
le passeront pour acquérir une nouvelle gloire ; et c'est ce qui fait
en partie que les plus beaux siècles dégénèrent si promptement, et
qu'à peine sortis de la barbarie ils s'y rep'ongent.

(Vauvenargues.)

de nouvelles épreuves pour en guérir les gens et les
rappeler à la raison.

C'est ici, contre de telles tendances, que les conservateurs éclairés, qui ne sont que des progressistes sages et de bonne foi, interviennent utilement
avec leur expérience, leur science et leur habileté,
pour les opposer aux illusions et aux exagérations
des progressistes aventureux ou systématiques qui
condamnent tout ce qui s'est fait avant eux, et placent le neuf en face du vieux tout comme la vérité
même en face du mensonge. Le rôle de ces conservateurs, loin de faire obstacle, comme chez les
autres, au progrès des esprits et des choses, sert,
au contraire, à en assurer la marche, pour les élever
vers un état meilleur, en empêchant les rêveurs,
avec les routiniers ou les spéculateurs suspects, de
compromettre le tout pour une ruine commune.

La société avance ainsi dans le progrès réel à
l'aide de deux ressorts, l'un qui la pousse en avant,
l'autre qui lui impose un frein pour la sauvegarder
contre une marche désordonnée qui la perdrait.

Pour progresser ainsi, la société a besoin d'une
certaine liberté. Ce besoin a été la revendication la
plus haute de l'ère moderne ; on l'a élevée contre
l'état d'oppression et les abus d'autorité des siècles
passés, nous l'avons déjà dit ; elle est devenue l'idée
dominante. Le mot de liberté avait comme hypno-
tisé les gens d'une certaine époque ; en France, vers
1830, après avoir quarante ans auparavant retenti
dans la *Marseillaise* de Rouget de l'Isle, il eut ses

heures d'enthousiasme sur la scène avec *Guillaume Tell* et la *Muette de Portici*; les poètes le chantaient, la presse l'acclamait. Bref, ainsi qu'il en arrive ordinairement de toute idée généreuse qui obtient la vogue, nous avons vu qu'on a fini par donner à celle-ci une portée qu'elle ne pouvait avoir; de l'ordre politique et économique, on l'a transportée dans l'ordre moral, dans l'ordre intellectuel et dans l'ordre esthétique [1] ; on a vu des tyrans et de la tyrannie dans toutes les règles antérieures, quelles qu'elles fussent, qui apportaient un frein quelconque à la libre expansion individuelle : ce ne pouvaient être que des préjugés comme les autres, des inventions intéressées des maîtres d'autrefois ou tout au moins des illusions puériles dont nos pères avaient été dupes; et sur toute la ligne, il n'y eut bientôt qu'un cri : *vive la liberté !* Et ce cri mettait la joie au cœur de beaucoup de gens. De là l'élimination finale d'un autre facteur du progrès social, à savoir l'autorité et la direction des chefs et des vérités qui ne changent pas, choses si peu encore en faveur de nos jours, et pourtant non moins nécessaires.

En politique, l'étendue des droits détermine celle des libertés; mais les droits ne sont pas identiques à tous les âges et dans toutes les conditions : les libertés doivent donc varier. L'enfant, l'adolescent, est privé de ses droits jusqu'à l'âge d'homme; jusque-là, et dans son intérêt, il reste sous la tutelle

1. En ce moment, on réclame même la liberté d'écrire le français sans règle d'orthographe ni de syntaxe.

de ses parents. En doit-il être autrement des peuples enfants, ou des classes ignorantes et inexpérimentées, qui existent encore en bas chez toutes les nations ? Nous ne le croyons pas. Et ailleurs encore qu'en politique, dans les lettres et dans les arts, les émancipés de toute autorité et de toute règle ne seront sans doute que les extravagants que l'on sait, artisans du faux progrès, qui a ses heures de vogue dans le monde, mais qui ne laisse rien derrière lui.

Et pour réaliser le vrai progrès social et humain, comme nous l'avons compris dans sa marche accidentée, quelle est, en somme, la meilleure forme de gouvernement? Vieille question sur laquelle il ne reste guère à dire, mais qui peut encore se poser, après tant d'épreuves subies.

Si on en exclut l'absolutisme, c'est-à-dire la loi unique d'un maître ou d'une caste, arbitres souverains de toutes choses, régime qui ne convient, en général, qu'aux peuples enfants, qui ne peuvent s'en passer, on peut dire que tous les régimes se valent, en ce qu'il n'y en a aucun qui ne présente certains avantages, selon les circonstances, ou contre lequel on ne puisse faire valoir quelque grief.

En règle générale, chaque gouvernement ne voit les choses que d'un certain point de vue, celui dont il procède ou de la classe dont il est sorti. Les hommes d'État ou les puissants qui gouvernent ont beau prétendre ne s'inspirer que de l'intérêt public, ils ont surtout en vue le bien du maître qui les choi-

sit; ils ont beau se dire ou même se croire également équitables pour tous et veillant à tout, ils n'en
penchent pas moins toujours du côté où ils voient
leur plus grand intérêt ; s'il se trouve parmi eux
quelques esprits honnêtes ou supérieurs qui font
exception, ils ne peuvent longtemps gouverner à
contre-sens de l'influence dominante qu'ils représentent. S'agit-il d'une monarchie absolue, avant
tout il y a le bien du chef et son pouvoir à sauvegarder. S'agit-il d'institutions tempérées, c'est
surtout l'intérêt des classes gouvernantes qu'il faut
soigner. Vit-on sous un régime purement démocratique et sous la loi du grand nombre, c'est en
vue du peuple et contre les heureux du monde
qu'il faut gouverner. Cette dernière forme de gouvernement présente à la fois l'avantage de viser
plus aux intérêts du populaire et l'inconvénient
d'élever au pouvoir des hommes moins dignes ou
moins capables. Toujours le mal à côté du bien.

Serait-il plus vrai de dire, comme on l'a prétendu
de nos jours, que chaque gouvernement arrive à
son tour, et réalise d'une façon absolue la pensée
d'une époque ou d'un peuple à un moment donné ?
Que la liberté ne peut être qu'un régime transi-
toire, entre un ordre de choses vieilli, auquel il a
fallu mettre un terme, et un ordre nouveau qui se
prépare et n'existe pas encore ? Enfin, que dans
tout régime parfait elle ne peut conserver qu'une
faible place ?

Quoi qu'il en soit, on doit tenir pour assuré que

si la tendance extrême de la liberté est l'anarchie,
c'est-à-dire l'égoïsme de chacun mis à la place de
l'intérêt de tous, celle de l'absolutisme et son terme
naturel est l'oppression tyrannique et finalement
l'arrêt de tout progrès. On peut dire qu'il y a deux
sortes de gens dans le monde : ceux qui se plaisent
dans les désordres de la liberté et ceux qui sacri-
fient à la paix jusqu'à se résigner à l'avilissement
du despotisme. Ni les uns, ni les autres, sans doute
ne représentent des intelligences amies du progrès.
En fait de gouvernement, et question de système
à part, l'ordre seul, en somme, est favorable au
vrai progrès.

L'ordre est le régime des sociétés éclairées arri-
vées à l'âge viril et de raison. Il comporte une
somme de libertés nécessaires, particulièrement la
liberté politique, indispensable au choix de ceux
qui sont chargés de faire la loi, conforme à la justice. L'ordre est, en effet, le régime où toute puissance, où toute autorité, remontent à la loi et y
prennent leur origine; c'est la loi, expression de la
volonté nationale, qui y gouverne, plutôt que des
hommes toujours disposés à écouter leurs intérêts
ou leurs passions. Mais, sous ce régime, l'ordre
légal prime la liberté individuelle et non la liberté
individuelle l'ordre légal : de là, un pouvoir fort et
respecté [1].

1. Le duc de Broglie, président du cabinet français, disait en
1835 à la Chambre des députés : « La mollesse, la complaisance du
moins, sont permises peut-être au pouvoir absolu; il peut toujours
les compenser par l'arbitraire; mais le pouvoir constitutionnel doit

L'ordre est, en somme, le régime des peuples parvenus à un état stable de civilisation avancée et supérieure, répondant à l'esprit et aux besoins d'une époque. L'idéal serait un gouvernement sachant si bien concilier l'ordre avec la liberté qu'il assurerait tout ensemble aux gouvernés la justice et le progrès, la force à la loi et la puissance à la nation. Mais si, d'une part, les bons gouvernements sont nécessaires au progrès social et humain, de l'autre, souvent, ils en dépendent. Il y a donc ici une espèce de cercle vicieux devant lequel on doit dire pour conclure que chaque peuple en général a le gouvernement qu'il mérite, valant ce qu'il vaut; les meilleurs sont chez les peuples les plus sages, les plus libres et les plus éclairés.

APPENDICE

NOTES, PENSÉES ET EXTRAITS

« Le bon sens dans le gouvernement de la société doit remplacer les longs interrègnes du génie. » C'est de Bonald qui a dit cela, et c'est vrai; mais le bon sens, cette chose qui se confond avec la sagesse, a peu d'attraits pour les masses aveugles; et où les gouvernements sont à la merci du grand nombre, on préfère souvent les grelots de la folie.

***

« Un peuple n'est jamais plus près de se soulever,

imiter l'impassibilité de la loi; plus la liberté est grande, moins l'autorité doit fléchir. »

qu'au moment où commencent les réformes. » Cette
pensée d'un ministre belge, Van Pract, n'est que la con-
firmation de cette autre de Machiavel : « Tout changement survenu dans un État donne l'idée d'en faire de
nouveaux. » Voilà plus de cent ans que l'Europe se
charge de prouver ces vérités.

***

« Ceulx qui donnent le bransle à un Etat sont volontiers
absorbés en sa ruyne ; le fruit du trouble ne demeure
guères à celui qui l'a esmeu ; il bat et brouille l'eau
pour d'autres pescheurs. » Depuis Montaigne, l'histoire
n'a guères fait que confirmer cette opinion ; les gens
propres à détruire ne le sont pas à édifier ; ce sont deux
spécialités différentes qui comportent des facultés opposées. « L'esprit révolutionnaire, observe à son tour
M. Guizot, est fatal aux grandeurs qu'il élève comme
à celles qu'il renverse ; la politique qui conserve les Etats
est aussi la seule qui termine et fonde les révolutions. »

***

Les révolutions sont parfois nécessaires, parce que le
progrès est non seulement la découverte du mieux, mais
aussi l'abolition du pire ; les peuples en jugent à leurs
risques et périls.

***

« Il ne faut rien attendre des réformes princières éma-
nées d'en haut, et les peuples ne peuvent compter sur la
possession assurée de leurs libertés que s'ils se sont donné eux-mêmes la peine de les acquérir et de les défendre. »
(Gervinus.)

***

« Ce n'est pas la forme des institutions, mais bien
l'assentiment qu'elles obtiennent ou les dissidences qu'elles excitent qui permettent ou empêchent leur établis-
sement. Dans un pays nouveau, après une révolution
d'indépendance comme en Amérique, toute constitution
est possible ; il n'y a qu'un parti ennemi, celui de la mé-.
tropole, et dès qu'il est vaincu la lutte cesse, parce que
sa défaite entraîne son expulsion. Il n'en est pas de
même des révolutions sociales chez les peuples qui ont
une longue existence. Les changements attaquent les intérêts, les intérêts forment les partis, les partis se mettent
en lutte, et plus la victoire s'étend plus les ressentiments
augmentent. » (Mignet.)

***

Les gens peu sérieux ou peu intelligents, qui de nos
jours, veulent réformer à tout prix, et qui, une fois arrivés aux affaires, nous font faire tant de sottises, devraient
bien méditer ces paroles de Thiers : « Il faut, quand on
réforme, se contenter de réformer pour détruire des souffrances réelles, pour établir la justice là où elle manque,
mais réformer pour le plaisir des yeux ou de l'esprit,
pour mettre la ligne droite où elle n'est pas, c'est trop
exiger de la nature humaine. »

***

Dans les petites républiques de la Grèce antique, et
généralement aux époques de la civilisation primitive, on
a voulu tout régler, tout soumettre à la discipline, conformément à un idéal plus théorique que pratique. Ainsi,
à Sparte, on citait devant les tribunaux ou on menaçait
de l'exil le citoyen dont l'embonpoint paraissait une

preuve de mollesse ; à Athènes, Socrate a été condamné
à boire la ciguë pour avoir été trop sage et trop vertueux : on l'eût exilé, à Sparte, pour s'être trop bien
porté.

***

Montesquieu dit à propos des lois et de réformes par
les lois : « On n'offense jamais plus les hommes que
lorsqu'on choque leurs cérémonies et leurs usages; cher-
chez à les opprimer, c'est une preuve de l'estime que
vous en faites ; choquez leurs coutumes, c'est toujours
une marque de mépris. »

***

Il n'y a que les opportunistes, en d'autres termes, que
les esprits politiques, qui sachent fonder et administrer,
c'est à-dire gouverner ; c'est que ces derniers seuls ont
l'expérience et la pratique des hommes et des affaires,
ce qui manque aux logiciens radicaux, esprits absolus
ou purs théoriciens idéalistes, lors même qu'ils sont sincères dans leurs vues. Cette pratique, voilà ce qui a fait
longtemps la force des Anglais : « L'esprit de transaction et de compromis domine dans nos mœurs, dit Stuart
Mill ; jamais une idée n'est poussée jusqu'à ses conséquences légitimes ; les penseurs, pas plus que l'ensemble de la nation, ne mettent en pratique d'une manière
complète les principes qu'ils professent. »

***

Lord Chesterfield disait à Montesquieu : « Vous nous
avez appris nos institutions à nous-mêmes; mais saurez-
vous ensuite les imiter ? Vous pourrez bien faire encore
des barricades ; mais saurez-vous élever des barrières? »

***

L'on peut louer à juste titre l'esprit public du peuple anglais ; c'est celui d'un peuple avisé, instruit par la pratique de l'expérience ; mais il serait peut-être temps de ne plus prendre leurs institutions pour exemple. Il a été longtemps de mode sur le continent de les invoquer, parce que l'Angleterre a devancé les autres nations dans le régime libéral : institutions représentatives et parlementaires, jury, liberté de la presse et toutes autres libertés, l'Angleterre avait tout cela quand les autres nations n'avaient rien ; et depuis un siècle que les peuples du continent progressent vers ce régime, l'exemple de l'Angleterre a continué à servir ; c'est une habitude qui garde encore ses fidèles. Pourtant, en réalité, et à beaucoup d'égards, l'Angleterre aujourd'hui peut être considérée dans ses lois et ses institutions politiques et civiles comme un des États les plus arriérés de l'Europe ; c'est par excellence le pays de la tradition ; et tandis que les autres pays, tout en adoptant, en principe, le régime libéral anglais, ont repoussé ce qu'il s'y mêlait de mauvais, de primitif, d'étrange, parfois même de grotesque, le peuple anglais, lui, a presque tout gardé avec un soin religieux. S'il n'avait encore que ses traditions de perruques et de coutumes cérémonielles ; mais que de lois et d'usages séculaires continuent à régler l'administration, la justice, le régime parlementaire, au préjudice du bon sens ! Naguère encore, pour ne parler que des élections, les singularités les plus étranges se produisaient dans la répartition des sièges à la Chambre : ainsi, avant la réforme électorale de 1832, tandis que des grandes villes n'étaient pas représentées, dans certains bourgs une vingtaine d'électeurs, quelquefois moins, nommaient jusqu'à deux députés ; il y avait quelque part un seul électeur qui disposait de deux sièges. Voilà des exemples d'un état de choses qui a duré presque jusqu'à nos jours, et il en reste.

**

Il serait trop naïf de croire que tous les éléments des partis en politique représentent des principes ; les Anglais, qui ont une longue expérience de la vie politique, en savent quelque chose. Sans parler des intérêts privés, souvent tout-puissants, l'esprit de parti ou de lutte et les questions d'amour-propre jouent encore ici un grand rôle : « Les gens qui adoptent un parti politique, dit Thackeray, sont, en général, plus influencés par les hommes que par les principes ; une marque de bienveillance ou de dédain fait passer un homme sous un drapeau ou sous un autre, et il le suit jusqu'à la fin de la campagne. » « Il est dans la nature des partis, dit à son tour Macaulay, de conserver leurs haines premières bien plus fermement que leurs premiers principes. » A cet égard, il y a peut-être aujourd'hui plus de retenue ou de dissimulation qu'autrefois en Angleterre ou ailleurs ; mais quant au respect des principes ou à l'abnégation personnelle, on va toujours, en général, du côté où vous attirent les hommes ou les intérêts.

**

Dans le monde des partis, où dominent les passions, les adversaires que l'on redoute le plus sont ceux qui ont pour eux un semblant de raison qui pourrait séduire les mieux pensants. Ainsi, dans les pays catholiques, en matière religieuse, nuls n'ont été naguère combattus avec plus d'acharnement, tout ensemble par les catholiques de sacristie et les libéraux de la loge, que les partisans de ce que l'on appelait le catholicisme libéral ; ainsi en politique, les progressistes sages et pratiques sont plus antipathiques tout à la fois aux radicaux révolutionnaires et aux conservateurs réactionnaires que ceux-ci à ceux-là, et réciproquement. A l'époque de la révolution française, les jacobins régicides et sans culottes étaient moins antipathiques aux courtisans et aux amis de l'ancien régime que les constituants ou constitutionnels, tels que La Fayette et autres. C'est une tactique naturelle aux partis et aux sectaires, ennemis des idées moyennes et emportés par leurs passions ; et ceux-ci n'ont aucune peine, du reste, à amener à leurs sentiments les foules peu éclairées, qui n'aiment, elles, ou ne comprennent que les idées simples ou peu compliquées ; or, en dehors des extrêmes, les idées ne sont jamais simples.

***

Les hommes de partis, d'une part, et, de l'autre, les ambitieux et les spéculateurs qui couvrent leurs intérêts privés du prétexte de l'intérêt public, composent aujourd'hui, dans les pays d'institutions parlementaires, des chambres divisées qui rendent le gouvernement bien difficile. Où est la majorité ? On n'en sait trop rien. Ce n'est pas nouveau, toutefois, bien que le mal ait plutôt empiré. En France, sous le ministère Molé, M. de Barante écrivait à M. Bresson, en février 1838 : « La Chambre est dans un état d'éparpillement dont on peut s'affliger et s'inquiéter ; aucune opinion ne la rallie, aucun nom propre n'agit sur elle hormis en défiance ; chacun vote et parle à sa fantaisie, sans nulle déférence pour qui que ce soit... Le repoussement de toute hiérarchie, la répugnance pour toute discipline, est le trait marquant du public et de la Chambre. »

***

Aux termes du projet de constitution de Siéyès, dont

Bonaparte tira la constitution de l'an VIII, en la transformant à son profit et en l'adaptant à ses idées, la législature, selon l'expression de Mignet, cessait d'être une assemblée délibérante pour devenir une cour judiciaire : *un Conseil d'Etat*, au nom du gouvernement, *un Tribunal*, au nom du peuple, plaidaient et discutaient devant une *Assemblée législative*, qui n'avait pas d'initiative, et qui accordait son assentiment ou le refusait, sans pouvoir amender. Et Stuart Mill, dans son livre sur le gouvernement représentatif, tout Anglais qu'il est, se rapproche beaucoup de ces idées : selon lui, la seule fonction dont une assemblée représentative soit capable, ce n'est pas de faire les lois, mais de les faire faire et de décider à qui on confiera cette tâche ; une fois la loi faite, l'assemblée lui accordera ou lui refusera la sanction nationale, sans vouloir la refaire.

***

Dans le gouvernement d'Athènes, on sait que plusieurs fonctions se donnaient par le sort ; ainsi le Sénat était composé de quatre à cinq cents citoyens tirés au sort tous les ans ; pour les cours supérieures encore, auxquelles on appelait des sentences prononcées par les archontes, c'était le sort qui assignait les places. De nos jours, c'est le sort qui désigne les jurés chargés de juger les accusés et d'appliquer les lois ; pourquoi pas les législateurs chargés de les faire? Le sort se prononçant entre les citoyens capables et éclairés, divisés en catégories? Serait-ce tant plus mauvais que le suffrage universel? En tout cas, le mécanisme des gouvernements représentatifs et parlementaires, si empêchés par les luttes de partis et si agités par les contendances en temps d'élections, s'en trouverait fort simplifié ; il n'y a guère que les politiciens qui y perdraient. Mais vous verrez qu'on n'en fera rien.

*

« Le problème d'une parfaite constitution sociale, a dit Kant, implique le problème d'une constitution régulière des rapports internationaux et ne peut être résolu sans que celui ci le soit ». On en est presque aussi loin que jamais, non seulement à propos des choses de guerre et des armements ruineux où s'engagent les gouvernements européens de nos jours, mais encore à propos de beaucoup de questions et de réformes qui ne peuvent se résoudre efficacement sans entente internationale : commerce et travail industriel, hygiène et salubrité publique, police et lois répressives, autant de sujets qui, pour aboutir à de bons résultats, demanderaient une entente générale.

*

En quoi le gouvernement des peuples doit-il différer de celui de la famille? — En principe, il ne doit pas en différer ; une telle affirmation, qui peut paraître aujourd'hui paradoxale, n'en est pas moins une vérité vraie. Dans la famille, c'est le père, sage et expérimenté, qui a le soin des affaires et dirige les enfants mineurs ; chez les nations bien gouvernées, ce sont les citoyens les plus éclairés, les plus sages et les plus justes, qui doivent prendre la place du père et former le gouvernement. Dans la famille, les fils n'en deviennent indépendants qu'à mesure qu'ils entrent dans l'âge d'hommes, et sont capables de veiller à leur existence ; chez les peuples, ceux-là seuls doivent jouir de la liberté, qui sont devenus aptes à se gouverner eux-mêmes et à juger des affaires communes à tous. Que dirait-on d'un père de famille que remettrait le soin de ses affaires à ses enfants mineurs, ou ne ferait rien sans leur consentement ? On le traiterait d'imbécile ou tout au moins de mauvais père. Qu'a pourtant fait autre chose le siècle passé en réclamant, sans distinction, toutes les libertés pour les peuples émancipés, et en instituant le suffrage universel comme principe de gouvernement ?

Mais si, dans le but à atteindre, le gouvernement des peuples doit être assimilé au gouvernement du chef de famille, il en diffère pour cette raison bien connue que l'autorité de celui-ci est, par nature, mitigée par l'amour que les pères portent à leurs enfants, tandis qu'en général les gouvernements politiques, égoïstes et ambitieux, sont assez souvent de fort mauvais pères. Aux tendances naturelles à l'émancipation, s'ajoutent alors chez les gouvernés des griefs qui la justifient, et le joug tombe sous la violence des révolutions, qui ne laissent plus en spectacle que l'anarchie, où des maîtres égoïstes ont fait place à des sujets incapables, avec la liberté en tout et le gouvernement par tous, c'est-à-dire par personne. L'on se trouve ainsi jeté, comme disaient les anciens, de Charybde en Scylla; l'art était de passer entre les deux; mais l'art ne s'improvise pas; après un bond en avant on finit par faire un bond en arrière; et c'est le cas de dire encore que la marche du progrès social représente une ligne brisée.

La liberté sans principes vaut tout juste le pouvoir sans justice.

M. Paul Leroy-Beaulieu, dans une suite d'études publiées par la *Revue des Deux Mondes,* énumérait naguère les vices de l'État moderne. Selon lui: 1º l'État moderne prolonge pendant plusieurs années consécutives l'engouement ou l'entraînement que subissait le pays lors des élections; 2º il n'a pas de suite dans les idées parce que le personnel est trop instable; 3º il ne peut être impartial parce qu'il représente un seul parti; 4º son instabilité le force à faire tout avec une précipitation nuisible; 5º il ne conçoit les intérêts sociaux que morcelés, presque jamais sous forme synthétique, l'intérêt collectif ou de l'avenir lui échappe, il n'a en vue que le présent. »

L'État moderne, chez un peuple vraiment civilisé, doit être une *assurance mutuelle* contre la misère, la maladie, l'ignorance, l'immoralité, le crime, en un mot, des citoyens honnêtes et éclairés contre les mauvais, les vicieux ou les égoïstes qui les exploitent.

II

HOMMES PUBLICS. — DU VRAI ET DU FAUX ZÈLE

Qu'est-ce qu'un homme public, au bon et vrai sens du mot! C'est un homme qui a le goût des intérêts publics et qui s'en préoccupe autant ou plus que de ses propres affaires. Dans cette acception-là, il n'est peut-être pas autant d'hommes publics que de gens qui en acceptent les fonctions. On est appelé à une charge par les suffrages de ses concitoyens ou par le choix du gouvernement ; on est député, ministre, préfet ou gouverneur de province, maire ou bourgmestre de sa commune ; si on a ambitionné la place, est-ce parce qu'on était tourmenté d'idées à réaliser en vue du bien général? Pas sûr; c'est la vanité ou l'intérêt qui poussent ici la plupart des gens. Voyez-les à l'œuvre quand ils sont pourvus de leur place : M. X... est un personnage influent dans son arrondissement; il est riche, prétentieux, et médiocre ; tous ses désirs seraient d'être député ; une fois député, il viserait à être ministre; eh bien, qu'il soit député ou ministre, ou seulement maire de sa commune,

laissera-t-il quelque trace durable de son passage
aux affaires ? Remplira-t-il même convenablement
ses fonctions et ses devoirs ? Non; il ne tenait, au
fond, qu'à jouir de son autorité et à satisfaire sa
fatuité ; une fois parti, on reconnaît qu'il n'a réa-
lisé aucune bonne idée, car il n'avait pas d'idée ;
ou qu'il ne s'est dévoué à aucun progrès véritable,
à aucune œuvre bienfaisante, car il en était incapable. Or, ce dévouement obstiné à réaliser d'heureuses inspirations, voilà à quoi on reconnaît
l'homme public qui mérite ce nom ; les autres ne
font qu'en tenir la place, ce sont des personnels.

Dans les affaires politiques, pour ne parler que
de celles-là, il faut distinguer trois classes d'hommes dont les tâches sont plus ou moins diverses
et les rôles plus ou moins considérables. Il y a
d'abord ceux auxquels les Américains ont donné le
nom de *politiciens*, et qui sont les moins sérieux
de tous. Le politicien est un être dont la politique
est l'unique occupation, et on peut dire le *métier*,
évoluant entre les partis, s'agitant, intriguant, parlant dans les meetings, écrivant dans les journaux,
tout cela par goût, ou en vue d'intérêts qui sont les
siens, sinon ceux des gens qui l'ont à leur solde.
Loin de jouer un rôle utile ou indispensable à une
société libre, le politicien, qui l'agite, peut en être
le fléau, car en général il n'a ni conscience ni principes.

Un autre genre d'hommes politiques, c'est l'avocat
d'une cause qu'il s'est chargé de défendre. Loin de

ne tenir sa mission que de lui-même comme le politicien, celui-ci la doit au choix de ses amis ou de ses concitoyens : c'est généralement le député de nos assemblées législatives. Les partis, qui ne manquent nulle part, ont ainsi leurs députés, chargés de soutenir leurs principes ou les intérêts de leurs affiliés ; les diverses circonscriptions électorales ont aussi les leurs, avec mission de plaider au plus grand avantage de leurs localités respectives ; enfin un député n'est parfois que le représentant de certains intérêts privés, assez influents pour l'avoir fait élire. Dans tous ces cas-là, l'homme politique n'est que l'avocat d'une cause, ayant pour mandat plus ou moins impératif de défendre cette cause, dût-il la placer au-dessus de l'intérêt général ; tout s'efface à ses yeux devant les intérêts de ses électeurs, intérêts qui, bien entendu, sont aussi les siens.

Il en est autrement de l'homme d'État, si on applique à ce mot son sens le plus vrai. Celui-ci, soit par principe, soit par nécessité de situation, se place à un point de vue plus élevé ; la règle de sa politique, c'est le bien public dans le présent et pour l'avenir ; préoccupations des intérêts particuliers en opposition avec l'intérêt général, concessions aux exigences mauvaises du moment présent au péril de l'avenir, sacrifice aux idées étroites par préférence aux idées larges et fécondes, rien ne fera dévier l'homme d'État de la ligne de conduite qu'il s'est tracée ; dans ses efforts pour concilier les intérêts de tous, au plus grand avantage de son pays et de la civilisation en général, il voit les choses de haut et s'applique à en distinguer les plus lointaines conséquences. « Le gouvernement, a dit Guizot à propos de Washington, sera toujours et partout le plus grand emploi des facultés humaines, celui qui veut les âmes les plus hautes. »

L'homme politique qui mérite le nom d'homme d'Etat est assez rare dans nos assemblées parlementaires ; il est de ceux dont on fait les bons ministres, et en dehors desquels il ne peut y avoir que des gouvernements médiocres, administrant au jour le jour, ou même méconnaissant tout à fait leurs devoirs ; en général, il n'est pas populaire, car il est trop au-dessus des masses pour être bien compris, outre que son autorité fait des jaloux ; il s'impose comme chef de nos assemblées tout à la fois par son éloquence, ses capacités et son caractère ; il vaut surtout comme homme d'Etat par les vues générales qu'il s'applique obstinément à faire triompher à travers les obstacles qu'il rencontre : on est plus ou moins homme d'Etat suivant le plus ou moins de généralité de ses vues, ou leur hardiesse, quand les circonstances le commandent. Le politicien n'est qu'un dilettante, quand il n'est rien de pis ; le député n'est, en général, que l'avocat des intérêts particuliers ; l'homme d'Etat, lui, qui a peut-être commencé comme député, c'est l'homme politique qui ne se désintéresse d'aucune cause ; s'il se trompe dans ses calculs, si

même son caractère trop téméraire le pousse parfois hors de la bonne voie, on ne peut toutefois lui
refuser une certaine grandeur ou générosité de
vues : on le bénit s'il réussit, on le maudit s'il suc-
combe.

Un grand ministre anglais, sir Robert Peel, a
dit un jour : « Je ne crois pas possible à un homme
d'État de se tracer d'avance une ligne politique invariable. » Cette opinion est-elle en opposition avec
le grand principe dirigeant qui impose à celui-ci
une politique constante visant aux résultats généraux les plus avantageux pour le pays, ou bien
n'est-ce là qu'une opinion contestable? Non; dans
l'instabilité des choses, un homme d'État ne peut
pas tout prévoir; il doit se conformer aux circonstances, qui parfois le forcent à changer le plan ou
l'itinéraire qu'il s'était tracés ; peut-on l'accuser
en pareil cas de varier dans ses opinions et d'abandonner ses principes, s'il est ministre, pour garder
la direction des affaires? Ce serait l'accuser injus-
tement, car il ne cesse pas pour cela de se maintenir en vue du plus grand bien à faire; mais précisément, pour l'atteindre, il est contraint par les
circonstances de prendre une voie nouvelle ; de
contradiction ou de faiblesse, il n'y a ici que les
apparences. Voilà pourquoi il est vrai de dire que
s'il doit, au fond, rester ferme dans ses intentions
premières, l'homme l'État ne peut, à l'avance, se
tracer une ligne politique invariable ; car la souplesse, selon les nécessités, est une des pièces qui

doivent entrer dans son bagage. Ses amis des premiers jours, ses partisans aux vues étroites ou passionnées l'accusent alors de trahison, il les laisse dire, et poursuit son chemin : les grands devoirs exigent un grand courage.

En politique, où il importe d'avoir des idées hautes et larges, il faut parfois se défier de ce qu'on appelle les spécialités. Si, dans le gouvernement des choses et des esprits, les spécialités ont leurs avantages, elles ont aussi de sérieux inconvénients. Les hommes spéciaux, préoccupés d'un seul côté des questions, l'exagèrent, en perdant de vue d'autres considérations également importantes, et, ainsi, ils faussent les résultats. Les bons esprits savent assez se détacher du point de vue qui leur est familier et habituel, pour regarder au delà ou à côté ; tandis que ne pas voir à côté ou au delà, c'est précisément à quoi exposent les spécialités, qui font du faux zèle. Êtes-vous un savant faisant autorité dans une branche déterminée de la science, vous serez tenté de lui subordonner, toutes les autres, aux dépens de la vérité qui les unit ; êtes-vous professeur de belles-lettres, ami des classiques, admirateurs des anciens, vous ne verrez d'avenir pour les lettres que dans l'enseignement du grec et du latin ; êtes-vous ingénieur ou architecte, pour vous le prestige ou la prospérité du pays consistera surtout dans de beaux monuments ou de grands ouvrages d'art ; êtes-vous officier, ministre de la guerre ou de la marine, il faudra tout sacrifier aux armements et au côté militaire, sous peine de voir la patrie en danger. Et qu'on ne vous parle pas d'embarras financiers ou de ruine en impôts auxquels entraîneraient vos projets, vous ne comprendrez pas ; vous avez votre idée et vous n'avez que celle-là ; si on conteste vos conclusions, vous répondrez qu'en dehors du métier personne n'entend rien à l'affaire.

C'est pourquoi les hommes politiques et les vrais hommes d'État doivent se défier des gens trop spéciaux, tout en tenant compte suffisamment de leurs avis ; ils ont beau être les plus éclairés sur une question déterminée, et de bonne foi dans leurs déductions, leur point de vue sera toujours étroit et leur opinion excessive ; or, quand on a à faire des lois ou à administrer des peuples, il faut envisager les choses d'un point de vue général, et peser souvent des intérêts opposés pour savoir où est le plus grand avantage de la chose publique. Qu'arrive-t-il quand les gouvernements se laissent dominer par d'autres idées ? Dans les États, par exemple, où l'élément militaire est prépondérant, et où l'on subordonne tout à l'avis de MM. les officiers, cet état de choses, sous prétexte d'assurer la paix, ne conduit souvent qu'à la guerre, et, en tout cas, à la ruine. Ailleurs, qu'un gouvernement écoute plus que de raison la voix du prêtre, qui, lui aussi, est un spécialiste dans son genre, cherchant à tout assujettir au dogme dont il se fait l'interprète, vous aurez l'État théocratique comme autrefois, autre abus dont on doit se garder. Chacun n'est ainsi préoccupé que de son affaire; l'homme d'État, lui, doit écarter toutes les exagérations et se préoccuper de toutes les affaires, pour ne chercher que la vérité et la justice.

Si parfois les circonstances exigent des hommes politiques rudes et hardis, en général les affaires d'un gouvernement ne veulent que des hommes de sagesse et d'expérience, en d'autres termes, des modérés. Malheureusement la modération en politique est souvent mal appréciée. « Non seulement le peuple comprend mal une politique modérée, écrivait naguère un publiciste français, M. Beaussire, mais il va naturellement aux extrêmes. Il épouse plus aisément les passions radicales ou rétrogrades que les sentiments plus rassis ou plus complexes du parti libéral ou du parti conservateur. Il y a chez lui, souvent dans le même temps, de l'enfant et du vieillard. Il tient du premier par son inexpérience et son impatience de tout obstacle; du second, par la persistance de certains préjugés qui témoignent parfois de la force invincible des traditions au milieu des tentatives les plus révolutionnaires. Le rôle du *Centre Gauche* est particulièrement difficile en France, où le double besoin de la logique et de la franchise s'allie à une paresse naturelle qui se complaît dans la simplicité des jugements et des théories, et qui craint de l'altérer par un examen trop approfondi de tous les aspects des choses. Nous redoutons par-dessus tout les reproches d'inconséquence et

de duplicité; nous interprétons mal les hésitations
d'une conscience scrupuleuse et nous accusons
volontiers de « ménager la chèvre et le chou » ceux
qui n'épousent pas sans réserve toutes les opinions
et toutes les passions de leur parti. Ce n'est pas
qu'il ne se produise, à certains moments, dans le
pays, de brusques mouvements d'opinions qui em-
portent les esprits d'un extrême à l'autre. On s'écrie
alors, non pas qu'on s'est trompé, mais qu'on a été
trompé; on transporte dans ses nouvelles opinions
la même logique, les mêmes formules absolues, la
même paresse à rechercher ce qu'il y a au fond de
ces formules, et aussi la même défiance à l'égard
des idées modérées. »

Chez les peuples libres, une assemblée représentative ou parlementaire se divise naturellement en
groupes plus ou moins nombreux représentant les
diverses nuances de l'opinion. C'est peut-être un
mal, car les groupes, loin d'aider toujours à l'expé-
dition des affaires et à leur bonne gestion, accen-
tuent plutôt les divisions et les intransigeances de
l'esprit de parti qui y font obstacle; mais il est
difficile de les éviter, car les esprits s'attirent ou
les intérêts se coalisent, on sent le besoin d'une
direction, et il y a toujours là une ou deux personnalités dominantes autour desquelles on se ras-
semble et qui se chargent volontiers d'imprimer ou
de diriger le mouvement.

Parmi ces groupes, il y en a deux en tous cas
qui semblent inévitables, puisqu'ils se rencontrent

dans tous les États qui ont des assemblées parlementaires : c'est celui qui soutient le ministère et celui qui le combat. Qu'ils représentent l'un et l'autre des principes différents, c'est ce qui se voit le plus souvent ; mais ils peuvent aussi très bien ne représenter que des intérêts opposés et s'inquiéter assez médiocrement des principes.

Mais il est une autre division qui semble également inévitable. Dans toute société en voie de progrès ou de transformation, une assemblée représentative tend à se partager en quatre groupes naturels, ayant chacun leurs politiques particulières et plus ou moins opposées, et qui coexistent indépendamment des diverses combinaisons parlementaires qui peuvent se produire au cours des débats et les confondre momentanément : ces groupes sont ceux des centres et des extrémités. Entre l'extrême droite, qui représente les régimes antérieurs et l'opposition aux idées nouvelles, et l'extrême gauche, qui a hâte, au contraire, de vouloir appliquer celles-ci d'une façon radicale, se trouvent deux autres groupes plus conciliants, ou plus sages et plus politiques, le centre droit et le centre gauche.

Ces mots de droite et de gauche parlementaires n'ont plus besoin d'être expliqués aujourd'hui ; chacun sait, en effet, que l'usage veut que, dans une Chambre, ceux qu'on appelle de nos jours conservateurs se placent à droite du président de l'assemblée, tandis que les libéraux ou progressistes siègent à gauche. Entre ces extrémités, les centres se divisent en *centre droit* et en *centre gauche*, suivant que leurs sympathies ou leurs principes les rapprochent plus de l'une que de l'autre. Peu importent les noms d'ailleurs, on peut dire que ces groupes existent, soit organisés, soit à l'état de tendance seulement, et plus ou moins dissimulés dans une assemblée libre et parlementaire de nos jours. Ils constituent ce qu'on peut appeler des *groupes naturels*, parce qu'ils ont pour origine des divergences d'opinion inévitables dans toute assemblée politique et délibérante, lesquelles séparent leurs membres pour les classer selon les courants divers de l'opinion publique du moment.

Le centre gauche prit pour la première fois son nom en France sous la Restauration ; il formait alors un groupe peu considérable, mais dont faisaient partie de hautes personnalités, comme Casimir Périer, auquel plus tard un grand rôle était réservé. Sous le régime de la monarchie de Juillet, Thiers, après Casimir Périer, fut surtout l'homme du centre gauche ; il le personnifia autant que Guizot, avec l'appui des doctrinaires, personnifiait le centre droit. Sous la conduite de ces divers chefs, avec les Molé, les de Broglie, les Dufaure, le gouvernement de Louis-Philippe oscilla pendant toute sa durée entre le centre droit et le centre gauche ; ce ne pouvait être au radicalisme de droite de Berryer, ou au radicalisme de gauche de Garnier-Pagès, qu'il appartenait de gouverner sous un régime pacifique de transaction ; car dans les temps réguliers, il faut dire que les centres seuls représentent l'élément gouvernemental, et ce n'est peut-être qu'aux heures de révolution ou de réaction que les partis extrêmes arrivent à se faire jour jusqu'au pouvoir; ce n'est qu'alors que les nécessités du moment où les passions soulevées donnent accès dans les assemblées à des majorités d'hommes violents ou énergiques, et devant lesquelles les centres restent faibles et impuissants.

Ce qui fait du centre gauche un groupe vraiment naturel, c'est que, dans une société en mouvement qui a besoin d'un progrès sage et mesuré, c'est peut-être lui qui la représente le mieux. Moins timide ou plus détaché de la tradition et des hommes du passé que le centre droit, il comprend davantage ce qu'exigent le progrès des idées et les aspirations de l'opinion publique. Sans être du peuple, il est le mieux préparé aux tendances démocratiques de son époque. Ne lui demandez pas toutefois des réformes aventurées; il s'en défie; vous ne lui ferez pas faire aisément un saut dans les ténèbres, c'est contraire à sa politique de parti gouvernemental, qui s'inspire de l'expérience des hommes et des affaires. Si, par un calcul erroné ou nécessité du moment, il lui arrive de trop verser vers le radicalisme de gauche, il ne tarde pas à voir compromettre son influence et à se trouver désavoué tôt ou tard par plusieurs qui ont marché jusque-là à ses côtés. C'est néanmoins le péril auquel l'expose sa situation dans l'ordre des partis,

et le pouvoir tombe alors aux mains du centre
droit, dont il a préparé l'avènement.

Ce n'est pas que le programme du centre gauche puisse rester invariable ; c'est sa tactique ou sa
ligne de conduite politique qui ne doit pas varier,
et celle-ci précisément consiste à suivre le progrès
des idées ou de l'opinion, suivant les temps, pour
en adopter ce qu'elles ont de bon, de légitime, de
pratique, ou d'inévitable. Thiers, en France, qui
prit une si grande part à la fondation de la troisième république, abandonna-t-il, en 1870, les principes du centre gauche, dont, malgré ses erreurs,
il avait été le leader le moins contesté sous la monarchie de Juillet? Non ; seulement, il se trouvait
en présence de circonstances tout autres ; il les
confirma plutôt, ces principes, le jour où il dit que
la république serait *conservatrice* ou qu'elle ne
serait pas ; car ce mot conservatrice, dans sa bouche, signifiait, sans aucun doute, sagement progressiste.

Ce rôle des partis est ainsi particulièrement
intéressant à étudier en France, depuis plus de
quatre-vingts ans que ce pays pratique les institutions parlementaires. Ce qui donne de l'autorité à
un parti, c'est une politique à vues larges, qui ne
s'inspire que de ce qu'il croit le plus conforme au
bien public à un moment donné, pour le faire triompher à travers les obstacles qui lui opposent les
intérêts particuliers, les passions et les préjugés.

En résumé, dans une situation normale intérieure, ce que nous appelons groupes naturels, à l'état organisé ou non organisé, ne cesseront d'exister dans toute assemblée représentative de n'importe quel État de nos jours; malgré l'anarchie dans les idées qui se remarque un peu partout à notre époque, on sent, au fond, persister quatre groupes que caractérisent soit un mouvement retour ou de regret vers le passé, soit une aspiration plus ou moins révolutionnaire vers un avenir rêvé ou désiré, et entre ces deux extrémités, deux groupes qui représentent l'élément gouvernemental avec des politiques particulières à chacun d'eux et qui ne diffèrent guère en principe l'une de l'autre, lors même qu'elles ont pour agents ou pour mobiles des personnalités ou des intérêts opposés. Si le centre droit offre plus de garantie à une conservation nécessaire en règle générale, le centre gauche représente un mouvement de progrès plus libre ou plus accusé, et ce n'est pas un petit avantage dans une société appelée à se transformer, qui marche vers toutes les conquêtes bienfaisantes, mais qui a besoin pour les réaliser d'être contenue dans les bornes de la sagesse par un gouvernement tout ensemble ferme, capable et juste, et qui, en fait de zèle et d'esprit public, sait distinguer ce qui est vrai de ce qui est faux [1].

1. Dans une étude sur les partis, M. Bluntschli, de Zurich, les compare aux âges de la vie: à l'enfance correspond le *parti radical*, à la jeunesse le *parti libéral*, à l'âge mûr le *parti conservateur*, à la vieillesse le parti *Absolutiste ultramontain*.

NOTES EN APPENDICE.

De Stuart Mill :

« Les institutions politiques ne font jamais tant de mal
par leur esprit que lorsqu'elles représentent les fonctions
politiques comme une faveur à accorder, comme une
chose que le dépositaire doit solliciter, comme s'il la
désirait pour lui, et même qu'il doit payer, comme si on
la lui donnait pour son profit... Platon avait une idée
beaucoup plus juste des conditions d'un bon gouvernement, quand il soutenait que les hommes à rechercher
pour en faire des gouvernants sont ceux qui y éprouvent
le plus d'aversion, et que le seul motif sur lequel on
puisse compter pour décider les meilleurs au gouvernement, c'est la crainte d'être gouvernés par les pires. Que
doit penser un électeur quand il voit trois ou quatre
gentlemen, dont jusque-là aucun ne s'était fait remarquer par la prodigalité de sa bienfaisance désintéressée,
luttant à qui dépensera le plus d'argent pour pouvoir
écrire sur leurs cartes : *membre du parlement*. Va-t-il
supposer que c'est dans son intérêt qu'ils font toute cette
dépense!... Tant que le membre élu paye son siège de
quelque façon que ce soit, on échouera à faire de l'élection autre chose qu'un marché pour toutes les parties. »

Voilà ce que l'auteur anglais dit des candidats aux
fonctions politiques dans son pays. Ailleurs encore qu'en
Angleterre il y a d'autres moyens pour les obtenir que
de les payer, ce qui assez généralement est réprimé aujourd'hui ; mais quels que soient ces moyens, ce n'est
presque jamais uniquement en vue de l'intérêt public
qu'on les emploie avec tant de zèle, chacun sait cela.

**

4

Voici un passage de *l'Allemagne* de M^ms de Staël qui
excita, paraît-il, la plus grande rumeur à la censure de
son temps, mais qui n'en renferme pas moins sur les
hommes publics des vérités à méditer : « Dès qu'on se
met à négocier avec les circonstances, tout est perdu, car
il n'est personne qui n'ait des circonstances. Les uns ont
une femme, des enfants, des neveux, pour lesquels il
faut de la fortune; d'autres, un besoin d'activité, d'occupation, que sais-je ? une quantité de vertus qui toutes
conduisent à la nécessité d'avoir une place, à laquelle
soit attachés de l'argent et du pouvoir. N'est-on pas las
de ces subterfuges dont la Révolution n'a cessé d'offrir
l'exemple? L'on ne rencontrait que des gens qui se plai-
gnaient d'avoir été forcés de quitter le repos qu'ils pré-
féraient à tout, la vie domestique, dans laquelle ils
étaient impatients de rentrer; et l'on apprenait que ces
gens-là avaient employé les jours et les nuits à supplier
qu'on les contraignît à se dévouer à la chose publique,
qui se passait parfaitement d'eux. »

*
**

Le mal du jour pour les gouvernements de liberté,
c'est-à-dire les gouvernements dans les pays où ce sont
tous les citoyens ou la majorité des citoyens qui se choi-
sissent ceux qui sont appelés à les gouverner, c'est que
les élus une fois en fonction dépendent des électeurs,
quels que soient ces électeurs. Dans ces conditions, il
arrive en effet ceci : l'élu, qu'il ait à faire la loi ou à
l'appliquer, se demande d'abord — il en est en général
ainsi pour ne pas dire toujours — s'il aura l'assentiment de ceux dont il recherche avant tout les suffrages;
en d'autres termes, ce dont il s'inquiète le plus, c'est de
son élection ou de son maintien au pouvoir ; de sorte
que, au fond et indirectement, c'est le gouverné qui fait
la loi au gouvernant, et quelle que soit la supériorité

des lumières ou de l'expérience de celui-ci. De tels gouvernements ne peuvent être que faibles et sans initiative. Y-a-t-il une bonne loi à faire, mais impopulaire,
c'est-à-dire, que la majorité ne peut apprécier à sa
valeur? On se refuse à la proposer ou à la soutenir,
parce que la menace de l'électeur est là, de l'électeur qui
tient votre sort en mains. Et il en est ainsi des ministres
qui dépendent des députés, comme des députés qui eux-
mêmes dépendent des électeurs.

Voilà comment ce sont ici les gouvernés qui gouvernent les gouvernants, et souvent les aveugles qui mènent
les clairvoyants. La conclusion, c'est qu'il n'y a de bon
gouvernement que là où gouvernés et gouvernants, électeurs et élus, sont également capables et éclairés, ceux-
ci pour commander, selon le bien de tous, ceux-là pour
obéir, dans leur propre intérêt.

***

Le peuple, dans son ignorance, est radical et simplice ;
il manque tout à la fois d'expérience, de savoir-faire, et
de sentiment des nuances ; étranger à toute méthode, il
est ainsi inhabile à gouverner ; et voilà pourquoi les
gouvernements purement populaires n'ont jamais pu être
que des anarchies.

***

A l'opposé des foules populaires, il y a le clan des
poètes, des idéologues rêveurs, des sectaires ; ce sont des
naïfs en politique ; parfois aussi des inspirateurs, mais
dont, en pratique, l'influence ne peut être que fort indi-
recte ; Platon avait peut-être raison de les mettre à la
porte de sa république, où il ne faut que des gens d'affaires expérimentés et d'un bon sens éclairé par la justice.

***

Ce n'est pas toujours la passion qui fait errer dans les révolutions politiques ; c'est aussi l'abus du raisonnement et de la *logique*. La logique en politique n'est pas à sa place comme dans la science. Elle a fait commettre bien des fautes à ceux qui traitent les affaires comme des problèmes ou des théorèmes géométriques. C'est qu'en affaires il y a encore autre chose que des idées ou des principes ; il y a des faits, dont il faut tenir compte, il y a des conséquences pratiques qu'il s'agit de distinguer des combinaisons théoriques, circonstances de choses et de personnes, prévisions d'avenir, considérations de justice. C'est l'expérience unie à l'intelligence et au bon jugement naturel qui font ici éviter ces fautes, et ceux qui, à la tête des peuples, sont doués de ces dons, sont les vrais hommes d'Etat. Si les partis politiques finissent ordinairement par des luttes passionnées, ils ont commencé par des principes sincèrement et pacifiquement professés, qu'a faussé plus tard la logique intransigeante des esprits étroits luttant entr'eux.

Il en est plus ou moins ainsi en matière religieuse ; en pratique, la religion tout comme la politique doit craindre d'être trop logique, malgré son caractère plus absolu ; l'esprit étroit, l'esprit sectaire, perd les religions comme les gouvernements.

III

DU VRAI ET DU FAUX EN MATIÈRE D'ÉGALITÉ

« C'est toujours de la liberté que les lettrés et les riches se montrent jaloux, et c'est à l'égalité qu'aspirent les pauvres. » Voilà ce que dit M. Jules Simon, et il a raison ; le pauvre ne voit dans l'égalité que la fin de ses misères ; il la demande presque comme une protection, et il n'a cure, en général, de se soumettre aux maîtres s'il y voit une condition de bien-être.

Dans le principe des sociétés, l'égalité entre individus d'un même peuple a existé vraisemblablement plus que dans la suite, sauf peut-être les privilèges inhérents au régime patriarchal des premiers âges chez quelques-uns ; encore de nos jours chez quelques peuplades sauvages, elle est plus réelle qu'en général chez les civilisés. L'histoire nous la montre disparaissant à la suite des guerres : de là l'esclavage antique ; de là encore des hommes foulés sans pitié aux pieds de maîtres absolus, à qui il a fallu abandonner le gouvernement des peuples restés incapables, et qui ont

abusé de leur pouvoir pour satisfaire leur ambition, leur cupidité ou leurs folies.

Avec le christianisme disparut l'esclavage antique : le Christ avait proclamé l'égalité de tous les
enfants d'Adam et leur union dans l'amour et la
charité. Mais si l'esclavage disparut comme institution, il survécut en fait dans les mœurs sociales,
et en Europe, sous une autre forme, celle du *servage* ou des droits personnels accordés au seigneur
sur ses serfs, il reprit en quelque sorte une nouvelle vie. Longtemps encore il n'y eut que des
vilains, taillables et corvéables à merci, et des
grands, race à part de personnages privilégiés, qui
devaient originairement leur puissance et leurs
richesses à la force des armes ou à la faveur du
maître, tout autant au moins qu'à de vrais services
rendus à leur pays.

Entre les vilains cultivant la terre et la race des
guerriers et des gens d'Église qui s'en appropriaient
les fruits, s'interposa peu à peu la classe des bourgeois dans les villes fermées, laquelle débuta ainsi
dans le rôle que l'avenir lui réservait. Avec l'instruction et la richesse qui les avaient tirées de
l'obscurité et de l'impuissance, les classes moyennes
ou bourgeoises finirent un jour par substituer leur
gouvernement à celui de l'aristocratie privilégiée.
Ç'a été, comme on sait, le grand fait des temps
modernes.

Quelle en a été la conséquence pour le peuple
et au point de vue de l'application à tous du prin-

cipe de l'égalité sociale? Étendre l'action du pouvoir et de la justice à un plus grand nombre et
jusqu'à y faire participer les classes inférieures
elles-mêmes, voilà quelle a été cette conséquence.
Aujourd'hui, en vue des progrès de celles-ci, le
même travail se fait qu'autrefois pour l'émancipation des classes moyennes en lutte avec l'aristocratie privilégiée ; à la faveur du principe libéral ins-
crit dans les institutions modernes, et l'aisance
générale aidant, le petit bourgeois, le fils d'ouvrier
s'est instruit, a acquis plus d'indépendance, et il
s'est ainsi mis en mesure de prendre rang parmi
les chefs et de participer au gouvernement de la
chose publique.

En somme, le droit du plus fort, qui s'affirmait
autrefois par la guerre, l'orgueil et l'avidité du
vainqueur, les traditions appuyées sur la foi [1], le
tout combiné avec la nécessité d'une subordination
et d'un gouvernement quelconque des peuples,
voilà, avec les faveurs et les honneurs accordés au
vrai ou au faux mérite, et maintenus ensuite par
l'hérédité, quelles ont été, aux différents âges de
l'histoire, les origines de l'inégalité sociale ; elle n'a
pas existé au même degré dans le principe des
sociétés.

Dans les temps modernes, les classes moyennes
émancipées ont proclamé le principe de l'égalité
devant la loi ; ç'a été une borne posée contre les

_____

1. M. Fustel de Coulanges en fait découler toute la cité antique.

empiétements des forts et un encouragement aux
espérances des faibles ; si cette borne, en fait, a
été assez souvent tournée, en dernier résultat elle
est restée efficace : or, voilà ce dont bénéficie la
démocratie de nos jours.

Nous sommes, en effet, arrivés à une époque de
démocratie, c'est-à-dire que la pente des esprits
du jour dans les nations du monde civilisé, d'accord avec la force des choses, est plus que jamais
dans le sens de l'égalité sociale. Mais qu'on y
songe, cette égalité ne va pas plus loin que la justice due à tous, que la liberté assurée à chacun, elle
s'arrête devant l'incapacité, l'immoralité ou l'indi-
gnité; elle admet, elle proclame la supériorité des
facultés personnelles ; elle se rallie à une subordination nécessaire; elle ne va pas plus loin, mais
elle va jusque-là; au delà il n'y a plus d'ordre, par-
tant plus de société possible.

On a tous droit à la vie, mais pas à la même vie ;
voilà une distinction à faire, dont l'oubli a permis
aux générations de notre temps de s'exagérer le
principe d'égalité, comme elles se sont exagéré le
principe de liberté. L'on réclame aujourd'hui non
seulement une plus juste répartition des biens
nécessaires à la vie, ce qui est légitime, mais l'on
semble même ne plus admettre qu'il puisse y avoir
des inégalités sociales d'après les différences d'aptitudes : de là, chez les aveugles comme chez les
clairvoyants, chez les incapables comme chez les
capables, les mêmes prétentions aux ingérences

politiques et autres. C'est là une tendance de notre siècle qui a tout ensemble aidé à affermir le règne de la démocratie et à le compromettre. Obéissant aux mêmes mobiles, une autre a proclamé l'égalité de la jeunesse et de la maturité, sinon même la supériorité de la hardiesse aventureuse de l'une sur l'expérience de l'autre. Aujourd'hui, c'est le féminisme qui entre en scène, c'est-à-dire la femme en tout l'égale de l'homme et se mettant en lutte avec lui pour l'existence dans toutes ses sphères...

Que la naissance et la fortune ne constituent plus de privilège, cela se justifie assez. Mais aller jusqu'à s'y refuser pour toute supériorité intellectuelle ou morale, pour tout savoir-faire ou science expérimentale, voilà l'abus, et il est un de ceux dont a souffert notre époque. Tous les mêmes droits, parce que tous égaux : l'on sait pourtant qu'il y a pour le bon ordre social des privilèges qui s'imposent. « Dieu, dit George Sand, eût départi à tous les hommes une égale dose d'intelligence et de vertu, s'il avait voulu fonder le principe d'égalité parmi eux; mais il fait les grands hommes pour commander aux petits hommes, comme il a fait le cèdre pour protéger l'hysope. »

Si les grands hommes sont d'une espèce très rare, on peut s'en tenir aux gens éclairés et expérimentés, et ne pas aller jusqu'à les confondre avec les non-valeurs, par respect pour le principe d'égalité. Or, on va jusque-là de nos jours, car on ne veut plus reconnaître de supériorités, tous le sont.

Les progrès du passé sont pourtant dus aux mieux doués, et, il n'y a pas à dire, ceux de l'avenir continueront à être leur œuvre, c'est-à-dire l'œuvre de ceux qui ont droit de commander.

Voilà pour les inégalités naturelles; mais il y en a d'autres. Quand, il y a un siècle, on proclama le principe de l'égalité devant la loi, on fit beaucoup; mais on ne put tout faire. Il reste aujourd'hui des inégalités, et par-dessus les autres l'inégalité dans la répartition des biens matériels. Il y a, à notre époque, des gens assez riches pour faire vivre des milliers d'autres qui n'ont pas le nécessaire. Ces cas-là se présentent un peu partout, mais c'est surtout dans certains pays que frappent le plus ces écarts et ces inégalités. En Angleterre, la propriété rurale seule rapporte à 955 personnes un revenu total de 17 890.331 £, soit, en moyenne, à chacune, 470.000 francs annuellement [1] ; quatre-vingt-dix d'entre elles y possèdent chacune plus de vingt-quatre mille hectares de fonds. Et dans ces chiffres ne figurent pas les résidences d'agrément, ni les propriétés urbaines; or, la valeur de ces dernières dépasse parfois de beaucoup celle des propriétés rurales : le duc de Westminster seul est propriétaire de tout un quartier de Londres, dont le revenu dépassera un jour vingt-cinq millions.

Et pourtant ici les États-Unis laissent loin derrière eux l'Angleterre elle-même. Dans cette grande

---

1. Financial reform. Almanach.

république démocratique, où le droit d'aînesse n'existe pas, il se trouve des milliardaires jouissant d'un revenu de plusieurs millions; on y compte plus de vingt mille millionnaires en possession d'un avoir de deux à cinq millions chacun; deux cent cinquante d'entr'eux ont, au bas mot, chacun cent millions. On a calculé qu'en 1892 il y existait 31.850 personnes possédant ensemble, au minimum, 191 milliards, c'est-à-dire les trois cinquièmes de la fortune nationale!

Voilà des faits qui prouvent jusqu'où peut aller l'accaparement des richesses d'une nation, même d'une nation jouissant de tous les avantages de la liberté. Le droit héréditaire, d'heureuses spéculations ou d'heureux hasards, même le travail avec une puissance de moyens dépassant les limites ordinaires, peuvent-ils pourtant justifier quelques milliers de particuliers de retenir entre leurs mains une si énorme portion de la richesse publique? Non, malgré le droit incontestable à la propriété, et malgré la liberté due à l'industrie et au travail, cela paraît, en principe, inadmissible; cette trop grande inégalité des fortunes blesse le sentiment général. Quand on pense qu'il existe des gens qui ont des milliers de francs à dépenser par jour, tandis qu'un grand nombre d'autres ne peuvent vivre que de misère, même en travaillant toute leur vie, il y a lieu de se récrier contre l'organisation d'une société où règne une inégalité aussi révoltante.

L'existence de gens si riches est d'ailleurs un
danger public. La puissance de l'argent est souvent tyrannique, même en industrie et en affaires.
En politique aussi ; aux Etats-Unis, ce péril se fait
bien sentir et commence sérieusement à inquiéter
l'opinion. Lors des élections de 1888, les suffrages
à New-York s'achetaient publiquement par lots de
cinq, et la cote officielle allait de 25 à 500 dollars.
Il peut un jour en arriver autant ailleurs ; tout
pouvoir restera alors aux mains de quelques-uns,
les plus riches. « Voulez-vous donner à l'Etat de
la consistance? dit Rousseau ; rapprochez les degrés extrêmes ; ne souffrez ni les gens opulents, ni
les gueux ; c'est toujours entre ces deux états que
se fait le trafic de la liberté ; l'un l'achète, l'autre
le vend. » On ne peut nier qu'il n'y ait du vrai
dans ces paroles de l'auteur du *Contrat social*[1].

C'est ici que l'impôt peut atténuer les inconvénients de cette trop grande inégalité. Le remède ne
peut être dans la spoliation et le partage général,
comme le voudraient des socialistes peu sérieux, qui
de nos jours semblent perdre quelque peu de terrain ; on a assez dit et prouvé que ce moyen primitif,
et tout au plus excusable chez les sociétés barbares, est aussi impraticable qu'inique et inopérant.
Le remède est dans l'impôt établi de telle façon que

1. « Un Etat politique où des individus ont des millions de revenu, se demande l'auteur des *Mémoires d'outre-tombe*, tandis que
d'autres individus meurent de faim, peut il subsister quand la religion n'est plus là, avec ses espérances hors du monde, pour
expliquer le sacrifice ? »

les charges générales et le soulagement des misères
publiques pèsent principalement sur les particuliers
qui disposent d'une si forte part de l'avoir social.

D'autre part, s'il est conforme aux principes de
toute bonne économie politique que chaque individu
jouisse intégralement pendant sa vie, sous réserve
des charges publiques, des biens acquis par son
industrie et fruits de son travail ou de son génie,
il ne semble pas qu'il soit prudent ou utile de laisser
passer des fortunes colossales aux mains d'héritiers
parfois si indignes, qui d'ailleurs n'ont fait pour en
jouir, comme dit Figaro, que de se donner la peine
de naître, et auxquels il arrive d'en faire un usage
si malfaisant ou si inepte. Dans un but purement
fiscal, il existe chez les peuples civilisés des droits
sur les successions, plus ou moins élevés suivant le
degré de parenté, mais les mêmes en tout cas, quel
que soit le chiffre des biens délaissés ; n'est-ce pas
encore le cas d'appliquer ici la progression à certains héritages opulents? Peut-on, en outre, admettre à hériter jusqu'au douzième degré, comme la
loi le veut dans quelques pays ! On convient assez
généralement aujourd'hui qu'accorder ce droit
à des gens qui peuvent être considérés comme
étrangers au défunt, c'est vraiment pousser trop
loin le principe d'hérédité familiale.

C'est ainsi que, par l'égalité des charges, avec
progression pour ceux qui jouissent de superflus
excessifs, la caisse publique, toujours accablée de
besoins, se remplirait au profit de ceux qui n'ont

pas le nécessaire. Admettons même un moment qu'on puisse s'en exagérer les résultats, encore l'application de ces principes répondrait-elle à un sentiment d'équité qu'exige notre époque ; et c'est ici que les vérités et les erreurs du socialisme contemporain prennent leur source.

Naguère, dans notre monde européen, on ne parlait que des droits et des libertés des peuples, on frondait à plaisir les gouvernements, et s'il s'en rencontrait qui ne fussent pas assez souples, on faisait une petite révolution pour leur apprendre à vivre ; en un mot, le débat était tout politique. Aujourd'hui, on n'entend discourir que des iniquités sociales à abolir, des griefs des pauvres contre les riches, des rapports des patrons et des ouvriers, des syndicats, des grèves, et la lutte, de politique qu'elle était, est devenue sociale.

Faut-il tant s'en étonner ?

Le mouvement social et économique de nos jours est conforme à la logique des faits dans une évolution qui n'est point contrariée par les lois et les institutions ; comme tel, il ne dément en rien les enseignements de l'histoire, ni les instincts de l'esprit et du cœur humains. Il y a un siècle, le gouvernement des classes moyennes, pour se substituer à celui de l'ancien régime absolu et aristocratique, a proclamé et fait triompher les principes de liberté dont se sont inspirées depuis les institutions modernes. Les barrières une fois tombées, était-il possible d'en rester à des principes purement théori-

ques ou philosophiques ? Non ; le progrès des choses et des idées qui en a été la suite dans le cours
du dix-neuvième siècle a fait naître ce qu'on
appelle les *nouvelles couches*, et il a ouvert de plus
en plus large la porte à l'idée démocratique, ou à
ceux qui la représentent dans le gouvernement des
sociétés. On avait le droit ; mais cela suffisait-il ?
Non, il fallait aussi la chose ; un premier pas en a
fait faire un second.

Au suffrage restreint admis dans le principe, et
qui longtemps a été la règle dans les gouverne_
ments représentatifs, au *cens*, de plus en plus abaissé, qu'ont eu à payer les électeurs, a succédé le
suffrage universel pour tout citoyen ayant l'âge
d'homme, et sans autre condition obligatoire. En
théorie, le suffrage universel apparaît comme un
mode primitif et qu'on pourrait qualifier de barbare ; il fut vraisemblablement celui des associations
premières pour l'élection des chefs ; ainsi réglé, le
choix des gouvernants pouvait convenir à une société jeune, à ses débuts dans la vie. Il en est autrement dans une société avancée et marchant par des
rouages aussi multiples que la nôtre ; ici, un suffrage
où les aveugles et les clairvoyants, ceux qui savent
et ceux qui ne savent pas, arrivent sur la même
ligne et au même titre, où la victoire doit rester à ceux
qui s'empareront le plus adroitement de l'esprit des
foules faciles à entraîner et qui ne pensent et n'a-
gissent que grâce à l'impulsion extérieure qu'elles
reçoivent, un suffrage pareil semble une pure aven-

ture où tout est livré au hasard des circonstances.

Mais on ne s'est pas laissé arrêter par ces objec-
tions; on n'a vu dans le suffrage universel qu'un
instrument puissant entre les mains de capitaines
isolés qui cherchent des soldats obéissants pour faire
arriver d'autres hommes au pouvoir. Si l'application
du principe n'a pas toujours été ici au plus grand
avantage du gouvernement général, lequel veut
avant tout lumières et sagesse, cela du moins a fait
les affaires de la démocratie, qui en est sortie plus
forte et avec sa sphère agrandie. Il ne servirait de
rien à ceux qui sont aujourd'hui forcés de partager le pouvoir qu'ils détenaient auparavant tout
entier de se lamenter outre mesure ; car c'est ainsi,
et ce sera sans doute ainsi pour longtemps, si non
pour toujours.

Le suffrage universel, avec sa confusion des
capables et des incapables, a profité de l'impopu-
larité, justifiée ou non, du suffrage censitaire, c'est-
à-dire uniquement basé sur la fortune. Le peuple,
dans ses misères, impatient d'améliorer son sort,
a cru voir dans la lenteur du progrès que lui pro-
mettaient les institutions modernes et les droits
qu'elles lui assuraient à ses yeux, un mauvais vouloir des gouvernants qui ne finirait que par son
intervention directe dans les affaires. En France, la
constitution de 1791 ne contenait-elle pas déjà
cet article : « Il sera créé et organisé un établis-
sement général de services publics pour élever les
enfants abandonnés, soulager les infirmes et four-

nir du travail aux pauvres valides qui n'auraient pu s'en procurer »? Cette constitution stipulait donc déjà, il y a plus de cent ans, à peu près tout ce qu'on réclame de nos jours en faveur des classes populaires : secours à l'enfance, secours à la vieillesse, aide et protection au travailleur. Le programme a-t-il reçu son exécution, en France et ailleurs? Bien imparfaitement, il faut l'avouer. Si les classes gouvernantes ont prospéré, l'ouvrier longtemps encore est resté pauvre et isolé, on peut même dire plus dénué de secours et d'appui que sous l'ancien régime; avec la liberté en plus, oui, sans doute, la liberté qui nourrit les espérances, mais non le corps. Est-il donc étonnant, les choses étant ainsi, que l'ouvrier ait cru ceux qui sont venus un jour à lui en disant : « Faites vous-même ce que les autres ne feront pas pour vous, réclamez votre part de droits au gouvernement, et nommez-nous vos mandataires : après, tout ira bien » ?

Dans le milieu ouvrier pur de tout alliage, les aspirations nouvelles ne datent guère que d'un demi-siècle. À l'époque si agitée qui suivit la révolution de 1830 en France, et alors que l'émeute était comme en permanence dans les rues de Paris, M. Thureau Dangin, dans son *Histoire de la monarchie de Juillet*, fait observer que les sociétés révolutionnaires n'étaient guère composées que de bourgeois; le peuple n'y figurait pas comme de nos jours, il ne lisait guère les journaux, il ne s'occupait pas de politique. Après le sac de Saint-Ger-

main-l'Auxerrois, de l'archevêché, et de plusieurs
églises, en 1831, M. Duvergier de Hauranne affirmait, à la tribune de la Chambre des députés, que
les ouvriers de Paris n'y avaient eu aucune part, et
il nommait les jeunes gens des écoles comme les
principaux coupables. C'est la révolution de 1848
qui a déterminé le mouvement social actuel, tout
comme celle de 1789 avait ouvert l'ère des institutions libérales : dans l'une et l'autre, la France a
représenté ici la jeunesse du monde, avec toutes ses
générosités, toutes ses légèretés, toutes ses illusions, et tous ses emportements. La seconde république, en proclamant le suffrage universel, a ouvert la
porte à toutes les revendications de l'espèce ; pas
tout de suite pourtant ; à ses débuts, le suffrage
universel, encore novice et voisin d'un tout autre
état de choses, a d'abord trouvé des masses hésitantes, timides, avec des habitudes de soumission
et de résignation contractées dès l'enfance, en
d'autres termes, connaissant imparfaitement l'u-
sage de l'instrument·puissant qu'on venait de lui
mettre entre les mains. Et c'est plus ou moins
ainsi que se passent les choses dans les commen-
cements. Mais viennent bientôt ceux qui pensent
pour les autres, ou rêvent de tirer pour eux-mêmes
parti de la situation nouvelle, *politiciens ou
meneurs* de petite ou de grande envergure, ceux-ci
poussent, endoctrinent, écrivent dans les journaux,
pérorent à la tribune, et, après s'être efforcés d'ouvrir les yeux de la foule, finissent par l'organiser

en vue de l'action. Que, dans l'œuvre ainsi entreprise pour faire l'éducation du suffrage universel,
on ne sorte jamais des voies légales — ce qui n'arrive pas toujours, comme on sait — il n'en est pas
moins certain qu'en dernier résultat le grand nombre, confusion d'aveugles et de clairvoyants, de
sages et de toqués, ne parvienne un jour, de la
sorte, à avoir, tels quels, ses hommes aux affaires.

Dès ce moment, les choses changent de face,
et l'axe gouvernemental doit prendre une direction
nouvelle. En politique, le principe de *liberté* ayant
à peu près donné tout ce qu'il pouvait donner, on
commence, dès lors, à se préoccuper davantage
d'égalité, cet autre terme de la formule qui résume
la charte nouvelle de l'humanité. Ce qui a signalé
la première phase révolutionnaire, ç'a été une
œuvre de liberté accomplie par l'intermédiaire des
classes moyennes et bourgeoises, riches et ins-
truites; elle a occupé la fin du dix-huitième siècle
et la première moitié du dix-neuvième; une fois
achevée, d'autres devaient entrer en scène avec des
préoccupations nouvelles. C'est la seconde phase
dans laquelle nous sommes entrés.

On peut dire que tout ce qui s'est fait depuis
cinquante ans chez les peuples de l'Europe occi-
dentale a été fait en vue de ce résultat : améliorer
le sort du pauvre et du travailleur, et lui faire une
place plus convenable dans la société ; qu'on l'ait
voulu ou non, que ceux qui y ont travaillé aient
eu ou non conscience de leurs actes, peu importe ; .

on a été porté dans le mouvement sur une pente invincible : comme le corps humain, les sociétés font effort pour rejeter les éléments morbides qui les font souffrir. De la résistance rencontrée et du débat engagé est sortie, plus qu'on ne croit peut-être, la suite de tous les événements qui ont agité l'Europe pendant cet espace de temps.

L'évolution vers la liberté a déterminé l'évolution vers l'égalité, et c'était la conséquence des principes posés au début de l'ère nouvelle : de *politique* d'abord, le mouvement devait devenir *social* ensuite. Ce qui porte aujourd'hui le nom de socialisme n'est trop souvent que le côté sombre d'une œuvre de justice qui s'imposait à la société moderne; c'est une forme plus ou moins usurpée du vrai progrès social, mélange de bien et de mal, de faux et de vrai. Une chose surtout lui a fait un assez mauvais renom parmi les classes gouvernementales ou peu révolutionnaires : c'est que des hommes antérieurement étaient venus qui avaient voulu tout réformer en bloc, d'après des vues systématiques et peu pratiques, et comme en haine de ce qui existait. Sans parler de Cabet et de son *Icarie*, on n'a pas oublié Saint-Simon et les Saint-Simoniens des premières années du siècle passé, Fourier et ses étranges inventions, Owen, en Angleterre, avant Lasalle et Carl Marx, en Allemagne. De cet ensemble de vues plus ou moins systématiques accumulées pendant un siècle par des idéologues, il est resté, non des institutions, mais un

fonds commun qui caractérise le socialisme de nos
jours ; en somme, de théorique qu'il avait été d'abord
entre les mains des réformateurs faiseurs de livres,
il est aujourd'hui, à l'aide du suffrage universel,
entré dans la pratique, et ses progrès ne sont plus
en question ; il s'affirme ainsi comme un idéal
social qui convient mieux aux couches nouvelles,
et cela, encore une fois, ne doit étonner personne.

Mais c'est ici, c'est lorsqu'on passe de la théorie
à la pratique que se découvrent les écueils ; ces
théories, mises à l'épreuve, viennent le plus souvent échouer devant des difficultés imprévues ; les
utopistes ou réformateurs ambitieux qui avaient
fait concevoir un monde nouveau plein de promesses ne peuvent réaliser qu'une bien petite
partie de leurs espérances ou de leurs prétentions ;
car leurs vues, superficielles ou peu pratiques,
vont la plupart à l'encontre de principes, de mœurs,
d'habitudes, ou d'intérêts qui leur opposent des
obstacles invincibles. Même dans les choses bonnes
et justes, on ne passe pas ainsi brusquement et
sans préparation d'un ordre social à un autre tout
différent. « On ferait autant de mal à une société
en détruisant les vieilles institutions avant que les
nouvelles soient assez bien organisées pour prendre leur place, qu'on en ferait à un amphibie en
amputant ses branchies avant que ses poumons
soient assez bien développés, » dit M. Herbert
Spencer.

L'ignorance de certaines lois sociales conduit

ainsi à des échecs assurés. Dès lors, ceux qui ont eu foi, trahis dans leurs espérances, leurrés par de fausses promesses, et poussés ensuite à des actes de violence comme vers leur dernière ressource, s'ils sont enfin vaincus par la force, voient bientôt arriver l'heure des réactions, toujours cruelle. Le mouvement ainsi arrêté ne reprend que lorsque le temps a effacé le souvenir des illusions passées; un jour on se croit plus fort, plus capable ou plus sage; mais en somme, à ce jeu-là, au lieu de gagner du temps on en a perdu, et cela au prix de mille souffrances inutiles. Ce n'est qu'à la longue, dans ce va et vient d'agitations successives, que quelques vérités s'imposent et restent acquises, et que d'utiles conquêtes demeurent définitives.

Il y a socialisme et socialisme : ne nous effrayons pas du mot; acceptons-le comme synonyme de progrès social, et sans l'associer à ses congénères, le communisme, le collectivisme, ou telles autres sectes bâtardes nées à l'ombre du radicalisme ou sorties de ses rêves. Il est entendu que tout ce qui tendait à changer trop radicalement l'ordre de choses établi est condamné d'avance; nous l'avons dit, un écart brusque et considérable est en opposition avec une loi naturelle des sociétés, et, on peut ajouter, avec les allures de l'esprit et du cœur humains; on évolue de nos jours, on ne révolutionne plus, car on a toutes les pièces nécessaires au progrès pacifique, dès qu'on y met intelligence et sagesse; des réformes impatientes et presque toujours aventu-

turées ne s'imposent que par la force et ne durent
que tout juste autant que cette force. Voilà pourquoi
les imaginations trop fécondes de beaucoup de
réformateurs n'ont eu en général aucun résultat
pratique, à commencer par Platon et sa république
jusqu'aux mémorables inventions des sans-culottes
français de 1793 ; le christianisme lui-même, sous
sa forme sociale, n'a guère mieux réussi avec ses
aspirations sublimes d'amour, d'abnégation et de
fraternité; on est resté plus ou moins payen à cet
égard. Tout au plus, des réformes complètes en ce
genre peuvent-elles être tentées par des associations
particulières, sur une petite échelle; et encore, en
dehors des associations purement religieuses, les
épreuves entreprises sous cette forme ont-elles pour
la plupart échoué; qu'on juge donc de ce qui doit
arriver lorsqu'elles tendent à englober un peuple
tout entier!

Quand, dans notre siècle, on demande la communauté des biens, l'abolition de la propriété et du
capital, celle de la famille et de la patrie, la fin de
tout culte et de toute religion, on demande naïvement
l'impossible, non seulement parce qu'on s'écarte
ainsi aveuglément de l'ordre de choses établi,
mais encore parce que cet ordre de choses repose
sur un fond permanent et inaliénable. Le socialisme,
conception d'une société sur un plan nouveau, n'a
sans doute rien de commun avec cette autre secte,
l'anarchisme, qui est, lui, la négation de toute
société et de tout gouvernement, et ne mérite que

la répression réservée au banditisme. Mais la démocratie de nos jours, en cherchant à substituer l'égalité de fait à l'égalité de droit obtenue par la liberté, s'est-elle demandé jusqu'où l'on pouvait s'avancer sur ce terrain-là sans s'effondrer? Non ; on rêve un niveau général étendu sur toutes choses; est-ce sérieux? Lamartine, dans son *Histoire des Girondins*, a écrit là dessus des pages éloquentes : « Le partage égal des lumières, des facultés et des dons de la nature, dit-il, est évidemment la tendance légitime du cœur humain. Les révélateurs, les poètes et les sages ont roulé éternellement cette pensée dans leur âme, et l'ont perpétuellement montrée dans leur ciel, dans leurs rêves, ou dans leurs lois, comme la perspective de l'humanité. C'est donc un instinct de la justice dans l'homme... Tout ce qui tend à constituer des inégalités de lumières, de rang, de conditions, de fortune, parmi les hommes, est impie; tout ce qui tend à niveler graduellement ces inégalités, qui sont souvent des injustices, et à répartir le plus équitablement l'héritage commun, est divin. Toute politique peut être jugée à ce signe, comme la vérité à distance.

« Mais plus un idéal est sublime, plus il est difficile à réaliser en institutions sur la terre. La difficulté jusqu'ici a été de concilier avec l'égalité des biens les inégalités de vertus, de facultés et de travail, qui différencient les hommes entr'eux. Entre l'homme actif et l'homme inerte, l'égalité des biens devient une injustice; car l'un crée et

l'autre dépense. Pour que cette communauté des
biens soit juste il faut supposer à tous les hommes
la même conscience, la même application au travail, la même vertu. Cette supposition est une
chimère. Or, quel ordre social pourrait reposer
solidement sur un tel mensonge? De deux choses
l'une : ou bien il faudrait que la société, partout
présente et partout infaillible, pût contraindre
chaque individu au même travail et à la même vertu : mais alors que devient la liberté ? la société
n'est plus qu'un universel esclavage ; ou bien il
faudrait que la société distribuât de ses propres
mains, tous les jours, à chacun selon ses œuvres,
la part exactement proportionnée à l'œuvre et au
service de chacun dans l'association générale :
mais alors quel sera le juge ?

« La sagesse humaine imparfaite a trouvé plus
facile, plus sage et plus juste de dire à l'homme :
« *sois toi-même ton propre juge, rétribue-toi
toi-même par la richesse ou par la misère.* » La
société a institué la propriété, proclamé la liberté
du travail et légalisé la concurrence.

« Mais la propriété instituée ne nourrit pas celui
qui ne possède rien. Mais la liberté du travail ne
donne pas les mêmes éléments de travail à celui
qui n'a que ses bras, et à celui qui possède des milliers d'arpents sur la surface du sol. Mais la concurrence n'est que le code de l'égoïsme, et la guerre
à mort entre celui qui travaille et celui qui fait travailler, entre celui qui achète et celui qui vend, entre

celui qui nage dans le superflu et celui qui a faim.
Iniquité de toutes parts ! Incorrigibles inégalités
de la nature et de la loi !

« La sagesse du législateur paraît être de les pal-
lier une à une, siècle par siècle, loi par loi. Celui
qui veut tout corriger d'un coup brise tout. Le possible est la condition de la misérable sagesse
humaine. Sans prétendre résoudre, par une seule
solution, des iniquités complexes, corriger sans
cesse, améliorer toujours, voilà la justice d'êtres
imparfaits comme nous.

« Le temps paraît être un élément de la vérité
elle-même ; demander la vérité définitive à un seul
jour, c'est demander à la nature des choses plus
qu'elle ne peut donner. L'impatience crée des illusions et des ruines au lieu de vérités. Les décep-
tions sont des vérités cueillies avant le temps. La
vérité est évidemment la communauté chrétienne
et philosophique des biens de la terre. Les décep-
tions, ce sont les violences et les systèmes par lesquels on a cru vainement pouvoir établir cette
vérité et l'organiser jusqu'ici. »

« Ces pages, dit Stuart-Mill 'qui les rapporte
dans sa *Révolution de 1848*, devraient être le
credo de tout réformateur sérieux et raisonnable
sur les questions de propriété et de répartition des
richesses. » Elles paraîtront peut-être un lieu commun aujourd'hui qu'on admet généralement un
socialisme pratique, consistant en réformes graduées
que réclament la justice et l'humanité, et réalisable

par la paix et de bonnes lois. Et que veut ce socialisme ? Une organisation meilleure du travail, des
secours mieux assurés et mieux entendus à ceux que
le travail ne peut faire vivre, une.meilleure répartition des charges entre les plus riches et les moins
riches, la fin d'armements ruineux et une entente
internationale moins précaire, voilà, en somme, ce
que réclame le socialisme non révolutionnaire. Dans
ce renouvellement d'idées, le socialisme, expression
du progrès social, comporte peut-être encore d'autres
réformes ; mais, avant tout, assurer la situation matérielle et morale des classes laborieuses, voilà ce
qui intéresse les principes d'égalité et de justice.

Le programme du socialisme ainsi compris, n'est-
ce pas, au fond, celui des progressistes ? Tout le
monde à peu près est progressiste de nos jours, les
uns plus, les autres moins, c'est une affaire de mesure ou de méthode. Mais pour être progressiste il
n'est pas nécessaire d'être radical, et encore moins
révolutionnaire ; il suffit d'être pratique, intelligent, sérieux, et de vouloir le bien des autres. Il
n'appartient qu'aux visionnaires de faire des plans
de sociétés nouvelles ; non, on ne fait pas de nos
jours de sociétés nouvelles, elles se font. Autour
des révolutionnaires impatients et qui n'admettent
pas l'élément du temps, affluent les fous, les vicieux,
et tous ceux dont les violences, l'aveuglement ou
les hontes sont particulièrement propres à compromettre les meilleures causes ; voilà ce que l'on sait
trop aujourd'hui après tant de lamentables exem-

ples, et voilà pourquoi on peut espérer que le socialisme moderne finira par comprendre que ce ne peut être là sa vraie voie.

Qu'est-ce au fond que ce socialisme moderne, qui, un peu partout, fait aujourd'hui de réels progrès ? C'est la politique des nouvelles couches sociales, politique telle quelle, et plus ou moins acceptable dans ses conclusions ; elle est cela, tout comme l'absolutisme monarchique ou religieux fut la loi de l'ancien régime, tout comme les institutions libérales furent celles des classes moyennes et bourgeoises de notre temps. La démocratie appelait le socialisme, tout comme le mouvement bourgeois tendait à la liberté, et le socialisme est aujourd'hui un fait qu'il faut accepter pour lui faire sa part. Il se traduira en conséquences utiles pour la société en général et pour les classes inférieures en particulier, si, tout en faisant justice des erreurs ou des abus existants, il sait lui-même respecter la vérité et la justice ; si, des régimes antérieurs, il accepte de l'un l'autorité indispensable à tout ordre social, et de l'autre la liberté nécessaire pour empêcher le retour de tout despotisme ; si, enfin, il se montre assez avisé pour tenir compte des vérités primordiales qui sont de tous les temps et de tous les lieux, et que les réformateurs n'ont jamais méconnues sans se perdre avec les malheureux qu'ils avaient entraînés à leur suite. « Ceux qui font des révolutions *à moitié* ne font que se creuser un tombeau, » disait, il y a un siècle, Saint-Just ; et nul,

parmi les Jacobins de la Terreur, n'a mis plus de
fanatisme, d'obstination et de cruauté à faire *complète* une révolution qui, au milieu de l'exécration
universelle, le mena à l'échafaud avec tant d'autres.

Voilà pourquoi tout socialisme radical et révolutionnaire est condamné d'avance à échouer. Aujourd'hui que la société a acquis plus d'expérience
et la raison plus de lumière, on veut être persuadé, et non violenté; nous sommes, en d'autres
termes, une société moins novice en affaires. Améliorer le sort des petits, des humbles, et aider le
travailleur pour le sauver des misères auxquelles
il reste exposé, voilà ce dont il s'agit, et l'on ne peut
nier que cela ne soit dans les tendances de l'opinion publique à notre époque; la tâche est même
déjà commencée, car, à beaucoup d'égards, la situation de l'ouvrier est meilleure aujourd'hui qu'il
y a cinquante ans; mais l'on ne peut lui assurer
ces avantages que par une meilleure organisation
sociale. Le socialisme, en somme, se résout dans une
question économique entre conservateurs et progressistes, les uns sacrifiant leurs prétentions à
tout retenir, contre l'abandon par les autres d'un
idéal irréalisable. A notre époque de transition,
plus qu'à nulle autre, la vie politique et sociale doit
être une affaire de compromis et de transactions.

Mais on fait ici une objection : « Peut-on, a-t-on
dit, se flatter de satisfaire jamais les classes populaires ? N'est-il pas, au contraire, à craindre que
plus on leur accordera plus elles demanderont ? »

« Si notre société est plus agitée, plus travaillée de convulsions intérieures, écrivait naguère un publiciste, M. A. Leroy-Beaulieu, ce n'est pas que la situation des classes populaires soit pire qu'aux époques précédentes, c'est plutôt qu'elle est sensiblement meilleure ; c'est que les améliorations obtenues récemment rendent les classes ouvrières plus rebelles aux maux du jour et plus ambitieuses de conquêtes nouvelles. » Oui, et cela est dans l'ordre du cœur humain ; ce n'est pas seulment particulier aux pauvres gens ; les riches eux-mêmes ne sont pas contents avec leur superflu, la plupart visent encore à l'accroître. Que dire donc de ceux qui ont à peine le nécessaire ?

Oui ! à mesure que l'ouvrier voit son aisance augmenter, ses besoins tendent à croître, et il perd, dans une vie moins simple et moins pénible, une chose qui l'avait soutenu jusque-là, nous voulons dire la résignation. « Il semble que, dans l'extrême misère, fait quelque part observer Augustin Thierry, le besoin d'être mieux agisse moins violemment sur nous que dans une condition déjà supportable. »

Mais, disons-le, si cela est dans le cœur humain, ce n'est pas une raison pour détourner une société riche et civilisée d'éviter à ses membres des souffrances imméritées, ou d'assurer à chacun les choses indispensables à la vie. Seulement, c'est là tout ce que la société peut et doit faire, et tout ce qu'on est en droit de réclamer d'elle ; le reste appartient à l'initiative individuelle. Une certaine résignation à un état inférieur, mais tolérable et satisfaisant, sera toujours pour les humbles une voie qu'ils ne pourront abandonner, sans de bonnes raisons, que pour leur malheur ; sinon, de satisfaits qu'ils devraient être dans une situation convenable, ils deviendront des mécontents auxquels on aura ouvert des perspectives fallacieuses et parlé d'une terre promise où ils n'entreront jamais.

Moyennant ces réserves, tous les amis du progrès et de l'égalité, quel que soit leur nom, peuvent se dire socialistes ; mais tous ceux qui portent le nom de socialistes ne peuvent se dire progressistes, car si, d'aventure, certaines de leurs doctrines venaient à s'imposer un instant, elles ne manqueraient pas de provoquer, tôt ou tard, une réaction qui retarderait pour longtemps la marche du progrès.

Dans beaucoup de pays, de nos jours, il serait utile de placer sur les monuments publics, sous forme de principes, de courtes inscriptions telles que celles-ci : *Pas de vraie liberté sans autorité, pas de vraie égalité sans subordonation* : ce serait de bonne politique. — *Le nécessaire à ceux qui n'ont rien au moyen du superflu de ceux qui ont trop* : ce serait de bonne justice. — Et chez certains peuples divisés par les luttes religieuses, ces simples mots : *Ni la loge, ni la sacristie*. Ces appels à l'esprit public remplaceraient utilement les mots fameux de *Liberté, Égalité, Fraternité*, qu'on lit sur plusieurs frontispices.

IV

DU VRAI ET DU FAUX EN MATIÈRE RELIGIEUSE

Dans l'ordre rationnel des choses, il n'y a de vrai que les principes, lesquels suffisent aux peuples adultes et aux hommes éclairés et civilisés, mais qui n'opèrent pas seuls et par eux-mêmes sur les peuples enfants ni sur le vulgaire. Chez ceux-ci, il faut parler aux sens et à l'imagination, et les principes doivent être figurés par des choses ou par des hommes. Ainsi, comme ailleurs, en a-t-il été en matière religieuse.

Ici, le principe, c'est la croyance à une puis-sance suprême qui gouverne le monde et se laisse deviner derrière les choses que nous voyons ; c'est la croyance à la divinité et au monde de l'au-delà, et c'est un culte qui satisfait à une prescience de notre esprit ou à un sentiment inné de notre cœur.

Mais pour s'imposer aux peuples enfants, une telle croyance a besoin d'un corps, de formes sen-sibles, qui ne sont parfois que des symboles gros-siers ; les dieux des sauvages sont des objets ma-tériels, des fétiches ; ceux de l'antiquité païenne

étaient des hommes, des héros ; des traditions,
produits d'imaginations folles, remplacent alors les
croyances naturelles ; le mystère de l'au-delà disparaît devant les révélations précises des prophètes ;
des prêtres, un clergé, une église multiplient les
formes du culte et en vivent ; tout devient formel
ou mystique pour satisfaire aux besoins des sens
ou de l'imagination, et ce n'est qu'à ces conditions
que la religion est comprise et agit sur l'esprit du
grand nombre ; le principe a pris corps, mais la
vérité dès lors n'y apparaît souvent que travestie,
et le culte se matérialise.

Oui, il est vrai que la morale sans religion et
sans culte ne suffit qu'aux êtres supérieurs et
éclairés ; pour le peuple il faut un culte et une sanction religieuse, sinon il comprendrait peu pourquoi
le bien est préférable au mal, ou même distingue-
rait mal l'un de l'autre. La religion comme élément social semble donc nécessaire. Il y a une foi
fondamentale, indépendante des formes, qui a pour
principe le sentiment religieux, dont on peut dire
que personne n'est totalement dépourvu, et qui est
l'indice d'une vérité cachée au fond des choses [1] ;
mais peut-être ceux à qui cette foi naturelle suffit,
et qui la croient seule fondée, doivent-ils encore
aller plus loin par respect pour les humbles, et con-

1. « Les religions renferment toutes une vérité, autrement les
hommes ne les auraient pas embrassées. » (Carlyle.)
— « La morale indépendante, c'est la morale indépendante de la
révélation, ce n'est pas la morale indépendante de Dieu. » (J. Simon,
Dieu, Patrie et liberté.)

sidérer, dans une certaine mesure, le devoir religieux comme un devoir civique ; c'est l'opinion de beaucoup de gens en Angleterre et aux Etats-Unis, où généralement on pratique un culte quelconque [1].

Mais où doit-on s'arrêter dans la pratique et dans la foi, et quel est l'hommage le plus digne de Dieu ? Voilà ce qu'on se demande. — Dans l'humanité, le sentiment religieux, source des religions, a pris souvent d'étranges formes, et toutes diverses, suivant le degré d'avancement des peuples. « L'homme, dit Renan, dès qu'il se distingua de l'animal, fut religieux, c'est-à-dire qu'il vit dans la nature quelque chose au delà de la réalité, et pour lui quelque chose par delà la mort. Mais ce sentiment, pendant des milliers d'années, s'égara de la manière la plus étrange. »

Généralement, nous l'avons dit, les peuples enfants se font un Dieu à leur image. Voici, par exemple, comment se le représentent les nègres : « Ils ont, sous le nom de fétiche, un objet matériel qui le figure et auquel s'adresse leur culte ; pour empêcher, dans certains cas embarrassants, qu'il voie ce qui se passe et les gêne dans leurs petites affaires, ils usent d'un moyen tout simple, ils le mettent en poche : naïveté du premier âge !

---

1. M. le duc de Noailles écrivait, il y a quelques années, sur l'esprit religieux aux Etats-Unis : « A part les puissants motifs de foi, chacun, selon ses tendances, voit dans la religion un document humain de haute valeur, la plus noble expression de spiritualisme pratique, ou simplement une économie à réaliser sur les frais supplémentaires de police, de justice et de prison. »

Toutes les religions ont leurs folies; toutes ont compté leurs superstitions, leurs reliques, leurs miracles, leurs prêtres fanatiques, même les sacrifices humains à la divinité. On connaît les extravagances des dévots hindous, sectateurs de Brahma, des fakirs et des derviches, enfants de Mahomet. Voici ce que dit M. Taine des bouddhistes : « Chez les bouddhistes, plus on prononce, plus on écrit, plus on imprime de prières, plus on a de mérite. Afin d'en accroître le nombre, on a remplacé l'homme par la machine : des cylindres remplis de petits papiers, où la prière est écrite, se trouvent dans les principales rues, dans les temples et chez les particuliers; chaque tour de roue équivaut à la récitation de toutes les prières contenues dans le cylindre, et quelques-uns, énormes, renferment des millions de fois la formule sacrée; les personnes pieuses ont chez elles un serviteur dont tout l'emploi est de tourner le cylindre de la famille; de grands moulins à eau et à vent font le même office. »

Jusqu'au paganisme des anciens, que son caractère naturaliste aurait dû, semble-t-il, préserver de tout excès en ce genre, le paganisme avait ses mystiques et ses superstitieux. « A son déclin, selon Plutarque, le dévot était sans cesse en proie aux angoisses de l'épouvante; pour lui, plus de repos, le sommeil ne lui apporte que des songes horribles; à son réveil, il court demander le sens des visions à des fourbes qui le rançonnent et le renvoient chez les sorciers apprendre le secret des incantations purifiantes; il se plonge dans la mer et se meurtrit le front contre la terre; il se tient des journées entières sur le seuil de son logis, immobile comme un poteau, tantôt enveloppé d'un sac, tantôt couvert de guenilles infectes, ou bien il se roule tout nu dans la boue et dans l'ordure, tout cela pour expier des forfaits souvent imaginaires. »

D'autre part, mêmes pratiques religieuses et même foi aux reliques que dans nos églises. « Aux murailles des temples, nous dit à son tour M. V. Duruy, on suspendait des offrandes, et souvent des ex-voto, en reconnaissance d'une guérison miraculeuse ou d'un salut inespéré. On avait aussi les reliques des héros : à Olympie, l'épaule de Pelops, dont le contact guérissait certaines maladies ; à Tégée, les ossements d'Oreste, qui rendirent cette ville victorieuse tant qu'elle les garda. Les statues des Dieux possédaient des vertus particulières : l'une guérissait les rhumes, l'autre la goutte; l'image d'Hercule, à Erythrée, avait rendu la vue à un aveugle. Plus souvent les simulacres se couvraient de sueur, agitaient les bras, les yeux, leurs armes. A Andros, chaque année, aux jours de la fête de Bacchus, l'eau se changeait en vin. Les temples avaient des biens qui n'étaient pas la propriété des prêtres, et, comme nos églises au Moyen-âge, beaucoup jouissaient du droit d'asile. Des particuliers, des cités, pouvaient être exclus des sacrifices et des peuples entiers, frappés d'excommunication,

furent exterminés, comme l'ont été nos Albigeois
et comme les protestants ont failli l'être. »

Et au sein du christianisme, les catholiques du
Moyen-âge ont-ils seuls eu la spécialité des folies
religieuses ou des ardeurs dévotes, à l'exclusion des
chrétiens des autres communions? Non. Nulle
part peut-être la religion réduite en pratiques extérieures n'a eu plus de fanatiques qu'en Russie,
chez les orthodoxes de la religion grecque, comme
chez les schismatiques. Le signe et la forme de la
croix, selon un publiciste moderne [1], la direction
des processions à l'occident ou à l'orient, la lecture
d'un des articles du symbole, l'orthographe du nom
de Jésus, l'alleluia répété deux ou trois fois, etc., tels
sont les grands points des controverses qui divisent
l'Eglise Russe; les orthodoxes font le signe de la
croix avec trois doigts, les dissidents avec deux;
les premiers admettent la croix à quatre branches,
les seconds ne tolèrent que la croix à huit branches
ayant une traverse pour la tête du sauveur et une
autre pour les pieds. Quant aux extravagances des
schismatiques ou *Raskolniks*, si nombreux en
Russie, elles dépassent toute imagination. Pour se
mettre à l'abri du contact diabolique du monde,
certains d'entr'eux ont systématiquement recours
au meurtre et au suicide, les uns se faisant un devoir d'envoyer au ciel l'âme innocente des nouveau-
nés, les autres croyant rendre service à leurs parents

[1]. M. Anatole Leroy-Baulieu.

en les empêchant de mourir de mort naturelle, et
justifiant tout cela par ce passage des Ecritures
que *le royaume du ciel doit être pris par violence*.
On a vu de ces sectaires se brûler ensemble sur de
vastes bûchers, ou par familles, dans leurs caba-
nes, au milieu des prières et des cantiques.

On aurait pu croire que la Réforme protestante du
seizième siècle était faite pour mettre fin à ces abus
et à ces folies; eh bien, Genève, au temps de Calvin, fut soumise à la discipline sévère et étroite
d'un vrai couvent; naguère, dans des pages signées
Marc Monnier, la *Revue des deux mondes* en exposait les détails curieux puisés dans les registres
du consistoire : c'est la règle inquisitoriale dans
toute sa rigueur.

Les auteurs de la Réforme, d'ailleurs, les Calvin
et les Luther, étaient des esprits non moins mystiques que les moines de la primitive Eglise. Ainsi
pour Luther, les œuvres ne sont rien, c'est la
foi qui est tout; les œuvres sont naturelles et
viennent de la volonté humaine « qui est esclave et
incapable de faire le bien par elle-même »; la foi,
elle, est surnaturelle et vient du commerce immé-
diat avec la grâce.

Calvin, lui, était partisan de la *prédestination;*
tout comme saint Augustin, il refuse la liberté à
l'homme, et il va jusqu'à penser que, pour les dévoués à l'enfer, la prière se change en crime. Le
caractère de le réforme du seizième siècle, qui proclama la justification par la foi sans les œuvres, fut

une réaction contre le culte formel et les pratiques multipliées de l'Eglise du Moyen-âge.

Le christianisme du Moyen-âge, le catholicisme, en d'autres termes, a été une religion toute sacerdotale; sa tendance fut de faire du clergé la puissance dominante; le prêtre, c'est le ministre de Dieu même; quand l'église a prononcé par sa voix, il n'y a plus qu'à obéir, voici à cet égard les principes du pape Grégoire VII, au onzième siècle, d'après ses lettres particulières : « Le monde est réglé par deux lumières, par le soleil, la plus grande, et par la lune, la plus petite; ainsi, la puissance apostolique représente le soleil, et la puissance royale, la lune; car, comme la lune reçoit la lumière du soleil, ainsi l'empereur, les rois et les princes reçoivent leur autorité du pape, et celui-ci ne la tient que de Dieu; donc la puissance de la chaire de Rome est plus grande que la puissance des trônes, et le roi doit soumission et obéissance au pape... Si les apôtres ont le droit de commander aux anges, qui certainement sont au-dessus des plus grands souverains, à combien plus forte raison devront-ils avoir le droit de juger les serviteurs de ces anges; or le pape est le successeur des apôtres, le successeur de saint Pierre sur sa chaire, il est le vicaire du Christ, et, par conséquent, au-dessus de tout. »

Et ce même pape écrivait à l'évêque de Metz : « Qui donc parmi les écoliers douterait que les prêtres fussent au-dessus des rois? » Et Boniface VIII, à Philippe le Bel, roi de France : « Sachez que vous êtes soumis dans le temporel comme dans le spirituel. » Et saint Bonaventure à son tour justifiait ainsi cette doctrine : « De même que l'esprit l'emporte sur le corps par sa dignité et son office, de même le pouvoir spirituel est supérieur au pouvoir temporel, et il mérite, à cause de cela, le nom de *domination* ; d'où il suit que la puissance royale est soumise à l'autorité ecclésiastique. »

Le clergé du Moyen-âge ne manqua pas d'abuser de la puissance qui ressortait de ces principes ; il exploitait scandaleusement la foi naïve des fidèles dans l'intérêt du pouvoir et des richesses de l'Eglise. L'histoire de ce temps est pleine de légendes ou de récits de gens qui ont visité l'enfer, où ils en ont rencontré d'autres qui n'étaient là, dans les plus affreux supplices, que pour avoir fait quelque tort de l'espèce à l'Eglise ; d'autres, qui ont visité le paradis, et où des pécheurs avaient été reçus malgré leurs crimes, en considération de quelque avantage que l'Eglise en avait tiré. Parmi ces récits, il faut citer ce que le moine Hildebrand — Grégoire VII plus tard — prêchant devant le pape Nicolas, racontait d'après un saint personnage qui avait rencontré en enfer un comte riche et homme de bien, mort en Allemagne quelques années auparavant. Ce comte était là sur le degré le plus élevé d'une immense échelle ; cette échelle plongeait son pied dans les horreurs infernales ; elle était destinée à recevoir tous ceux qui descen-

daient d'une même ligne ; le nouveau venu aux
lieux de damnation prenait le degré supérieur, et
tous les autres morts antérieurement descendaient
chacun d'un échelon vers l'abîme ; de sorte que, à
la fin, par une loi inévitable, tous les membres de
cette famille allaient les uns après les autres
au fond du gouffre infernal. Le saint homme
qui vit ces choses, ayant demandé la cause de cette
terrible damnation, et pourquoi était puni ainsi
ce comte, son contemporain, qui avait bien vécu,
reçut cette réponse : « A cause d'un domaine de
l'Eglise de Metz, qu'un de ses ancêtres, au dixième
degré, avait enlevé au bienheureux Etienne. »

Non seulement l'Eglise au Moyen-âge exigeait
de tout mourant qu'il lui laissât une part de ses
biens, sous peine de ne pas recevoir les derniers
sacrements et de ne pas être inhumé en terre sainte;
mais elle alla jusqu'à déterminer la part qui lui
revenait; cette part, fixée d'abord au dixième,
monta jusqu'au quart, et l'on fut obligé, en France
et ailleurs, de réagir par des lois contre des abus
aussi criants.

Mais le Christ, selon l'Eglise, avait donné à ses
disciples, par la confession, le pouvoir terrible de
remettre et de retenir les péchés. « Jusqu'au trei-
zième siècle, dit l'abbé de Banville, les chrétiens ne
connurent aucune obligation de se confesser que
celle que leur inspirait le besoin de leur conscience.
Les siècles d'ignorance et de barbarie ayant étouffé
la piété et multiplié les désordres, la confession fut

négligée ou devint abusive. En 1215, le quatrième concile de Latran se crut obligé d'ordonner à tous les fidèles, sous les peines les plus sévères, de se confesser au moins une fois l'an à leur pasteur. »

Cette loi de l'Eglise renouvelée depuis par le concile de Trente, et qui fait encore la règle de sa discipline, a beaucoup aidé à sa puissance. « Par le sacrement de pénitence, dit M. Jules Simon, l'église tient en quelque sorte la clef du ciel et celles de l'enfer, et elle devient maîtresse souveraine des volontés. » — « Pourquoi la confession est-elle ordonnée? lit-on dans le catéchisme de Meaux. — Pour humilier les pécheurs. — Pourquoi encore? — Pour se soumettre à la puissance des chefs et au jugement des prêtres, qui ont pouvoir de retenir les péchés et de les remettre [1]. »

C'est donc bien à l'omnipotence du prêtre que vise l'Eglise du Moyen-âge, laquelle niait à l'homme le pouvoir de se sauver sans son secours et par sa propre vertu. On lit dans Taine à ce propos : « Le propre d'une pareille conception, c'est de supprimer l'action personnelle et de remplacer l'intention par la soumission. Insensiblement, dès le quatrième siècle, on voit la règle morte se substi-

---

1. La confession auriculaire n'était pas inconnue des anciens. Plutarque rapporte que Lysandre, étant sommé, par un prêtre, de se confesser, lui demanda : « Est-ce à Dieu ou à l'homme que je dois me confesser ? — A Dieu, répondit l'hiérophante. — Retire-toi donc, ô homme », répliqua le général lacédémonien.

-- Dans son programme de réforme catholique, l'ancien père Hyacinthe dit « qu'il faut que la confession auriculaire soit *rare et libre* ».

tuer à la foi vivante. Le peuple chrétien se remet
aux mains du clergé, qui se remet aux mains du
pape. Les opinions chrétiennes se soumettent aux
théologiens, qui se soumettent aux Pères. La foi
chrétienne se réduit à l'accomplissement des œuvres, qui se réduit à l'accomplissement des rites.
La religion, fluide aux premiers siècles, se fige en
un cristal raide, et le contact grossier des barbares
vient poser par-dessus une couche d'idolâtrie : on
voit paraître la théocratie et l'inquisition, le monopole du clergé et l'interdiction des Écritures, le
culte des reliques et l'achat des indulgences. Au
lieu du christianisme, l'Église ; au lieu de la croyance
libre, l'orthodoxie imposée ; au lieu de la ferveur
morale, les pratiques fixes ; au lieu du cœur et de
la pensée agissante, la discipline extérieure et ma-
chinale : ce sont les traits propres du Moyen-âge.
Sous cette contrainte, la société pensante avait
cessé de penser ; la philosophie avait tourné au
manuel, la poésie au radotage, et l'homme inerte,
agenouillé, remettant sa conduite aux mains du
prêtre, ne semblait qu'un mannequin bon à réci-
ter un catéchisme et à psalmodier un chapelet [1]. »

1. Si l'Eglise, instruite par l'expérience, semble aujourd'hui s'inspirer d'un esprit plus moderne, les faits les moins excusables de
l'intransigeance du clergé qui se sent atteint dans son pouvoir ne
sont pas uniquement de l'histoire du passé, il s'en produit encore
de nos jours. Voici ce que contait naguère M. Emile Olivier, à propos de la loi du 9 avril 1850 sur l'abolition, en Piémont, des immu-
nités ecclésiastiques : A la mort de Santa Rosa, ministre de l'agriculture et du commerce, son curé, Pittaviro, moine de l'ordre des
Servites, vint, sur l'ordre de l'archevêque de Turin, déclarer que les
derniers sacrements et la sépulture chrétienne ne seraient accordés

Qu'est-ce donc que des religions tout en pratiques extérieures et d'aveugle obéissance aux prêtres,
lesquelles n'agissent pas autrement sur les mœurs
pour les rendre meilleures ? « L'importance que les
religions attachent aux pratiques du culte, écrivait
naguère un auteur contemporain, M. Beausire,
relègue parfois dans l'ombre les devoirs généraux
de la morale, et l'on songe moins à se montrer
sévère pour l'oubli de quelques-uns des commandements de Dieu, quand cet oubli est pallié par
l'observation des commandements de l'Église. »

Les commandements de l'Église, c'est-à-dire, au
fond, la puissance du clergé, voilà, en effet, l'important aux yeux du christianisme du Moyen-âge.
M. Jules Simon, dans une page remarquable, met
bien en évidence cette tendance des clergés en
général : « Plus la vérité révélée sera au-dessus de
la raison, dit-il, et plus les prêtres auront d'autorité
comme interprètes de la révélation ; plus les cérémonies seront déterminées et efficaces, et plus les
prêtres auront d'autorité comme ministres de l'au-
tel et dispensateurs de la grâce ; plus la croyance aux
peines et aux récompenses à venir sera ferme, plus

que s'il rétractait formellement sa participation aux lois Siccardi.
Santa-Rosa s'était confessé dévotement et avait reçu l'absolution.
Son confesseur protesta par écrit que le mourant était persuadé de
n'avoir ni volé les droits de l'Eglise ni méconnu l'autorité de son
chef visible ; sa femme se jette en sanglotant aux pieds du curé, le
suppliant de ne pas refuser les suprêmes consolations à son mari bien-
aimé. Le curé reste inflexible : « Non, il me'faut une rétractation formelle. » Le moribond murmure : « On me demande des choses que
ma conscience ne me permet pas d'accorder ; je ne veux pas laisser
un nom déshonoré à mes enfants. » Il rend l'âme, et le prêtre inexo-
rable se retire sans prononcer une parole. »

elle contiendra de promesses et de menaces, et plus les prêtres seront indépendants des événements du monde, plus ils seront puissants en ce monde par le moyen de l'autre. Ces conséquences s'enchaînent si étroitement qu'on peut prévoir, en restant toujours dans les termes généraux, que, si les prêtres interprètent la révélation, ils choisiront de préférence l'interprétation la plus opposée à la raison humaine; que, s'ils enseignent à la fois des devoirs de pure morale et des devoirs de piété indifférents par eux-mêmes et dépendant uniquement des prescriptions ecclésiastiques, ils donneront plus d'importance aux seconds qu'aux premiers; et qu'enfin, si le texte sacré leur permet une latitude dans la description des peines et des récompenses, ils tendront à l'exagération dans les deux sens. La raison en est que la grandeur sacerdotale croît à mesure que le dogme s'élève au-dessus des lumières naturelles, que les cérémonies acquièrent une mystérieuse efficacité, et que l'imagination est frappée des espérances et des terreurs de la vie future [1]. »

Quels furent les résultats de la conception religieuse du Moyen-âge, et quels chrétiens fit ce christianisme? — Un de ces résultats fut, comme on sait, la corruption du clergé, devenu trop puissant et trop riche, laquelle amena la Réforme protestante comme conséquence. « Je ne voudrais pas pour cent mille florins, dit Luther, n'avoir pas vu

[1]. *La Religion naturelle.*

Rome; je me serais toujours inquiété si je ne faisais pas injustice au pape. » Et là-dessus, il fait un tableau des crimes et de la perversité des mœurs de l'Italie en ce temps-là.

« Il n'est pas à contester, dit un prince de l'Église qui paraîtra ici moins suspect que Luther, le cardinal Bellarmin, il n'est pas à contester, et les témoignages des contemporains établissent à l'évidence que, quelques années avant les hérésies de Luther et de Calvin, les tribunaux ecclésiastiques ne jugeaient plus selon la justice, le clergé n'avait plus de mœurs, plus la connaissance des choses divines, plus de respect pour la parole de Dieu, en un mot, il n'y avait plus de religion. » C'est donc que la réforme a eu d'autres raisons que l'orgueil ou la sensualité d'un moine révolté, comme on a dit de Luther; et personne n'en doute plus aujourd'hui.

Une telle conception religieuse n'empêcha donc pas la corruption et la barbarie des mœurs, dans les classes qui devaient le plus le bon exemple aux autres, à l'époque de la domination de l'Eglise. L'histoire de l'Italie, vers les quinzième et seizième siècles, est pleine de meurtres et d'atrocités, pour lesquels on se préparait par des actes de dévotion; les églises, où parfois même ils étaient commis, servaient de lieu d'asile pour les criminels, et le confessionnal constituait une sauvegarde en face des incertitudes de l'éternité : mœurs féroces, mêlées à toutes les pratiques de la foi la plus superstitieuse.

Quelle influence a donc eue sur les cœurs et les esprits une telle religion et un christianisme ainsi compris? On dirait que c'est précisément là où ils ont été le plus pratiqués et obéis que les mœurs ont été les moins chrétiennes [1]. Voyez encore l'Espagne, dévote et fanatique; quels hommes y avait formés l'Église au temps de sa puissance! Ils se sont révélés dans toute leur férocité à l'époque de la découverte de l'Amérique, pour ne citer que cette page de l'histoire. Là, ils abordèrent, la croix en tête et l'Évangile à la main, au milieu de peuples doux et hospitaliers, qui les accueillirent avec joie et bienveillance. Mais il fallait les convertir; et que fit-on pour cela? Un seul exemple le fera suffisamment comprendre : au Pérou, un moine présente au chef des Incas la bible comme preuve du christianisme, et sur le refus d'Atahualpa de se convertir sur cette preuve unique, Pizarre le fait étrangler.

On lit dans Las Casas, ce prêtre héroïque et vertueux qui se fit, lui, le défenseur des Indiens du Nouveau-Monde : « Les Espagnols, montés sur de beaux chevaux, armés de lances et d'épées, n'avaient que du mépris pour des ennemis si mal équipés; ils en faisaient impunément d'horribles boucheries; ils ouvraient le ventre aux femmes enceintes, pour

---

1. Aujourd'hui encore, d'après une statistique sur le nombre des homicides et des assassinats, l'Italie et l'Espagne occupent le premier rang parmi les nations européennes : tandis que l'Angleterre, par million d'habitants, n'en compte que cinq par an, en Italie il y en a quatre-vingt-seize.

faire périr leur fruit avec elles ; ils faisaient entr'eux des gageures à qui fendrait un homme avec le plus d'adresse d'un coup d'épée, ou à qui enlèverait la tête de meilleure grâce de dessus les épaules ; ils arrachaient les enfants des bras de leurs mères et leur brisaient la tête en les lançant contre les rochers... Pour faire mourir les principaux d'entre ces nations, ils élevaient un petit échafaud soutenu de fourches et de perches ; après les y avoir étendus, ils y allumaient un petit feu, pour faire mourir lentement ces malheureux, qui rendaient l'âme avec d'horribles hurlements, pleins de rage et de désespoir. Je vis un jour quatre ou cinq des plus illustres insulaires qu'on brûlait de la sorte ; mais comme les cris effroyables qu'ils jetaient dans les tourments étaient incommodes à un capitaine espagnol et l'empêchaient de dormir, il commanda qu'on les étrangla promptement. Un officier dont je connais le nom, et dont on connaît les parents à Séville, leur mit un bâillon dans la bouche pour les empêcher de crier et pour avoir le plaisir de les faire griller à son aise, jusqu'à ce qu'ils eussent rendu l'âme dans ce tourment. J'ai été témoin oculaire de toutes ces cruautés, et d'une infinité d'autres que je passe sous silence. »

Que faut-il donc penser d'une nation chrétienne qui a donné le jour à de tels monstres, ou d'une religion tellement faussée dans son esprit que ses apôtres se montraient plus barbares que ceux mêmes qu'ils prétendaient civiliser ?

Superstitions, fanatisme, pratiques vaines ou absurdes, voilà donc les traits du faux en matière religieuse. La religion mal comprise, la foi égarée par la passion, ont encore d'autres conséquences moins cruelles, mais parfois bien singulières, par exemple à propos des disputes de sectaires. Saint-Simon, dans ses *Mémoires*, rapporte qu'un jour le duc d'Orléans proposa pour un emploi à son oncle, Louis XIV, le fils d'un janséniste ; le roi se récria et demanda comment son neveu pouvait lui proposer un tel choix ; mais celui-ci lui ayant assuré que l'homme en question était si peu janséniste qu'il ne croyait pas même en Dieu, Louis se radoucit, et dit que, puisqu'il en était ainsi, il ne voyait plus d'obstacle à cette nomination...

Aujourd'hui, dans des milieux apaisés, l'éducation catholique, maintenue dans la dépendance jalouse du prêtre, gardien de la foi, sans produire les mêmes égarements, n'en a pas moins ses conséquences particulières. Elle faisait naguère écrire ceci à un écrivain protestant, M. Agénor de Gasparin : « Sous le régime du sacerdoce romain, les hommes n'ont rien appris de ce qu'on doit savoir pour se gouverner soi-même... Dirigés à outrance, débarrassés de la responsabilité, menés aux lisières, asservis aux prêtres, inhabiles aux résistances comme aux décisions, le jour où ils sont appelés à se mettre sur leurs pieds, à ouvrir les yeux, à marcher, le vertige les prend, ou bien, ils se laissent choir, inertes, incapables, ou bien enfiévrés, hors d'eux-mêmes, ils vont en insensés, saccageant tout au gré de leur folie. » Voilà peut-être quelqu'exagération, mais il y a là une part de vérité. Oui, de nos jours, l'éducation catholique fait en général des hommes timides et sans initiative; doux, honnêtes, oui! mais mous de caractère, étroits d'esprits, et faibles d'invention; la peur, les scrupules, le manque de liberté les font souvent paraître faux, sans qu'ils le soient; mais ils n'ont pas la décision et la franchise qui feraient éviter de tomber dans l'erreur à cet égard. Il est vrai encore que la casuistique de leurs confesseurs peut les porter à se faire une assez fausse idée du mérite dans la pratique du bien, ce qui ajoute aux apparences qui leur sont contraires.

Croire à l'Eglise et se laisser gouverner par elle, voilà l'essentiel. Est-il étonnant que l'éducation qui s'inspire de l'idéal d'un régime aussi absolu offre des lacunes, et concourt à faire des êtres passifs et sans ressort, inférieurs dans l'âpre combat de la vie à notre époque? Sans doute, en pratique, les choses, corrigées les unes par les autres, se passent un peu autrement; l'influence d'ailleurs n'est pas la même sur tous les esprits; mais on peut dire que l'éducation catholique, même la plus morale, imprime en général aux caractères un pli qui ne s'efface jamais, qui rend les hommes moins propres au progrès moderne, et qui a fait dire que la vie du vrai catholique est en dehors des affaires de ce monde.

Pareille conséquence ne s'affirme pas au même degré chez les chrétiens du culte réformé, plus moderne et plus en harmonie avec le mouvement des idées. Tout au moins il est vrai que, dans ces derniers siècles, les nations protestantes ont fait preuve, en général, d'un esprit plus viril et plus ouvert que les nations catholiques. Un protestant de nos jours peut pratiquer sa religion sans rien abdiquer de sa raison ; c'est presque impossible à un catholique qui veut maintenir sa foi intacte : l'Église possède la vérité immuable depuis Pierre, son premier chef sur la terre, et elle la conservera sans partage jusqu'à la fin des siècles, c'est de foi. Et le penseur, moins que tout autre, ne peut user de sa liberté sous l'étroitesse de ces liens : « Un philosophe, dit M. Jules Simon, qui veut rester réellement chrétien, doit se tenir prêt à renoncer à la raison le jour où la raison lui paraîtra s'écarter de l'orthodoxie. »

Voici, à propos d'éducation et d'esprit religieux, une page bien connue de Rousseau, mais qu'il est bon de relire de temps en temps, parce que, malgré ses exagérations, elle contient un fonds de vérité qui reste stable, en dépit du temps et du progrès des lumières : « Le christianisme est une religion toute spirituelle, occupée uniquement des choses du ciel ; la patrie du chrétien n'est pas de ce monde. Il fait son devoir, il est vrai ; mais il le fait avec une profonde indifférence sur le bon ou le mauvais succès de ses soins. Pourvu qu'il n'ait rien à se

reprocher, peu lui importe que tout aille bien ou
mal ici-bas : si l'État est florissant, à peine ose-t-il
jouir de la félicité publique ; il craint de s'enorgueil-
lir de la gloire de son pays ; si l'État dépérit, il
bénit la main de Dieu qui s'appesantit sur son
peuple. Pour que la société fût paisible et que
l'harmonie se maintînt, dans une société de vrais
chrétiens, il faudrait que tous les citoyens sans
exception fussent également bons chrétiens ; mais
si malheureusement il s'y trouve un seul ambitieux,
un seul hypocrite, un Catilina, un Cromwel, celui-
là certainement aura bon marché de ses pieux
compatriotes. La charité chrétienne ne permet pas
aisément de penser mal de son prochain. Dès qu'il
aura trouvé dans quelque ruse l'art de leur imposer
et de s'emparer d'une partie de l'autorité publique,
voilà un homme constitué en dignité : Dieu veut
qu'on le respecte ; bientôt voilà une puissance : Dieu
veut qu'on lui obéisse. Le dépositaire de cette
puissance en abuse-t-il, c'est la verge dont Dieu
punit ses enfants ; on se ferait conscience de chasser
l'usurpateur ; il faudrait troubler le repos public,
user de violence, verser le sang ; tout cela s'accorde
mal avec la douceur chrétienne ; et, après tout,
qu'importe qu'on soit libre ou serf, dans cette
vallée de misères ? L'essentiel est d'aller en paradis,
et la résignation est un moyen de plus pour cela. »

Rousseau a eu en vue ici un idéal qui ne peut
être que celui du chrétien de la primitive Église, le
dévot catholique. Celui-ci, en effet, comprend la vie

présente non pour elle-même, mais comme un acheminement à la vie future; celle-ci est l'unique but
de celle-là ; ce but il ne peut le perdre un instant
de vue; son salut est dans l'obéissance aux dogmes
révélés et aux pratiques prescrites par les prêtres
pour y parvenir. C'est en cela seul que l'homme de
foi doit trouver son bonheur, car le reste n'est qu'un
vain mirage, le mirage des faux biens de ce monde
qu'on doit mépriser parce que la terre n'est pas
notre vraie patrie, mais un lieu de passage et d'é-
preuves; plus on souffre pour l'amour de Dieu,
plus on a de mérite, et si l'on fait pénitence en cette
vie, on est sauvé dans l'autre.

Un tel idéal, tout mystique, qui fait qu'on sacrifie le présent dont on jouit à l'avenir qu'on a en
vue, n'est guère celui de l'homme qui, par un entraînement contraire, ne comprend rien en dehors de
la vie terrestre. Celui-ci ne vise qu'à satisfaire aux
besoins et aux plaisirs de son existence actuelle
et à développer ses facultés pour y atteindre plus
pleinement. Son cœur et son âme peuvent y avoir
part comme ses sens; mais même lorsqu'il cherche
à en élever le but, pour donner plus de surface à
ses jouissances, il n'en rapporte pas les conséquences jusqu'au delà de la tombe, tout pour lui
étant compris entre celle-ci et son berceau.

De ces deux formes de comprendre la vie, résul-
tent nécessairement deux mondes de caractères qui
contrastent singulièrement entr'eux. L'un mystique,
impropre au mouvement, qui n'a en vue que les

affaires ou les intérêts matériels, lesquels il subordonne à l'affaire du salut, la seule grande à ses
yeux; l'autre, tout positif, fait pour la lutte contre
les maux de la vie présente, tout entier au succès
de ses entreprises terrestres ou mondaines, et qui
n'a que de rares échappées sur l'autre vie, ou même
qui n'y croit pas.

Cette opposition est-elle dans la nature ou la
nécessité des choses? Non; elle n'est que l'effet
d'une exagération dans des points de vue particuliers, qu'il importe de concilier entre eux, mais que
nous rendons exclusifs l'un de l'autre. Ce qui est
incontestable, c'est que nous ne pouvons nous dé-
sintéresser des besoins du présent ni des espérances
ou des prévisions de l'avenir. Si, dans le conflit
de ces deux vies ou de ces deux mondes, il se fait
que par la force des choses les angles s'émoussent,
que ceci corrige cela, et qu'en somme on n'est jamais
autant de son monde qu'on le croit, il n'en est pas
moins vrai pourtant que l'idée principe, l'idée mère,
n'agit différemment sur chacun de nous pour nous
rendre souvent étrangers les uns aux autres, et
nuire à nos rapports de confiance; l'effet est sur·
tout mauvais sur les esprits faibles, étroits, ou passionnés, dont cette idée fait des fanatiques religieux
ou des fanatiques anti-religieux.

L'on a eu raison de dire que la seule vie qui convienne aux fidèles de l'Église du Moyen-âge, c'est
la vie de couvent et de prière, qui est pour eux non
seulement un idéal de perfection, mais qui est encore

une condition nécessaire de salut. Et l'on peut dire, d'autre part, que l'athéisme et la suppression de tout culte répondent seuls à l'attente des jouisseurs de la vie présente, pour qui rien n'existe et rien n'a lieu que conformément aux lois et aux besoins de la nature terrestre. Cela donne la mesure de la distance qui sépare ces deux mondes, dont aucun ne répond à la vérité naturelle.

En réalité, il y a un autre christianisme que le christianisme de l'Église italienne du Moyen-âge, plus humain, plus compréhensif, moins exclusif, moins incompatible avec les luttes et les progrès de la vie présente et fondé tout ensemble sur la raison et sur la morale de l'Évangile. « Pour nous, qu'on peut accuser, il est vrai, d'avoir une mesure un peu large de ces sortes de choses, écrivait-il, y a quel ques années, un philosophe français, M. Vacherot, nous croyons qu'il y a bien des manières d'être chrétien. On peut l'être selon l'esprit ou selon la lettre. On peut l'être avec Jésus, avec Paul avec Jean, avec les théologiens alexandrins, avec les docteurs en Sorbonne, avec la tradition tout entière, ainsi que l'ordonne l'Église catholique. Ne semble-t-il pas qu'être chrétien avec le Christ tout seul, en ne s'inspirant que de son esprit et de ses exemples, c'est l'être de la meilleure et de la plus chrétienne manière? Qu'on nous dise qu'il n'y a qu'une élite d'âmes essentiellement religieuses auxquelles une telle inspiration suffise pour vivre dans le christianisme, et que, pour le reste, tout l'appareil du dogme

et de la discipline traditionnelle est nécessaire, nous
n'en disconvenons pas. Sur ce terrain, bien des
manières de voir peuvent se concilier. Ce qui nous
paraît dur et presque odieux, c'est l'intolérance
des amis de la *lettre* envers les amis de l'*esprit;*
c'est qu'il soit possible de dire qu'en se rappro-
chant du foyer de toute foi religieuse, l'âme du
Christ, pour s'y réchauffer, s'y ranimer, s'y purifier
de plus en plus, on s'éloigne de la religion du
Christ. »

A notre époque, il s'est rencontré, en France
et ailleurs, des prêtres catholiques éclairés, les
Lacordaire, les Gratry et autres, disposés à élargir
en ce sens la pratique et l'interprétation religieuses. Selon le père Gratry, l'affaire du salut ne
doit pas uniquement nous préoccuper ici-bas, mais
bien aussi nos intérêts matériels et les progrès de
la science. « La chrétienneté, ajoute-t-il, doit
aujourd'hui, par la force des choses et la volonté de
Dieu, passer de la foi de l'enfance à la foi de l'homme fait. » Cela dit beaucoup de choses; mais quand
d'autres ont voulu plus hardiment appliquer ces
principes, Rome et les évêques les ont désavoués.

La foi antique, comme l'idéal sacerdotal du
Moyen-âge, n'est pourtant plus de notre époque;
en vain l'Église voudrait-elle y revenir ou les
maintenir contre la force des choses; elle n'arriverait qu'à éloigner un peu plus sûrement les esprits
de toute pensée ou de tous sentiments religieux.
Quand les premières religions ont achevé leur

œuvre d'éducation et de moralisation, on les abandonne comme de vieux vêtements qui ne convien-
nent plus qu'à un petit nombre de fidèles. Taine
donne les détails suivants sur le catholicisme en
France à la fin du dix-neuvième siècle : « Au dix-
huitième siècle, dit-il, quand un curé devait ren-
seigner l'intendant sur le chiffre de la population
de sa paroisse, il lui suffisait de compter ses com-
muniants en temps pascal; leur nombre était à peu
près celui de la population adulte et valide. Eh
bien, à Paris, de nos jours, sur deux millions de
catholiques, cent mille environ remplissent leurs
devoirs religieux, et ce sont la plupart des femmes;
sur cent inhumations et sur cent mariages, vingt-
cinq civils ; enfin, vingt-quatre pour cent d'enfants
non baptisés. Et pour toute la France, sur trente-
deux millions d'habitants, on n'estime qu'à deux
millions ceux qui pratiquent. »

Si l'on songe, d'autre part, que, sur un milliard
quatre cents millions d'être humains qui couvrent
la surface du globe, toutes les sectes du Christianisme réunies ne comptent qu'environ trois cents
millions de fidèles; et qu'au nombre de ceux-ci il
y a seulement la moitié de catholiques : et qu'enfin
plus de cinquante pour cent de ces derniers ne
croient plus ou ne pratiquent plus, on ne peut que
s'étonner du nombre infime d'êtres humains destinés à être sauvés; et c'est pourtant ainsi aux
yeux de l'Église : « *Hors de l'Église, point de
salut.* »

Faut-il conclure de cette perte ou de cette tiédeur de la foi à la chute de toute religion parmi les nations du monde catholique ? Non, mais bien à la nécessité d'un renouvellement, d'une transformation de l'esprit religieux? On pratiquera même encore longtemps sans croire : « Il faut le reconnaître, écrivait un jour un penseur contemporain, M. Paul Janet, si l'on devait renoncer aux pratiques religieuses aussitôt que la foi diminue et est ébranlée, ou quand on a des faiblesses morales, combien de pratiquants seraient réduits à devenir libres-penseurs ? » Mais c'est là, sans doute, une foi qui n'a plus rien d'efficace aux yeux d'une Église imbue d'un dogmatisme absolu. Oui, peut-être le spectacle du culte, ses cérémonies ou ses pratiques, auxquelles se rattachent des traditions restées chères, seront encore longtemps nécessaires pour nourrir la foi populaire ; mais ces pratiques du culte extérieur demeureront, dans la pensée de la majorité, dépourvues de plus en plus des vertus surnaturelles et mystiques qu'on leur attribuait autrefois.

Quoi qu'il en soit, on peut dire en général qu'entre la religion bien comprise et la pure philosophie spiritualiste il ne peut exister de querelle ; s'il en est encore autrement, c'est à cause de l'esprit étroit des églises et des sectes, lequel tient à leur passé. Aux États-Unis d'Amérique, pays neuf, l'esprit est autre : « L'Américain, en général, selon un écrivain français, est également contraire à la grande ferveur

des sectes intolérantes et à la révolte philosophique
qui ne fleurit que dans les pays où la religion s'impose; il fait dériver la foi des croyances individuelles, et, mettant la source de la religion dans le
témoignage de la conscience de chacun, il lui laisse
le sentiment de l'indépendance avec celui de la
vénération [1]. »

Malebranche a écrit quelque part : « Il y aura
toujours des esprits qui veulent voir évidemment
et d'autres qui veulent croire aveuglément. » La
vérité religieuse, pour l'adulte qui sent et qui pense,
s'éclaire d'autres principes : « Elle est plutôt une
affaire de sentiment que de science, dit avec raison
Taine; on la compromet quand on exige d'elle des
démonstrations trop rigoureuses et des dogmes trop
précis. » « Lorsqu'on veut se servir du raisonnement seul pour établir les vérités religieuses, dit
aussi Mme de Staël, c'est un instrument pliable
en tous sens, qui peut également les défendre et
les attaquer, parce qu'on ne saurait, à cet égard,
trouver aucun point d'appui dans l'expérience...
Les médecins, dans l'étude physique de l'homme,
reconnaissent le principe qui l'anime, et cependant
nul ne sait ce que c'est que la vie; et si l'on se
mettait à raisonner, on pourrait très bien, comme
l'ont fait quelques philosophes grecs, prouver aux
hommes qu'ils ne vivent pas. Il en est de même de
Dieu, de la conscience, du libre arbitre. Il faut

1. M. Duvergier de Hauranne.

croire, parce qu'on les sent : tout argument sera toujours d'un ordre inférieur à ce fait. »

Que la religion soit une affaire de conscience et de sentiment plutôt que de raisonnement, rien de plus vrai; mais elle n'en est pas moins aussi une affaise de *raison*, si non de *raisonnement*, parce qu'elle répond à une vérité naturelle, instinctive, qui s'impose à nous, pour se traduire sous diverses formes dans les diverses religions qui se partagent le monde. Quelles que soient ces formes, le principe au fond est respectable : « Respectons dans les temples, dit M. Jules Simon, à quelque religion qu'ils appartiennent, le nom de l'Éternel qui les remplit, et la piété, peut-être erronée dans ses caractères, mais à coup sûr vénérable dans son origine et dans son but, qui les fait élever pour la gloire de Dieu et la sanctification des hommes. »... « Mais, ajoute l'écrivain, c'est aussi une manière d'offenser Dieu que de s'humilier devant le fanatisme et la superstition, et la philosophie, qui doit respect aux religions, est faite pour résister à ce qui les fausse. »

APPENDICE

NOTES, PENSÉES ET EXTRAITS

Sir John Lubbock, en faisant remarquer que beaucoup d'observateurs s'accordent à dire qu'il existe des peuplades sans religion aucune, ajoute ceci : « Il faut bien l'avouer, des voyageurs ont nié l'existence d'une religion

parce que les croyances qu'elle professait étaient entière
rement contraires aux nôtres. La question de l'existence
universelle d'une religion parmi les hommes est, en-
somme, dans une grande mesure, une affaire de défini-
tion. S'il suffit pour constituer une religion d'une simple
sensation de crainte, de la seule idée chez l'homme qu'il
y a probablement d'autres êtres plus puissants que lui,
on pourra, je crois, admettre que la race humaine tout
entière a une religion. » « Il semble, dit ailleurs le
même auteur, que tout pas fait en avant par la science
amène une épuration correspondante de la religion. » La
religion se montrerait ainsi en principe, et avant toute
vénération, sous la forme d'une crainte aveugle plus ou
moins salutaire, et il s'opérerait en religion une évolution à laquelle toute chose est soumise.

***

« Personne ne doit s'attendre à voir le sentiment religieux disparaître ou changer la direction de son évolution.... Quelque dominant que puisse devenir le sentiment moral voué à l'humanité, il ne pourra jamais se
substituer au sentiment appelé proprement religieux,
éveillé par ce qui existe au delà de l'humanité et au delà
de toutes choses. »

(HERBERT SPENCER.)

***

« L'antagonisme à l'égard des idées superstitieuses
mène généralement à les rejeter entièrement; on suppose que tant de faux ne peut être mêlé de vrai.... Les
fausses croyances rejetées cachent une idée juste. Les
dogmes ne sont que les formes temporaires de ce qui est
permanent. »

!(*Le même.*)

***

« Une vraie théodicée emprunte à toutes les croyances
religieuses leur commun principe et elle le leur rend
entouré de lumière, élevé au-dessus de toute incertitude,
placé à l'abri de toute attaque. » (V. Cousin.)

***

Les religions particulières ne sont, chacune, que l'expression d'une *vérité relative*, laquelle, à mesure de
l'avancement des peuples et des esprits, se rapproche de
plus en plus de la *vérité absolue*, c'est-à-dire de la religion fondamentale.

***

« Le christianisme a d'abord été fondé, puis altéré,
puis examiné, puis compris, et ces diverses périodes
étaient nécessaires à son développement. »

                                        (Mme DE STAEL.)

***

« Le temps des symboles, des cérémonies pompeuses,
des clergés, des organisations religieuses toutes puissantes, est passé ; la religion doit se répandre de plus en
plus par des moyens purement rationnels. — La religion
ne doit pas être envisagée comme le monopole des prêtres. — L'infaillibilité n'appartient à aucune secte ou
communion religieuse. — Toutes les fois qu'on vous
enseigne des doctrines tirées des traditions chrétiennes
qui sont contraires à quelque claire conviction de votre

raison ou de votre conscience, soyez assuré que ce que vous entendez n'est pas l'enseignement du Christ. »

(Idées de Channing.)

**
*

« La pureté du cœur et de la vie, l'amour de Dieu et de nos semblables, voilà les choses essentielles.

(Channing.)

*

« Les cérémonies extérieures ne sont que la marque du culte intérieur qui est l'essentiel. Ces cérémonies sont destinées à frapper l'homme grossier par les sens et à nourrir l'amour dans le fond du cœur. »

(Fénelon, *Lettres*.)

*

Voici un passage bien curieux de l'Épître de saint Paul aux Romains : « Avez-vous une foi éclairée ? Contentez-vous de l'avoir dans le cœur aux yeux de Dieu. Heureux celui qui ne s'attire point de condamnation à l'égard d'une chose sur laquelle il porte un jugement véritable ! » Et voici là-dessus le commentaire d'un théologien qui fait autorité dans l'École, Dom Calmet : « Heureux l'homme dont la conscience est éclairée et qui dans sa conduite ne fait rien ni contre ses lumières, ni contre sa conscience ! Heureux si vous êtes du nombre de ces personnes clairvoyantes qui savent sûrement prendre le bon parti ! Mais plaignez celles qu'une conscience faible et peu éclairée jette dans des inquiétudes et des scrupules continuels, et craignez de les blesser par votre force mal entendue. » Cela dit, paraît-il, à l'occasion de certains esprits faibles et superstitieux qu'il fallait plaindre, est également propre à justifier une foi large que l'on traite volontiers de tiédeur ou même d'incrédulité, 'et à propos de laquelle il ne faut pas craindre de faire plus de lumière.

***

Hors de l'Église point salut : selon le père Gratry, l'Église catholique n'entend cette exclusion qu'envers ceux qui se trouvent en dehors de l'*âme de l'Église*, c'est-à-dire de l'assemblée *invisible* de tous les justes unis entre eux et avec Dieu, et non hors du *corps* de l'Église ou hors de l'Église visible. Ne faudrait-il pas nécessairement conclure, s'il en est ainsi, que tous les justes seront sauvés, en dépit des fanatiques qui vouent à la damnation éternelle ceux qui ne partagent pas leur foi ?

***

Un écrivain de nos jours, M. de Molinari, dans son livre *Science et Religion*, dit ceci à propos de l'église du Moyen-âge : « En exagérant les pénalités qui sanctionnaient les prescriptions relatives à l'exercice du culte, en les égalant à celles qu'elle édictait contre les pires atteintes à la loi morale, l'Église jetait le trouble dans les consciences et oblitérait la notion du bien et du mal. Si en faisant gras le vendredi on s'exposait à la même peine qu'en commettant un viol ou un assassinat, qu'en conclure, sinon que les dérogations les plus graves aux *commandements de Dieu* n'étaient pas plus condamnables que les manquements les moins importants aux *commandements de l'Église*, et qu'on pourrait au besoin compenser l'infidélité aux uns par la fidélité aux autres. Et cette croyance devint une certitude, lorsque l'Église accorda des indulgences aux auteurs des crimes les moins excusables, en échange d'un supplément de pratiques cérémoniales et de contributions pécuniaires. »

**

« Le préjugé théologique, amenant à se conformer aux règles de la morale par des motifs de pure obéissance et non à cause de la valeur intrinsèque des principes, doit obscurcir les vérités sociologiques... Conserver les dogmes et les formes de la religion devient alors la chose capitable, la chose essentielle par excellence ; la chose secondaire, souvent sacrifiée, c'est d'assurer entre les hommes les relations qu'exigerait l'esprit vrai de la religion. »

(HERBERT SPENCER.)

***

« Des caractères privés des qualités naturelles, à l'a-
« bri de ce qu'on appelle la dévotion, se sentent plus à
« l'aise pour exercer des défauts qui ne blessent aucune
« des lois dont ils ont adopté le Code. »

(Mᵐᵉ DE STAEL.)

***

Il faut sentir Dieu pour bien y croire; mais il y a peut-être des âmes athées.

***

« Ce n'est pas une fantaisie chez les peuples que d'être dévots ou irréligieux; on ne doute point parce qu'on veut douter, comme on ne croit point parce qu'on veut croire. »

(BENJ. CONSTANT.)

8

*
* *

Se souvient-on assez de ce qu'il y a plus de deux cents ans, écrivait déjà un archevêque de l'Eglise Romaine? On lit dans la *Direction pour la Conscience d'un roi*, de Fénelon : « Sur toutes choses ne forcez jamais vos sujets à changer de religion ; nulle puissance humaine ne peut forcer le retranchement impénétrable de la liberté du cœur ; la force ne peut jamais persuader les hommes, elle ne fait que des hypocrites. » Et cela était écrit sous le régime du roi qui chassa les protestants de France, par la révocation de l'édit de Nantes !

*
* *

« L'état ne peut jamais être sacerdotal, mais il est « nécessairement religieux ; l'Etat ne saurait être « athée ».

(JULES SIMON.)

*
* *

Heureux qui croit de la simple foi du cœur ! « L'humble croyant qui mêle même des fables à son sentiment de la vie universelle est moins éloigné du vrai, et surtout du bien, que le matérialiste orgueilleux et égoïste qui ne croit qu'à l'heure présente [1]. »

*
* *

La foi contre la raison, la foi contre les vérités incontestables de la science, est une maladie de l'âme ou de l'esprit qui est inévitable et peut-être même nécessaire chez les peuples enfants.

1. M. A. Fouillée.

***

L'on pourrait dire que le monde se partage entre ceux qui savent et ceux qui croient, les uns qui affirment que pour savoir ils n'ont pas besoin de croire, et les autres que ce qu'ils croient leur suffit pour savoir; les uns vivent de leur esprit, les autres de leur foi, et les uns comme les autres ne soupçonnent pas que ce n'est que de l'union de l'esprit et de la foi que sort la plénitude la vie.

***

Le mystère attire les plus hautes âmes, car l'avenir est un mystère. « Il faut à l'âme humaine du merveilleux et des mystères; les mystères sont l'ombre portée de l'infini sur l'esprit; ils prouvent l'infini sans l'expliquer. » Ces belles paroles de Lamartine sont bien d'un poète philosophe.

***

On condamne la croyance au surnaturel : c'est très bien, s'il s'agit d'un surnaturel voulu ou imposé, invention de l'imagination humaine ou héritage des âges passés, contraire d'ailleurs à toutes les certitudes de la science ou de l'histoire. Mais on a beau dire : Il y aura toujours un côté des choses qui ne se laissera jamais expliquer par les lois de la nature finie, telles que nous les révèlent nos sens et notre intelligence, côté mystérieux et impénétrable, correspondant à une vérité qu'on devine, qu'on sent, et qu'on ne voit pas. Voilà le surnaturel nécessaire, imposé à notre croyance quel que soit le sentiment contraire d'une époque qui prétend que tout rentre sous l'empire des lois de la seule nature concevable à notre esprit borné. Les religions ne sont, en somme, que les formes symboliques de ce surnaturel des choses.

***

Les religions, indépendamment de leur vérité fondamentale, seront toujours la consolation de l'homme malheureux. Necker, dans son livre sur l'*Importance des visions religieuses*, condamne ceux qui veulent ravir cette consolation aux humbles et aux déshérités des biens du monde,« à cette classe infortunée, dit-il, dont la jeunesse et l'âge mûr sont dévorés par les riches, et qu'on abandonne à elle-même quand le moment est venu où elle n'a plus de force que pour prier et pour verser des larmes ».

***

Le repos éternel! C'est par ces mots que généralement on désigne la mort. Ils renferment deux idées : celle du néant où nous rentrons après notre courte apparition sur la terre, et celle de la fatigue ou du soulagement par lesquels se termine notre éphémère existence. Tristes pensées ! Que sommes-nous donc venus faire sur le monde ? Nous disparaissons presque sans y laisser de trace, et ceux qui ont fait le bien, comme ceux qui ont fait le mal, subissent la même destinée : le repos éternel, le néant pour tous ! Il y a ici en nous quelque chose qui proteste. Sans doute, le sentiment seul d'une bonne vie est fait pour consoler le juste mourant ; mais cela suffit-il à la justice, et sans la foi à un au-delà? Le néant, le repos éternel : ce ne peut être là tout au plus que la dernière espérance de quelques-uns.

***

« Les belles femmes qui n'ont pas de religion sont comme les fleurs sans parfum. » Ces paroles d'un poète bien profane, Henri Heine, méritent peut-être d'être méditées de nos jours.

*
*

« L'homme vaut en proportion du sentiment religieux qu'il emporte avec lui de sa première éducation, et qui parfume toute sa vie. »

(E. RENAN.)

*
*

Tout condamné qu'il soit par l'Eglise, il n'existe aucun livre, fût-il écrit par un saint, plus propre à faire aimer le vrai Christianisme et son doux inspirateur que la *Vie de Jésus* par Renan. L'auteur en parle en simple historien philosophe, sans doute, mais avec un respect et une admiration qui n'ont rien de simulé. Il n'y voit pas un Dieu, non ! mais bien un être vraiment inspiré de Dieu. « Cette sublime personne, dit-il, qui chaque jour préside encore au destin du monde, il est permis de l'appeler divine, non en ce sens que Jésus ait absorbé tout le divin, mais en ce sens qu'il a fait faire à notre espèce le plus grand pas vers le divin. » « Christianisme, dit-il encore, est devenu presque synonyme de religion; tout ce qu'on fera en dehors de cette grande et bonne tradition chrétienne sera stérile; Jésus a fondé la religion dans l'humanité comme Socrate y a fondé la philosophie, comme Aristote y a fondé la science. » — L'Eglise catholique ne pouvait, sans doute, approuver un livre qui se trouvait en désaccord avec les dogmes qui, selon elle, sont seuls conformes à la doctrine du maître; elle le pouvait d'autant moins qu'elle reproche à l'auteur d'avoir tenu peu de compte de certains textes de l'Evangile, entre autres de ceux où Jésus se dit *le Christ, fils dê Dieu;* nous le savons. Mais cela n'em-

pêchera pas que la lecture de la *Vie de Jésus* ne soit une
des plus chrétiennes que l'on puisse faire, c'est-à-dire
des plus propres à affermir une religion qui édifie les
esprits et les cœurs, et proclame la justice envers les
faibles contre l'égoïsme et la dureté des puissants. —
L'auteur fait observer que « jamais on n'a été moins
prêtre que ne le fut Jésus, jamais plus ennemi des formes qui étouffent la religion sous prétexte de la protéger ». Voilà qui ne peut déplaire au sentiment religieux
de notre époque. — En parlant de l'exaltation, par certains côtés, de la morale évangélique et du danger qui
peut en résulter pour la société, il dit : « A force de détacher l'homme de la terre, on brisait la vie ; le chrétien
sera loué d'être mauvais fils, mauvais patriote, si c'est
pour le Christ qu'il résiste à son père et combat sa
patrie... La perfection étant placée en dehors des conditions ordinaires de la société, la vie évangélique complète ne pouvant être menée que hors du monde, le
principe de l'ascétisme et de l'état monacal est posé. »
Mais, ajoute l'auteur, « pour obtenir moins de l'humanité
il faut lui demander plus ; l'immense progrès moral de
l'Evangile vient de ses exagérations. » Ce ne peut donc
être là qu'un haut idéal dont il faut s'approcher. Cela
résulte de principes tels que ceux-ci extraits des discours
de Jésus : « Vendez ce que vous avez et donnez-en le
prix aux pauvres. — Ne vous souciez pas de demain,
demain se souciera de lui-même ; à chaque jour suffit sa
peine. — Si l'on vous frappe sur la joue droite, présentez
la joue gauche. » — De tels principes, comme le dit
Renan, ne sont guère praticables qu'en dehors des conditions ordinaires ; ils font des saints pour un autre
monde que le nôtre ; mais, dans celui-ci, ils poussent
doucement les masses vers une plus haute civilisation :
l'esprit de l'Evangile [1].

---

1. Le père Gratry lui-même, qui combat avec passion l'auteur de

*_**

Notre siècle, en France et ailleurs, finit plus croyant
que le dix-huitième, tout au moins plus favorable au
sentiment religieux mieux compris, et moins hostile à
la foi des fidèles. On n'est, certes, pas plus clérical
qu'autrefois, mais on est plus tolérant pour les personnes. Ainsi, naguère encore, à Paris, après la révolution
de 1830, selon M. Thureau-Dangin, la haine qu'inspirait le clergé était si vive que, pendant près de deux
ans, les prêtres n'osaient se montrer en soutane ; on peut
dire que ce ne fut que le choléra de 1832 qui modifia
quelque peu ces sentiments ; le nonce du Pape avait
quitté Paris, et la nonciature ne fut rétablie qu'en 1843.

C'était là la réponse des tentatives réactionnaires
qu'avait favorisées l'influence cléricale. Aujourd'hui, à
la haine religieuse et à l'incrédulité radicale qui en
avaient été la suite, s'est substitué chez beaucoup de
personnes un fonds de tolérance et de croyances naturelles et rationnelles qui a remplacé la foi aux dogmes
précis des religions positives ; c'est en quelque sorte le
fond commun de celle-ci qui est devenu la religion nouvelle, religion philosophique plutôt que sacerdotale,
mais tout aussi affirmative des grands principes sur
lesquels sont fondés les cultes des diverses nations. En
réalité, quelles que puissent être les apparences contraires, nous pensons qu'il est non douteux qu'on croit aujourd'hui plus qu'on ne croyait naguère : le sentiment
religieux s'est réveillé dans une plus grande liberté d'esprit et de conscience, et il n'en est pas moins sincère pour
être plus éclairé.

Voici encore quelques opinions du siècle qui finit qui

---

la *Vie de Jésus*, reconnaît que si ce livre a scandalisé des croyants,
il a aussi ramené à la foi des incrédules.

pouvent faire présumer ce que sera pour plusieurs, au point de vue des opinions religieuses, le siècle qui va commencer.

Il y a une quarantaine d'années qu'un philosophe français, M. de Rémusat, écrivait ceci : « Les défenseurs de la vieille Eglise ne savent pas tous se préserver d'une opinion témérairement excessive et faite pour rester à tout jamais un paradoxe, celle qui veut que le théisme sans révélation ne soit qu'une vague inconséquence, et que l'homme livré à lui-même soit destiné à ne pas croire en Dieu et n'ait aucune bonne raison d'y penser. J'ai toujours admiré le sang-froid avec lequel les écrivains qui entendent être religieux acceptent ces énormités. Pour motiver la révélation, ils soutiennent qu'il eût été vraiment indigne de la bonté de Dieu de laisser l'homme sans information directe, sans règle positive touchant son existence et sa volonté, et ils ne voient pas qu'en refusant à la raison humaine les moyens d'arriver à lui par ses propres forces ils destituent et dispensent à la fois de toute pensée religieuse les trois quarts de notre espèce, à qui toute révélation a été refusée. Ce qu'il y a de religieux dans la nature humaine devient une superfétation sans objet, quelque chose d'oiseux et de vain que Dieu a créé dédaigneusement, qu'il a jeté au hasard si même il n'en a pas fait, comme le voudrait une certaine interprétation du christianisme, la source d'un malheur éternel... Qu'est-ce que cette faculté ou cette aspiration qui rend l'homme capable de choses divines, si elle est nulle et comme non avenue dans tous les temps et dans tous les lieux où la parole suprême prononcée sur la croix du calvaire n'a pas été entendue? Quoi, en dehors de l'époque et de la portée d'un tel événement historique, la nature religieuse de l'homme ne serait rien ! Autrement dit, Dieu serait comme s'il n'était pas! Cette vérité, cet audacieux défi porté à la raison humaine, n'effraient pourtant pas ces ennemis obstinés de la religion naturelle, que l'intérêt mal compris de la foi a de nos jours multipliés. Craindraient-ils donc que s'il était naturel de croire en Dieu, le surnaturel devint superflu? »

Plus récemment, un homme d'État anglais, qui est en même temps un philosophe, M. Balfour, dans un livre qui a eu un grand succès, *les Fondements de la croyance*, conclut pour l'avenir à *un déisme sous forme particulière de la doctrine chrétienne*.

Dans une pensée peu différente, a paru le *Théisme chrétien*, de M. Pecaut, résumé ainsi, croyons-nous, par M. Vacherot : « Un Dieu en une personne, dont n'approche nulle personnalité humaine, pas même celle du Christ, qui en est pourtant la plus pure image ici-bas, et qui a laissé une méthode de religion supérieure à tous les systèmes passés, présents et futurs. »

Quelle conclusion à tirer de toutes ces opinions à la fin de notre siècle, et quelle en est la signification pour le siècle qui va commencer ?

On lisait naguère d'un autre écrivain de nos jours, M. Jules Lemaître, dans la *Revue Bleue* : « Il semble qu'un attendrissement de l'âme humaine soit en train de se produire dans cette fin de siècle, et que nous devions bientôt assister qui sait? à un réveil de l'Évangile. » Voilà peut-être une des conclusions les moins douteuses à en tirer. Quelle que soit, en effet, la foi nouvelle, le christianisme ne cessera pas de la féconder; les diverses sectes qui le divisent tendront à se rapprocher, et elles maintiendront ensemble l'homme dans la voie de sa destinée, selon l'idéal qui est au meilleur de son âme, et qui veut que l'humanité s'élève de plus en plus et devienne de plus en plus humaine, c'est-à-dire éclairée, juste, morale, sociale et pacifique, en d'autres termes, de plus en plus compréhensive d'esprit, de cœur et d'âme.

***

« Ma conviction intime est qu'il n'y pas de milieu : ou
bien rompre avec tout principe religieux, ou bien se
résigner, si l'on ne s'en félicite, à porter plus ou moins
l'empreinte chrétienne. » (Albert RÉVILLE).

**

Dieu, disent les hommes de foi, n'a pu jeter l'être
humain sur la terre, sans lui donner une loi pour se con-
duire. La loi morale dont nous apportons le germe en
naissant, et qui se développe à mesure que l'humanité
se civilise, c'est la loi de Dieu ; tout comme Dieu nous
a donné l'instinct physique pour préserver notre corps,
il nous a donné l'instinct moral pour nourrir notre âme.
Cette loi divine, des hommes inspirés d'en haut, des prophètes, des révélateurs, des initiateurs, des philosophes,
l'ont à diverses fois précisée dans le cours de l'histoire ;
Jésus, par ses enseignements, et avec une toute autre
autorité, l'a vulgarisée sur la terre. L'Evangile est un
progrès sur la loi de Moïse ; l'Ancien Testament nous
révèle une humanité barbare encore ; le Nouveau Testament est la loi de l'avenir ; c'est l'Ancien Testament qu'in-
voque le fanatisme religieux ; l'Evangile c'est la loi de
paix, de justice et de tolérance fraternelle qui convient
à l'humanité nouvelle.

**

L'on nie la divinité du Christ ; il n'aurait été qu'un
prophète, divinement inspiré, apportant la parole de
Dieu sur la terre : c'est peut-être suffisant ; le christianisme s'est *divinisé par l'usage*, en ce qu'il est
devenu une forme supérieure du culte que les êtres de
raison doivent au Dieu de toutes les religions.

V

DES PARTS RESPECTIVES DE L'INSTRUCTION
ET DE L'ÉDUCATION DANS L'ŒUVRE DE LA CIVILISATION

L'on commence aujourd'hui à revenir d'une
erreur qui a été surtout celle de notre siècle, à
savoir que l'instruction pouvait se substituer à
l'éducation dans l'œuvre de moralisation et de civilisation des peuples.

Pendant longtemps, on a cru que l'école était
tout, qu'il suffisait de savoir pour devenir homme
de bien, et que la science se confondait avec le
devoir. C'était comme un emballement des esprits,
à la suite des rénovations et des réactions de la fin
du xviiie siècle.

Malheureusement, les faits n'ont pas répondu à
cet optimisme de gens trop prévenus; ils abondent
aujourd'hui comme preuves que l'instruction sans
éducation est inopérante, et que parfois même elle
aiderait plutôt au mal certains êtres à prédispositions fâcheuses. Les exemples de criminels à l'esprit cultivé se présentent aujourd'hui fréquemment.
En France, selon M. E. Guyau, la statistique judi-

ciaire, qui constatait au commencement du siècle,
sur cent personnes, soixante et un ignorants et trente-
neuf ayant reçu de l'instruction, apprend que, de
nos jours, où l'instruction est devenue obligatoire,
le résultat est simplement renversé : sur cent accusés, soixante-dix sont lettrés, trente sont illettrés.
M. A. Leroy-Beaulieu, d'autre part, révélait naguère
qu'en Russie le nombre des gens sachant lire et
écrire, ou même ayant reçu une instruction supérieure, semble relativement plus considérable parmi les criminels que dans l'ensemble de la population. « A en juger par la statistique, ajoute ce dernier, il semble en Russie qu'au lieu de diminuer la
propension au crime l'instruction l'augmente. »

Tout cela prouve au moins que l'instruction seule
n'est pas suffisante pour moraliser et civiliser. En
peut-il être d'ailleurs autrement ? « Les uns s'imaginent, écrivait un jour un membre de l'Institut
de France, M. Ch. Lévêque, qu'une maladie unique, l'ignorance, dévore la société actuelle ; ils en
ont conclu qu'un seul remède est nécessaire, l'instruction, et s'attachant uniquement à cette pensée,
d'ailleurs vraie en partie, ils se persuadent que,
répandue à grands flots, la science fera éclore et
fleurir toutes les autres vertus. Ils oublient que
l'instruction ne s'adresse qu'à l'esprit, et que, lorsque celui-ci est éclairé, il reste encore à fortifier les
volontés et à discipliner les appétits. » Et M. Spencer, dans le même sens : « Les dépositaires de
l'autorité admettent, comme le public, que la bonté

d'une éducation peut se mesurer à la somme de
connaissances acquises ; elle se mesure bien plus
sûrement à la capacité de se servir de ce que l'on
sait, et au degré auquel les connaissances acquises
se sont transformées en faculté de façon à être utiles à la fois dans la vie pratique et dans les recherches indépendantes de la science. » Telle est en
effet la vérité. Oui ! l'instruction concourt, à sa façon, avec l'éducation, à moraliser et à civiliser, et
voici comment : plus on a de connaissances et de
lumières, plus on sait apprécier le mal dans toutes
ses conséquences, et mieux on distingue le chemin
qu'il faut suivre pour l'éviter; on l'évite alors,
sinon toujours par devoir, tout au moins par intérêt
bien entendu. Le mal qui naît de l'erreur, de l'ignorance ou du préjugé, voilà surtout celui dont
détourne l'instruction; l'instruction fortifie celui
qui la possède contre le mensonge et les mauvaises
suggestions, parce que, par elle, il sait mieux les
reconnaître et les apprécier.

Mais il en est autrement du mal qui est la conséquence d'un vice ou du manque d'éducation; ici
l'instruction est la plupart du temps inefficace pour
les combattre, parce qu'elle reste étrangère à cette
grande fonction qui n'appartient qu'à l'éducation
première, à savoir, donner le goût et l'habitude du
bien; ceci se fait par la famille plus que par l'école,
par le milieu moral et social où l'on vit bien plus
que par la science; cela se fait encore par la discipline à laquelle il faut soumettre les enfants et les

jeunes gens, discipline qui les fortifie en vue de leur avenir et qui en fera des hommes.

Voilà ce que l'on a beaucoup négligé de nos jours. L'école fait partie de cette discipline, sans doute; mais elle n'en est qu'une fonction; l'erreur, c'est d'avoir pensé qu'on pouvait tout en attendre. On sait qu'une des raisons de cette erreur est l'entraînement général, qui, à certaine heure de notre siècle, a tout mis dans la culture de l'esprit; mais il en est une autre encore qu'il faut dire. L'éducation s'était longtemps identifiée avec la discipline religieuse; avant la transformation de la société moderne, c'est sur l'Église que reposait surtout la charge d'élever la jeunesse, et l'on sait dans quelle pensée peu favorable à l'esprit nouveau, qui se proclamait seul ami des lumières. Il en résulta que par antagonisme avec cette chose qui s'appelle éducation, et qui jusque-là s'était confondue à beaucoup d'égards avec l'enseignement religieux, on lui substitua, dans un autre esprit, cette autre chose qui s'appelle instruction, et qui s'enseigne dans les écoles. Or, une chose n'était pas l'autre, les méthodes étant diverses; et voilà ce qu'on s'était refusé à reconnaître, mais que l'expérience a, depuis, laissé hors de doute.

Il y a en tout état de cause une éducation nécessaire, qui précède ou accompagne l'instruction, éducation qui se donne dans la famille ou ailleurs, mais que l'école ne remplacera jamais tout à fait. Parce qu'un âge a pris fin, ce n'est pas une raison

pour nier le principe qui est de tous les âges. Que
l'éducation religieuse, sous l'empire séculaire et
peu disputé de l'Église, fût étroite et exclusive,
qu'elle s'appliquât à étouffer les idées et à faire des
croyants soumis plutôt que des hommes forts, capables de se gouverner eux-mêmes, on ne peut le
nier ; mais en est-il moins vrai qu'à côté du savoir
il y a une morale, et que le christianisme lui-même,
dans cette voie-là, est un guide parfait? Non; on
ne peut répudier le rôle du cœur, du sentiment et
de la conscience dans l'éducation première; et s'il
importe d'avoir de bons principes, c'est à la lumière du cœur et du sentiment ainsi que de la raison qu'ils apparaîtront comme les meilleurs à suivre et les plus doux à pratiquer.

Qu'est-ce que la civilisation? C'est d'abord la
conquête des choses par l'esprit et par la science;
c'est ensuite la victoire de la sociabilité sur l'égoïsme, et de l'ordre sur l'anarchie. Mais la civilisation est encore autre chose : c'est l'empire de l'âme
et de l'esprit sur les sens et les passions perverses,
de façon à nous rendre maîtres de nous-mêmes et
de nos actions. Or, cela ne s'obtient, en règle générale, qu'à l'aide de la discipline et des habitudes
de l'éducation première. On a beau dire, avec l'é-
cole déterministe ou fataliste de nos jours, que les
vertus et les vices sont choses innées, dépendant de
dispositions naturelles et persistantes, et qu'il n'y
a d'efficace que l'instruction à y opposer, afin d'é-
clairer l'intelligence sur leurs bonnes ou leurs mau-

vaises suites et conséquences. Ce jugement, sans
doute, a sa valeur; mais il a trop compté dans
l'opinion de notre époque, et il pèche tout au moins
par son caractère absolu et exclusif. Ce fait, généralement admis, qu'un être bien doué devient moins
bon au contact d'un milieu mauvais, tandis qu'un
être né vicieux devient meilleur dans un milieu favorable, ce fait-là suffit pour prouver que l'éducation qui opère suivant une méthode pratique, et
par voie d'exemple, est autre chose que l'instruction
qui n'agit que sur l'esprit et n'est pas tout à elle
seule. C'est qu'il ne suffit pas d'éclairer, il faut
encore, comme dit M. Ch. Lévêque, fortifier les
volontés et discipliner les appétits. Bien qu'une
tendance instinctive pousse l'homme vers le progrès,
la civilisation, à certains égards, n'en est pas moins
un état contre nature, en ce sens qu'elle exige des
efforts continus pour se maintenir; du moment
qu'on se relâche ou qu'on s'abandonne, les instincts
primitifs et sauvages prennent le dessus, et il y n'a
plus de civilisation.

On dit : « La civilisation est le fruit du progrès
des lumières; » oui! mais il est au moins aussi
vrai de dire qu'elle résulte encore du progrès de la
conscience et du sentiment. Plus on prend connaissance de l'histoire du passé, ou de l'état social de
certains peuples, moins on échappe à la conviction
qu'il est des moments pour l'homme où il n'a nulle
conscience du mal qu'il fait, de la criminalité ou
de la barbarie de ses actes; ces actes, qui inspirent

tant d'horreur à l'être civilisé, le barbare les
accomplit avec indifférence ; cette horreur, il est
incapable de l'éprouver ou de la comprendre,
parce que l'éducation de la conscience lui manque ;
il vole, et il n'a aucune idée qu'il en puisse être
blâmé pour le tort qu'il fait à celui qu'il dépouille ;
il tue comme une bête fauve ; est-il beaucoup plus
coupable qu'elle ? On ne peut l'affirmer, car il lui
semble avoir cédé à un instinct naturel ; tout au
moins n'y a-t-il en lui rien qui révolte en présence
de certains faits qui sont pour nous des crimes ;
encore une fois, il n'a pas conscience du mal chez
les autres plus qu'en lui-même, et il comprend peu
notre répulsion. S'il donne pleine carrière à ses
passions sauvages, est-ce uniquement parce que
son intelligence est obscure? Non ; c'est aussi parce
que sa conscience est muette. On ne peut donc
se le dissimuler, l'homme est destiné à progresser
dans sa conscience et ses sentiments tout comme
dans son intelligence des choses. Au sein de nos
sociétés civilisées, ne reste-t-il plus de nos jours
de ces brutes inconscientes, à quelque étage qu'on
les prenne ? Nous croyons qu'on ne peut en douter ; la bête reparaît toujours en quelque coin.

L'instruction comme l'éducation a sans doute ici
sa tâche à accomplir ; mais quelle instruction? Est-
ce uniquement l'instruction par la science ? Ecou-
tons là-dessus un philosophe français de nos jours.
M. Fouillée : « La science, dit-il, n'est bonne que
relativement et selon l'usage qu'on en fait ; l'art

9

même a ses dangers; seule, la moralité est absolument bonne. C'est ce qui fait que l'instruction, surtout scientifique, est une arme à deux tranchants; ses avantages ne vont point sans des inconvénients corrélatifs; elle peut produire une disproportion entre les connaissances acquises et la condition où l'individu se trouve; elle expose la société à une sorte de déclassement universel. De là le mécontentement de son sort, l'ambition inquiète, la jalousie, les révoltes contre l'ordre social. Il y a donc nécessité de choisir les objets de connaissance de les approprier à la condition de chacun, et il ne faut pas croire, comme on le croit trop aujourd'hui, que toute connaissance soit toujours profitable. Encore une fois, il n'y a de sûr et d'universellement bon que les hauts sentiments et les grandes idées; l'éducation morale est profitable à tous et pour tous; l'instruction, surtout scientifique, n'a que la valeur qui lui est conférée par l'éducation même. Les connaissances acquises produisent finalement de bons ou de mauvais résultats selon l'orientation bonne ou mauvaise des idées directrices de la conduite. Ce dont on s'est surtout exagéré en France l'importance morale et sociale, c'est la demi-instruction grammaticale et scientifique répandue au hasard, sans être dirigée. L'instruction pure et simple n'est qu'un moyen encore indirect et incertain de moraliser ou de relever un peuple, parce qu'elle est à double fin; elle ne devient bienfaisante que si les idées directrices qui la dominent sont elles-mêmes bienfaisantes. Pour l'esprit comme pour le corps, la santé est la seule chose qui soit toujours un avantage certain, et c'est la moralité qui est la santé de l'esprit. »

« L'instruction n'a que la valeur qui lui est conférée par l'éducation, » dit M. Fouillée ; rien de plus vrai. Nous avons vu qu'en éclairant sa voie elle n'en a pas moins une action particulière sur la bonté et la moralité de l'homme. Les gens mauvais pour les autres, c'est-à-dire les insociables, les durs, les égoïstes, sont tels non seulement parce qu'ils manquent de cœur, mais aussi parce qu'ils manquent d'intelligence ou de lumières. Il ne suffit pas, en effet, pour être bon, d'avoir un cœur capable de compatir, il faut encore savoir comprendre les autres, se mettre à leur place, et ne pas être tout à fait ignorant des choses de la vie ou du monde. Un esprit bouché ou mal éclairé accuse à tort, suppose de mauvaises intentions, croit à l'impossible, et tout cela parce qu'il ne sait pas et qu'il voit mal. Les femmes, en général plus sensibles et plus compatissantes que les hommes, ne sont néanmoins plus injustes parfois, plus dures, plus déraisonnables, en un mot, que parce qu'elles comprennent moins bien. L'homme sensé et clairvoyant, qui voit juste, se montrera en général bon pour les autres, à moins que, par inclination ou par vice d'éducation, il ne soit un être tout à fait malfaisant ; il sera bon parce qu'il comprendra. C'est ainsi qu'entre les gens durs et méchants en fait il importe de

distinguer ceux qui sont tels parce qu'ils le veulent
ainsi, des autres capables de compatir, mais non de
comprendre, parce qu'ils voient mal. La bonté de
cœur doit encore être éclairée par les lumières de
l'intelligence pour produire la justice ; les hommes
les meilleurs sont les plus justes.

Il y a des gens qui ont par conscience et par raison un grand sentiment du bien et une ferme volonté du devoir ; ils le doivent à des dons naturels,
ou bien aux lumières de l'éducation et de l'instruction qu'il sont reçues. Ceux-là répugnent aux injustices du cœur et aux grossièretés des sens, et pour
eux le bien est, sinon facile, tout au moins rendu
plus aisé par le dégoût qu'ils ont du mal. Il en
est d'autres, comme on ne le sait que trop, qui,
moins avancés en civilisation, ont encore besoin,
pour faire le bien et remplir leur devoir, d'une
contrainte extérieure, celle qu'impose la loi civile
ou la loi religieuse. Ils ne voient, ceux-ci, aucune
raison, ils n'éprouvent aucune tendance à être bons
et vertueux, à sacrifier quoi que ce soit de leurs
convenances, à moins qu'il n'y ait pour eux nécessité ; l'honneur même, dans les milieux où l'opinion
est restée saine, n'en est pas toujours un motif
suffisant ; que sera-ce dans les milieux corrompus !
Il faut alors sévir ; mais la loi atteindra-t-elle également le vice qui est au fond des cœurs ? Ici
la religion possède un pouvoir que n'a pas la loi
civile ; car il y a des gens qui ne sont à peu près
bons que par la foi.

C'est que le sentiment du devoir est d'ordre si élevé qu'il ne peut appartenir qu'à la plus haute civilisation, et qu'il ne se trouve qu'à la portée du petit nombre. Les religions l'ont si bien compris qu'elles imposent le bien et proscrivent le mal à l'aide des peines et des récompenses de l'au-delà, c'est-à-dire que, pour la fin qu'elles ont en vue, elles font appel à l'égoïsme humain, sachant que c'est le plus sûr moyen d'agir sur la grande majorité des gens. Quant à l'homme éclairé, bon et honnête, le vrai civilisé, celui-là, il accomplit le devoir par goût ou préférence. Or, c'est bien là à quoi la civilisation doit finalement chercher à aboutir, savoir : faire entrer les idées de bien et de justice dans les goûts de l'humanité, de telle sorte que le devoir s'accomplisse sans peine et comme naturellement.

Pour faire le bien et fuir le mal, il faut que l'homme sente en lui battre un cœur et vivre une conscience; alors il se dit : « Je ne ferai pas aux autres ce que je ne voudrais pas que les autres me fissent; » ou bien, il importe pour cela qu'il ait une intelligence assez développée, ou assez éclairée sur ses vrais intérêts, pour qu'il conclue ainsi : « Je serai juste et bon pour les autres afin que les autres soient justes et bons pour moi. » Les plus mauvais sont ceux qui, au manque de cœur et de conscience, joignent la sottise et l'ignorance. A ceux-là ont fait défaut tout ensemble les dons de naissance qui prédisposent au bien, l'éducation qui donne de bonnes habitudes et atténue les tendances vicieuses, et enfin l'instruction qui ouvre les yeux sur la meilleure voie à suivre.

APPENDICE

NOTES, PENSÉES ET EXTRAITS

« Les principes austères sont pour les âmes faibles ce que sont les corsets pour les corps faibles. »

(MACAULAY.)

***

Un exemple célèbre de l'influence de l'éducation première, c'est celui du   uc de Bourgogne, petit-fils de Louis XIV et père d   ᴸouis XV, roi de France. Né violent, orgueilleux, sensuel, il devint, sous la direction du duc de Beauvilliers et surtout de Fénelon, doux, aimable et de mœurs pures et simples; cela résulte des témoignages les moins suspects de flatterie, entre autres de celui du duc de Saint-Simon. On en fit, il est vrai, un dévot timide et sans ressort dans le caractère : on avait dépassé le but. Mais cela n'en prouve pas moins l'influence de l'éducation sur la jeunesse, au contraire; c'est seulement la preuve que la méthode ici laissait à désirer pour former un prince destiné à un grand rôle.

***

« J'estime fort l'éducation des bons couvents, mais je compte encore plus sur celle d'une bonne mère. »

(FÉNELON.)

***

C'est en cultivant chez l'homme la part la plus noble de sa nature, du cœur et de l'âme par l'éducation, de l'intelligence et de l'esprit par l'instruction, que l'on parvient à réprimer chez lui la possibilité d'un retour en arrière vers l'état sauvage, qui est comme une tendance naturelle du civilisé abandonné à lui-même. Cette tendance du civilisé, deux circonstances la favorisent : ou une trop grande misère ou une trop grande prospérité. L'homme s'abrutit si sa misère est telle qu'il manque des choses les plus nécessaires à la vie ; il se démoralise encore, dans ces jours de prospérité matérielle qui engendrent le luxe et l'abus des plaisirs ; et tandis que la résignation du pauvre empêche à peine cet abrutissement, les tentations et les entraînements du riche amènent presque infailliblement cette démoralisation. Il n'y a contre ces maux qu'une plus grande part de justice, de raison, de bien-être, et de lumière à espérer des progrès futurs ; plus cette part sera grande, moins l'homme aura d'efforts à faire pour rester civilisé, plus, en d'autres termes, la civilisation sera entrée dans sa nature et dans son existence.

***

Tout devoir en général exige un sacrifice, et il n'implique de vrai mérite personnel que par le sacrifice qu'il exige. Or, chez les peuples ou chez les individus qui prospèrent en s'enrichissant, le sacrifice devient de jour en jour plus difficile, parce que, là, l'homme s'amollit et ne songe bientôt qu'à jouir de ses biens ; il finit par manquer de la force nécessaire pour réagir contre l'entraînement de son orgueil et de ses plaisirs, et l'accomplissement du devoir n'est plus qu'une peine qui pèse chaque jour davantage sur son existence : cela c'est la décadence ; et cette décadence atteint au plus beau moment de leur prospérité les individus, les familles, les

classes et les nations, qui n'ont plus à peiner pour vivre.
— C'est que par suite de la tendance naturelle des choses
et de celle du cœur humain, peu d'hommes résistent à la
tentation d'abuser des biens matériels, acquis même très
légitimement; l'on ne sait se borner; après le nécessaire
on veut l'agréable, après l'agréable le superflu, et l'on
finit un jour par se lasser de tout : telle est l'évolution
des désirs qu'aucune prudence ou aucune sagesse ne
retiennent. C'est pourquoi, dans cette lutte pour la conquête des biens matériels, où tant de gens sont engagés
de nos jours, tout ce qui tend, comme le devoir, la justice
ou les goûts élevés de l'esprit, à lui sacrifier quelque
chose, n'est plus écouté; l'on passe outre, emportés
comme des chevaux qui prennent le mors aux dents.

*_**

Elle est vieille comme le monde cette vérité que la
richesse — nous ne disons pas l'aisance, exclusive de la
misère — corrompt et amollit, rend avide pour soi et
insensible aux maux des autres; on a souvent remarqué
qu'il n'y avait que les pauvres qui fussent compatis-
sants.

*_**

Sans doute, il y a des gens qui font un noble emploi
de leurs richesses et un habile usage de leurs loisirs;
mais c'est le petit nombre, et bien peu savent bien en
user; il faut pour cela comme une préparation, qui est
souvent un héritage de famille ou le fruit de l'éducation.
On connaît la sottise et l'aveuglement des parvenus en
général; s'ils étaient restés d'humbles travailleurs, ils
seraient plus dignes d'estime, et peut-être plus contents
d'eux-mêmes et des autres; la richesse les a pris comme
à l'improviste et a moins contribué à leur bonheur qu'à

leur abaissement. Beaucoup de gens ont plus à perdre
dans la prospérité que dans la misère.

***

« Qui ne se donne loisir d'avoir soif ne saurait prendre plaisir à boire, » a dit Montaigne. Ceux qui ne peuvent que rarement satisfaire leur soif se demandent
donc par quel mystère ceux qui le peuvent à satiété se
montrent souvent plus ennuyés que les autres : c'est
parce qu'ils n'ont pas assez tenu compte de cet avis de
Montaigne; ils ont trop fréquemment, ceux-là, appro-
ché la coupe de leurs lèvres. Oh, l'art de vivre a ses
secrets !

***

La Bruyère disait de son temps : « Si je compare
ensemble les deux conditions les plus opposées, je veux
dire les grands avec le peuple, ce dernier me paraît
content du nécessaire et les autres sont inquiétés et pauvres avec le superflu. » De nos jours, il en est encore
ainsi des grands et des riches, mais nous croyons que,
chez les autres, le nombre de ceux qui se contentent du
nécessaire diminue, et que le peuple vit plus inquiet
qu'autrefois, parce qu'il éprouve deux sentiments qui
lui étaient plus étrangers sous l'ancien régime : la vanité
et l'ambition.

***

Les peuples enrichis par le progrès matériel sont
portés à jouir du présent sans se préoccuper de l'avenir.
C'est le cas des jeunes générations actuelles : absorbées
par les affaires, entraînées par les plaisirs, le temps ou
le goût leur manquent pour porter leur pensée au delà

de l'heure présente. Il y a pourtant quelque chose qui survivra à chacun de nous, ne fussent que la patrie et la société, intéressées à tout ce qui assure les progrès futurs, la morale, l'art, la science. Mais cela ne préoccupe que quelques-uns ; chez les autres, on ne pense qu'à soi et au jour à vivre ; y a-t-il autre chose pour la plupart des gens que le jour à vivre ?... Et cela va ainsi jusqu'à ce que la vieillesse arrive ; alors on doit jeter un regard mélancolique en arrière, et se demander ce qu'on est venu faire sur la terre, et quels souvenirs on y aura laissés.

*
* *

L'esprit démocratique de nos jours doit être envisagé non seulement comme caractéristique des intérêts d'une classe, mais encore comme une façon particulière de voir les choses et d'entendre la vie : c'est l'*esprit réaliste* en opposition avec l'*idéalisme* des classes dites cultivées. Entre les sociétés que distinguent ces deux tendances, la lutte est non tout entière de riches à pauvres ou des petits aux grands, comme on pourrait le croire ; elle procède encore de différences moins extérieures et plus profondes. — Avec des vulgarités dont, par une culture plus soignée, l'esprit aristocratique sait mieux se défendre, l'esprit démocratique, lui, se sent plus dégagé des liens de la tradition et plus libre dans ses allures : de là tout à la fois pour lui une force et une faiblesse. Appréciant mieux les choses à leur valeur réelle et non d'après des conventions qui peuvent n'avoir plus leur raison d'être ou dont on a pu reconnaître l'inanité, il les voit aussi, d'autre part, de moins haut ou plus superficiellement ; il a l'instinct du vrai, et, comme tel, il sera plus pratique en affaires ; mais il ne placera jamais la vérité à un rang qui échappe à sa vue.

Dans les sciences philosophiques et morales, cet esprit
sera positif et ne sacrifiera rien à l'inspiration et au
sentiment ; dans les lettres et dans les arts, il lui manquera la finesse et le goût, la grâce et l'élégance, mais
il rendra mieux la réalité et la nature des choses; ses
types seront vulgaires et vrais, l'idéal lui échappera ;
en politique, en administration, il ira plus droit au
mieux et d'un pas plus franc au progrès, mais, sans
prudence ni expérience suffisantes, ses procédés seront
malhabiles et ses allures violentes; en plaçant uniquement son idéal sur la terre, il se préservera de certaines
illusions ou croyances trop naïves, mais il risquera aussi
de confondre le fond immanent et divin des choses avec
la forme extérieure qui passe ; enfin, en rétablissant à
sa vraie place ce qu'il y avait de faux, de conventionnel,
ou d'enfantin dans les sociétés du passé, il lui arrivera
trop souvent de méconnaître ce que, d'autre part, elles
nous ont transmis de grand et d'honnête. Ce qu'on a
appelé l'esprit bourgeois n'a été qu'un acheminement
vers l'esprit démocratique : avec les mêmes qualités en
somme, et les mêmes défauts, le premier a montré plus
de timidité et moins d'indépendance que le second; le
bourgeois était fait pour subir encore en quelque mesure
les influences du prestige exercé par les gens et les choses
de l'ancien régime; il a été une transition ; le peuple, lui,
est radical et se prétend être une fin; avec lui le bien-
être s'étendra, et, à d'autres égards, la civilisation bais-
sera; jusqu'à ce que le temps et l'expérience, avec l'aide
de l'éducation et de l'instruction, aient fait subir à l'esprit
des classes populaires les changements qui les rapprochent
des classes supérieures et cultivées de nos jours, dans ce
que celles-ci ont de bon et d'élevé, sans les priver de ce
qu'elles-mêmes ont de sensé, de pratique et d'humain.

*
* *

L'instruction et l'éducation aident l'une et l'autre, chacune suivant sa méthode, aux bons rapports entre les individus qui composent la société. Comte disait que la morale c'est la *sociabilité :* quelque réserve que commande cette opinion peut-être, elle répond, en somme, assez bien à la vérité des choses.

La bienveillance, la sympathie, la douceur de caractère, la patience, le désir de rendre service, le dévouement à la chose publique, l'abnégation de sa personne, la justice et la probité en affaires, tout cela constitue une bonne part de ce qui porte le nom de moralité personnelle, en favorisant les rapports des hommes entre eux ; et qu'est-ce donc autre chose, cela, que la sociabilité même ? — Peut-on en dire autant de la pureté des mœurs, que recommande aussi la morale ? Oui ; car l'abus des plaisirs sensuels abrutit, endurcit et rend égoïste ; de telle sorte que, lorsqu'on accorde trop au corps, on fait en même temps baisser l'esprit, avec les hauts sentiments qui rendent généreux et sociable ; on se rapproche des animaux de proie. Mais si une vie simple et pure, conforme aux prescriptions de la morale, est en même temps favorable à la sociabilité, l'ascétisme ou l'abstention systématique des plaisirs, qui isole et rend triste, produit un effet tout opposé : les liens de la société se fortifient dans la joie commune. — Il est encore vrai que l'abrutissement qui naît des excès de la sensualité nuit au travail qui nourrit la société et à l'ordre qui la maintient viable : autre rapport entre la moralité et la sociabilité. — S'il fallait choisir entre toutes les passions que condamne la morale celles qui ont les plus mauvaises suites au point de vue de la sociabilité, on pourrait nommer l'orgueil et la vanité : l'orgueil qui est le ferment le plus énergique de la guerre entre les hommes, et la vanité qui produit le luxe, en jetant le désordre dans les affaires. Quoi qu'il en soit, la vanité et l'orgueil maintiennent, dans une certaine mesure, la

dignité humaine, qui est plutôt favorable que nuisible
à la sociabilité ; tous les deux, par exemple, aident aux
efforts que chacun fait pour s'élever dans l'ordre social ;
sous leur mobile, on n'a pas à craindre l'apathie si
funeste aux gens mous et indifférents, et l'on évite ainsi
le mépris public qui s'attache à leurs défaites ; il y
a là émulation plutôt qu'envie, avec une sorte d'ambition utile à tous, que ne condamne pas la morale, y 'eût-il même en jeu ici quelque amour-propre
moins désintéressé. — La sublime morale de l'Évangile
commande le pardon des injures ; la sociabilité en général le veut aussi, et rien ne lui est plus contraire que la
vengeance ; peut-on même aller, comme le chrétien,
jusqu'à demander aux hommes de rendre le bien pour
le mal ? Oui, évidemment ; c'est là l'idéal d'une morale
haute, mais un peu trop théorique ; en pratique, un tel
principe, s'il était appliqué à l'ordre social tout entier, serait comme un encouragement aux plus mauvais,
qui ne manqueraient pas d'en profiter pour se mettre à
l'aise aux dépens des honnêtes gens et jeter le désordre
dans la société. C'est d'ailleurs ce que les lois de tous
les pays ont toujours compris. Si donc le pardon des
offenses est une belle et bonne chose en morale, et même
en sociabilité, il n'en reste pas moins vrai que la responsabilité, avec la répression pour sanction, ne soit une
nécessité pour l'ordre public et les rapports entre les
gens. — L'on peut dire que la sociabilité est la morale
à un point de vue plus pratique que mystique, un peu
moins sublime qu'une morale plus absolue, mais qui ne
tend pas moins à la civilisation et aux progrès des sociétés. Comte avait donc raison en somme : la morale et
la sociabilité se confondent dans leurs conséquences ;
la morale, en élevant les cœurs et les esprits, assure la
sociabilité, et la sociabilité aide aux développements de
la morale, en en élevant le prix.

***

L'instruction complète l'éducation, qu'elle ne remplace pas, et elle contribue pour sa part à la sociabilité. De là l'importance des écoles, si bien comprise de nos jours. Dans les Etats protestants, deux circonstances favorisent l'instruction populaire : l'obligation de lire la Bible, et l'âge tardif — seize ans — de la première communion, qui fait que les enfants restent plus longtemps à l'école. « En Europe, dit M. de Laveleye, nous considérons surtout l'enseignement comme un intérêt privé auquel le père de famille doit pourvoir : aux Etats-Unis d'Amérique on y voit un intérêt public de premier ordre, dont l'Etat doit prendre soin. »

***

L'instruction, l'école, l'enseignement, oui ! Mais ne faut-il pas encore veiller à ce que le peuple, plus tard, profite de l'enseignement scolaire ? « Qu'importe, dit un penseur de nos jours, M. E. Guyau, qu'importe que le travailleur sache lire, s'il ne lit que ce qui le confirme dans ses illusions? Le paysan ignorant, a-t-on dit, est moins absurde que l'ouvrier éclairé. » Cela arrive, en effet; il y a des lumières perfides qui égarent, conduisent sur les récifs, et valent moins que les ténèbres.

***

A propos de l'éducation du peuple, on lit dans le livre sur *le Christianisme et la Révolution*, d'Edgard Quinet, cette page éloquente, et quelque peu lyrique à la manière de l'auteur : « Gardez-vous d'abaisser le niveau moral, croyant par là rendre plus aisé l'avènement de la démocratie ; vous feriez précisément l'opposé de ce que vous voulez faire. J'ai bien peur, je l'avoue, de ces facilités de mœurs que l'on érige en théories sublimes. Vous voulez surmonter la bourgeoisie ; ne commencez pas par lui emprunter ses vices. Tout serait perdu si, par je ne sais quelle fascination, la misère morale des riches devenait l'objet de la convoitise des pauvres. Car ne pensez pas qu'à aucun prix l'homme, le genre humain, consente à déchoir du beau moral qu'il a une fois entrevu. Il ne suffirait pas que du fond de l'abîme un grand peuple criât : « J'ai faim, j'ai soif ». Dieu lui jetterait la pâture du corps, mais il lui retirerait la magistrature du monde. L'avènement de la démocratie ne peut être qu'un nouveau progrès de l'esprit, de la civilisation, de l'ordre universel. Ou elle sera tout cela, ou elle ne sera jamais rien ; ce qu'il est impie de supposer.

« Vous voulez émanciper le peuple de la glèbe; relevez donc sans relâche son esprit à la hauteur du nouveau ciel moral. Que sont ces théories par lesquelles chacun sera dispensé tôt ou tard de toutes les vertus? L'homme fera tout ce qui lui fait plaisir, dites-vous, et jamais rien qui lui coûte. Eh ! ne voyez-vous pas que vous détruisez jusqu'au dernier ressort de l'âme? Pour moi j'aimerais mieux cent fois cette devise : *Fais toujours ce que tu as peur de faire*. Car je sais que dans cet assaut intérieur, dans ce travail héroïque, l'âme s'accroît, elle prend sa force, son point d'appui, elle crée, elle soulève un monde, l'homme enfante le surhumain. Si la souveraineté du peuple n'est pas le plus trompeur des mots, c'est une âme royale qu'il faut élever dans ce berceau, non pas seulement un artisan dans l'atelier, un laboureur dans le sillon. Je ne veux pas seulement que la démocratie ait son pain quotidien ; avec l'esprit de mon siècle je veux encore qu'elle règne ; voilà pourquoi je demande d'elle des vertus souveraines. »

***

L'instruction de l'esprit n'est complète que lorsqu'elle a pénétré la conscience et s'est transformée en une éducation supérieure.

VI

DES DIVERS DEGRÉS DE CULPABILITÉ
ET DE LA RÉPRESSION EN JUSTICE

Qu'est-ce qu'un coupable?

Au point de vue juridique, le coupable est l'individu qui s'est mis en opposition avec les lois de son pays; au point de vue philosophique et moral, c'est celui qui n'a pas respecté la loi de justice ou les principes de tout ordre moral et de toute vraie civilisation.

Dans le premier sens, il peut arriver que la culpabilité ne soit que relative et n'emprunte son caractère qu'à des lois qui seraient elles-mêmes mauvaises et contraires à toute équité; est-il besoin, pour chercher des preuves à l'appui, de remonter jusqu'aux nations et aux âges barbares? Cela dépend des mœurs ou des idées d'un peuple et et d'une époque; telles sont les gens, telles sont les lois; est-on coupable pour refus d'obéissance à des lois absurdes ou tyranniques? En conscience, non; Thraséas fut un coupable pour Néron et un vertueux pour les gens de bien; les lois de l'in-

quisition en Espagne et ailleurs, comme celles de
la Terreur en France, n'ont la plupart du temps
fait que des victimes sans pouvoir créer des coupables.

Mais, sans nous arrêter davantage aux circonstances particulières d'une époque ou d'un régime
d'oppression, nous savons que le mal dans le
droit commun des peuples civilisés a toujours été,
en somme, l'objet d'appréciations plus ou moins
identiques; toujours on a réprimé ce qu'on consi-
dérait comme dommageable aux autres; seulement
les points de vue ont pu varier à certains égards
selon les temps et les lieux. Ainsi, aux yeux des
anciens, aucune action en général ayant pour principe le courage et la force n'était répréhensible; le
christianisme est venu et a apporté aux nations
d'autres principes dont s'inspirent nos lois modernes; si bien, par exemple, que les Quakers, qui
refusent de prendre les armes par horreur du sang,
ont tiré de ces principes des conséquences abusives,
sans doute, mais sans être autrement coupables
qu'envers l'ordre public et les conventions sociales.

Il importe que la loi, qui ne peut réprimer tout
ce qui est répréhensible, atteigne au moins tout ce
qui est dommageable aux autres; s'il ne lui est pas
donné de moraliser, elle a du moins titre pour
empêcher que l'immoralité ne compromette l'ordre
social. Les codes pénals des peuples modernes
classent en général les faits à réprimer en crimes,
délits et contraventions, échelonnant les peines

selon la gravité des cas. Garde-t-on partout ici les distances, et les pénalités répondent-elles toujours aux degrés de culpabilité? Voilà sans doute ce qui importerait encore à la loi ; mais ceci n'est peut-être pas dans ses moyens, ni dans les moyens des juges qui l'appliquent : c'est à ce second point de vue que nous voulons ici envisager la question; car c'est là surtout ce dont se préoccupent les esprits de nos jours.

La culpabilité intime, si nous pouvons employer cette expression, dépend de beaucoup de distinctions à faire et de considérations à retenir. Il y a ici autre chose que le fait matériel, quelque grave qu'il soit, il y a la liberté et la responsabilité de l'agent, il y a son intention criminelle ou méchante, il y a encore ses antécédents bons ou mauvais et qui le classent en quelque sorte d'avance. La perversité du coupable et le danger dans lequel sa présence place la société peuvent aussi bien résulter des petits faits que des fautes ayant de graves conséquences ; tel crime, comme un meurtre, peut être plus excusable, en tenant compte des circonstances et des antécédents de l'inculpé, que tel délit passible seulement, selon nos lois, de peines correctionnelles. Et dans les diverses catégories de malfaiteurs, que de distinctions à faire pour les mettre chacun à leur vraie place !

Le grand coupable est celui qui sait apprécier toute la grandeur du mal, et que néanmoins aucune considération n'arrête, parce qu'il met ses passions ou son intérêt au-dessus de tout. Voici une brute, née avec les instincts des brutes; c'est tout au moins un violent, que l'éducation n'a pu dompter, ou qui a été privé de toute éducation; il abandonne le travail pour se livrer à la débauche; il maltraitera les siens; il voit rouge s'il est contrarié; il tient plus de la bête que de l'homme; c'est le cas de beaucoup d'alcoolisés dans la classe populaire. Celui-ci est un voleur : ce n'est pas la misère qui l'a poussé au vol, c'est le vice; c'est peut-être aussi une sorte d'instinct inconscient; il est né dans une famille ou dans un milieu où l'on a toujours imparfaitement distingué le tien du mien, et où l'honneur et l'estime publique n'ont jamais été pris qu'en fort mince considération. Cet autre est un faible, que de malheureuses circonstances ont conduit au mal, qui n'a pu résister à telles incitations des sens ou de la vanité habilement amenées, dont le cœur n'est pas mauvais, mais dont la volonté, ou le sens moral, ou l'intelligence sont débiles. Voici un désespéré ou un homme que ses malheurs, ou des injustices, réelles ou imaginaires, ont aigri contre la société, à laquelle il a déclaré la guerre; ç'a été le cas de quelques bandits d'autrefois, c'est peut-être encore celui de certains déclassés ou énergumènes de nos jours que leur humeur farouche entraîne jusqu'au crime [1]. Cet autre encore est possédé d'une passion maîtresse

1. L'anarchisme du temps présent, qui ne présente pas un parti politique ou social, n'est qu'une nouvelle forme du banditisme d'autrefois.

qui le domine et l'aveugle, la jalousie, par exemple; il se venge et il tue comme poussé par un ressort irrésistible qui se détend. Voici enfin un être libre d'esprit, celui-là, mais sans scrupule aucun, qui calcule froidement tout le mal qu'il va faire, non seulement pour s'en tirer impunément, mais encore pour ne pas le manquer, et qui s'en promet toutes les jouissances possibles, sans se laisser arrêter par aucune pitié, ni par aucune crainte. Eh bien ! nous le demandons, dans chacun de ces cas, malgré qu'il y ait au bout un crime également punissable par la loi, la liberté, la responsabilité, la perversité, et, en un mot, les culpabilités, sont-elles identiquement les mêmes ? On ne peut le dire ; on a affaire à des êtres diversement conscients du mal commis, armés inégalement pour la résistance, entraînés plus ou moins par les circonstances, plus faibles ou plus méchants, plus ignorants ou plus corrompus.

On a symbolisé la justice par une balance ; or, dans la main des juges et avec le concours des lois, se peut-il que cette balance se rende toujours compte avec précision de chaque degré de culpabilité, et de façon à adapter rigoureusement la peine à la faute? Ce n'est guère possible, les lois et les juges fussent-ils parfaits ; et s'il en a toujours été ainsi, le problème pourtant se complique encore de nos jours et les doutes augmentent en raison de questions que l'on a récemment soulevées : c'est ce que nous allons dire.

Beaucoup de criminels, prétend-on d'abord —
on est pas éloigné de dire tous — sont des malades, produits malfaisants de l'hérédité, victimes des
influences ataviques, et qui n'ont pu agir autrement
qu'ils ont agi, non libres et non responsables. —
Voilà la thèse; on l'a produite avec tous les caractères systématiques d'une théorie absolue, et,
dans cette mesure, on ne peut s'y associer qu'avec
beaucoup de réserves. On a été jusqu'à préciser
dans ses détails la conformation du criminel de
naissance, aux instincts de fauve et de brute; il
plaît à une certaine science de dire que ces êtres
ne peuvent réagir contre les vices de leur nature
physique; mais les faits ne sont pas concordants;
il paraît que l'on pourrait trouver beaucoup de
braves gens qui sont bâtis très approximativement
de même sorte, et que, néanmoins, l'éducation et
l'instruction ont redressés, si tant est toutefois
qu'ils fussent nés sous d'aussi mauvaises influences
ou dans des conditions aussi désavantageuses; et
cela suffit pour sauver en général la liberté humaine menacée.

Mais si la théorie qui fait des criminels des
malades incurables ne peut être généralisée, il n'en
est pas moins vrai qu'elle est admissible à titre
exceptionnel; et dans ces limites est-elle nouvelle?
Non; on a de tout temps admis des irresponsables
et des inconscients; seulement de nos jours des
savants ont voulu étendre cette irresponsabilité ou
cette inconscience à une catégorie d'êtres que jus-

que-là on avait toujours regardés comme conscients et responsables au même degré que les autres. Quoi qu'il en soit, on ne peut nier qu'il existe, même en dehors de la classe des aliénés, des hommes aux instincts exceptionnellement pervers, nés vicieux ou violents, qui se sont signalés tels dès leur jeune âge, et que tous les efforts de l'éducation n'ont pu changer ou n'ont modifiés qu'imparfaitement, fauves à face humaine ou brutes immondes, fous furieux ou idiots malfaisants.

Les chroniques judiciaires nous font assez souvent l'histoire et nous livrent la vie de ces êtres; sortis en général des bas-fonds de la société, il n'est pas cependant impossible d'en rencontrer qui partent du niveau des classes supérieures, pour tomber de chute en chute jusqu'aux hontes et aux abîmes du crime; de la honte ils n'en éprouvent même pas, non plus que des remords; car ils paraissent n'avoir aucun sentiment du bien ou du mal; l'âme est absente en eux.

Eh bien, voilà peut-être les inconscients ou les malades de l'école nouvelle, obéissant à une perversité originelle et comme à une loi de leur nature; qu'ils soient les fils d'alcoolisés ou des aliénés d'une espèce particulière, ils doivent peut-être dans tous les cas bénéficier d'une certaine irresponsabilité vis-à-vis de la science, mais sans que cela puisse les libérer devant la justice. Ce sont là au surplus, nous le répétons, des cas qui restent exceptionnels; étendre au delà, comme on le voudrait quelquefois, les bénéfices de cette irresponsabilité, y faire participer tous les vicieux tombés dans le crime, c'est là l'abus; ce serait rejeter l'ordre humain tout entier; c'en serait du moins la conséquence finale; qu'il y ait d'autres irresponsables que ceux déclarés tels par les médecins aliénistes, des irresponsables par absence de tout sens moral, c'est peut-être vrai; il peut exister des monstruosités morales comme il existe des monstruosités physiques; mais il paraît incontestable qu'en dehors de ceux-là la plupart des criminels ont cédé non à une impulsion irrésistible, mais aux conseils librement acceptés et délibérés de leurs passions et de leur égoïsme; ils n'ont pas tué, ils n'ont pas volé, comme les animaux condamnés par leur destinée à répandre le sang ou à vivre de rapines; ils avaient conscience du mal à faire, et ils l'ont fait.

Mais s'il en est même ainsi, la mesure rigoureuse du degré de culpabilité suivant l'acquiescement, ou la liberté, ou la pleine conscience, n'échappera-t-elle pas néanmoins toujours et plus ou moins à l'appréciation du juge? Cela est probable; il y a là, nous l'avons dit, à tenir compte de trop de considérations diverses, même à évaluer des nuances qui fuiront devant sa vue ou sa perspicacité; et c'est bien le cas de dire ici qu'il n'appartient qu'à Dieu de scruter les cœurs.

En présence de cette situation, l'on a cru que la justice avait une autre voie à prendre pour accomplir sa tâche, voie plus sûre et plus nettement tracée. Qu'il y ait des coupables ou non, ce qui est incontestable, c'est qu'il y a des faits, criminels ou non, reconnus par la loi comme dommageables aux autres, et c'est qu'il existe des êtres malfaisants pour commettre ces faits, quelle que soit leur responsabilité. Et ce qui est non moins incontestable, c'est que la société a le droit de se défendre, droit naturel de tout ce qui a vie, et qui s'appuie en outre ici sur les plus vrais intérêts de la civilisation. Voilà sans doute ce qui est bien suffisant pour permettre à la justice de sévir contre les malfaiteurs ; pourquoi lui en demander davantage ?

On a beaucoup raisonné autrefois sur ce droit de punir ou de réprimer, sur sa nature, son étendue, ou les devoirs qu'il impose à la société ; et les idées à cet égard ont différé selon les époques. Tandis que chez beaucoup de races primitives on regardait le crime comme une affaire personnelle, n'intéressant que l'offensé et non la société, les nations civilisées, elles, l'ont toujours réprimé, tantôt au nom d'un principe, tantôt au nom d'un autre, et avec des nuances dans l'application des peines. Dans tout crime, a-t-on dit aussi, il y a non seulement un offensé à satisfaire, mais encore une société outragée à *venger* : l'idée de vengeance a été abandonnée de nos jours. Pour le moyen-âge mystique, mû par un autre idéal, le droit de punir puise sa source dans l'harmonie jugée nécessaire entre le mal moral et la souffrance : c'est le principe *d'expiation*. Les régicides anglais, au dix-sep-

tième siècle, invoquaient ce texte de l'Écriture que
« la terre ne peut être purifiée du sang qui a été
répandu que par le sang de celui qui l'a répandu ».
Dans les temps modernes, on s'est contenté de
réprimer au nom de l'ordre social, et ce n'est que
de nos jours qu'on a semblé douter de ce droit jusqu'à laisser parfois l'ordre social sans défense, ou
du moins insuffisamment défendu. Comment cela
s'est fait et de quelle façon les choses se passent,
c'est ce que nous nous réservons de dire plus loin.
Pour le moment, sans entrer davantage dans des
considérations juridiques, philosophiques et autres
qui ont eu leur importance en leur temps, ou sans
discuter les théories nouvelles qu'on voudrait voir
triompher de nos jours, qu'il nous suffise d'exprimer cette conviction que dans la répression du mal
les seules considérations d'ordre et de défense
sociale peuvent servir de guide à la justice et la
diriger dans la voie la plus pratique à suivre pour
l'intérêt de tous.

Dans l'impossibilité que nous avons reconnue de
pouvoir toujours mesurer les degrés de culpabilité
et de proportionner rigoureusement la peine à la
faute ou à la perversité du coupable, demandons-
nous plutôt quels sont les crimes et méfaits, petits
et grands ou, pour nous servir d'un mot familier
aux économistes, quelles sont les *nuisances* dont la
société a le plus intérêt à se garantir en vue de
sa conservation et des progrès de la civilisation.
C'est là, semble-t-il, le vrai terrain sur lequel il

faut se placer, parce que, ici, la voie est plus sûre, tant pour le législateur que pour le juge. L'on discute aujourd'hui à perte de vue sur les maladies morales ou mentales qui diminuent les responsabilités ; là, le doute est permis et la voie est scabreuse ; du doute sur la responsabilité à l'impunité il n'y a qu'un pas ; il en est autrement si l'on ne consulte que l'intérêt social d'accord avec la justice. Un accusé, par son crime et ses antécédents, a prouvé suffisamment qu'il était un être dangereux que la société avait intérêt à rejeter de son sein : c'est tout ce qu'il faut savoir.

L'on n'ignore pas que la pénalité en justice a un double but à atteindre pour préserver l'ordre social menacé : d'abord intimider par la sévérité de la peine, ensuite mettre le coupable dans l'impossibilité de nuire désormais. Mais on a été plus loin de notre temps : dans le désir fort louable et l'espérance souvent trompée de moraliser et de réhabiliter le condamné, on a été jusqu'à énerver sérieusement l'effet de la répression. L'expérience a assez prouvé cependant qu'il y a toujours duperie à vouloir améliorer certains êtres ignobles ou dégradés ; avec toute la bonne volonté du monde, on ne parviendra jamais à purger leur moral de ses vices, pas plus qu'avec toute la science imaginable on n'arrivera à redresser les bossus et les boiteux ; qu'on le tente si l'on veut, mais qu'on ne les lâche pas ; la liberté les rend à toutes les influences de leur mauvaise nature ; c'est ce qui s'est vu bien des

fois, pour ne pas dire toujours. Quand, envers de
tels êtres — mettez que ce sont là les vrais malades incurables, — on veut faire preuve de pitié, de
charité ou de philanthropie, jusqu'à se relâcher
dans la répression et leur rendre la liberté de nuire,
qu'on pense qu'on commet ainsi ni plus ni moins
qu'un acte de cruauté, d'abandon et d'injustice
envers les honnêtes gens destinés à devenir un jour
leurs victimes; on sacrifie la grande majorité à
une infime minorité d'être malfaisants et sur lesquels on ne peut fonder nulle espérance.

D'ailleurs, juger d'après les nuisances, ou d'a-
près le péril que fait courir à la société l'impunité
des gens qui ont failli, n'est-ce pas se mettre dans
la nécessité d'apprécier en même temps et autant
que faire se peut leur degré de culpabilité ou de
criminalité? En effet, il y a ici beaucoup de considérations qui rentrent les unes dans les autres, et
la crainte de sacrifier les saintes notions du droit et
de l'équité au salut ou à l'intérêt du grand nombre
ne peut faire repousser les conclusions sévères à
tirer du principe de l'utilité sociale.

Il y a deux catégories de gens que le corps social a intérêt à exclure de son sein comme compro-
mettant la sûreté publique : ce sont d'abord les
malfaiteurs inconscients ou irresponsables du mal
qu'ils font ; l'opinion ne peut varier sur le droit
qui découle pour la société de se mettre à l'abri
de leurs coups; est-ce qu'on a jamais considéré
la séquestration des aliénés dangereux comme un

acte illégitime et inhumain? Non; c'est acte de pure défense; or, il existe des criminels à assimiler aux aliénés. Il y a ensuite les êtres conscients dont tous les antécédents révèlent la profonde perversité et qui se mettent au-dessus des lois pour arriver à leurs fins coupables; on voudra bien convenir qu'il ne peut exister sur ces derniers une autre façon de penser, car, plus coupables, ils sont d'autant moins à ménager. Mais la sûreté sociale exigera-t-elle que l'on comprenne dans cette dernière catégorie, et sans distinguer, tout auteur, même responsable, d'un acte isolé et condamné par la loi? Non; lorsque Jean Valjean vole sur la voie publique un pain parce qu'il a faim ou pour sauver les siens, il n'y a sans doute là qu'un malheureux, qu'on ne peut absoudre, mais envers lequel il faut renoncer à invoquer avant tout les intérêts de la défense sociale; et, en tenant compte des bons antécédents de l'inculpé et des circonstances atténuantes du crime,. on accordera tout à la fois ce qu'on doit à la répression et à l'humanité, sans nuire ici à la sûreté publique, qui n'est pas compromise. Il en est tout autrement de l'individu riche et influent qui, longuement, médite la ruine des autres pour augmenter son avoir et son influence; c'est le cas de ces spéculateurs fripons, comme il n'en manque pas de nos jours, et la peine qui les frappe atteint en eux à la fois les plus coupables et le plus compromettants ennemis de la paix sociale.

Voici un homme qui, dans une heure malheu-

reuse et à la suite d'outrages ou de torts subis, a
répandu le sang; ses antécédents prouvent néanmoins que les actes de violence n'entrent pas dans
ses habitudes; mais la passion d'un moment l'a
égaré; il doit être puni, le bon ordre le veut; tou-
fois la sûreté publique et la défense sociale deman-
dent-elles qu'on le traite comme un meurtrier
vulgaire ou un malfaiteur dangereux? Non, pas
plus que la justice; car on a affaire ici à quelqu'un
qui sent lui-même toute la grandeur de sa faute,
et ce sera là son plus cruel châtiment.

Dans tous ces cas et leurs analogues, la justice
de nos jours accorde à bon droit les circonstances
atténuantes, si même en d'autres occasions on peut
lui reprocher d'user trop légèrement de cette faculté. Mais les lois et les tribunaux sont-ils égale-
men t justifiables de considérer en quelque sorte
comme des inculpés sans conséquence ces gredins
récidivistes, tourment de leur entourage, tyrans
dans leur famille, qui, s'ils ne sont pas encore criminels, n'attendent que la première occasion favorable pour le devenir, et en tout cas aussi pervers
que ceux qui le sont le plus? Non; ceux-là sont
une menace incessante pour la société, qui a intérêt à s'en débarrasser dès l'instant qu'elles les a
reconnus pour tels, et sans attendre qu'ils aient
mérité la corde à laquelle ils semblent fatalement
destinés.

Voilà quelques exemples qui prouvent que la
répression ne risque pas de se mettre en désaccord

avec la justice et l'humanité en prenant uniquement pour but la défense de l'ordre public ; on peut dire en général que le péril social se mesure au degré de culpabilité ; seulement l'un est plus facile à distinguer que l'autre ; on ne verra jamais clairement au fond des cœurs. Baser le droit de punir ou de réprimer sur la sécurité sociale, prendre là sa mesure, c'est en finir avec ces discussions et ces obscurités résultant de liberté ou de non-liberté, de responsabilité ou de non-responsabilité de l'accusé ; conscients, ou non conscients, libres ou non libres, responsables ou non responsables, ceux qui sont un danger social doivent être traités en conséquence et dans ce sens qu'il faut sauvegarder la société de leur atteinte ; malades ou non malades, ils obéissent aux impulsions de leur nature mauvaise, corrompue, ou malsaine ; cela semble bien suffisant pour armer la justice ; pas de cruauté dans la répression, c'est entendu ; une gradation de peines aussi bénignes qu'on le voudra, mais qui mettent suffisamment à l'abri du danger.

Est-ce ainsi qu'on l'entend de nos jours ? Consultons les tendances de notre époque et voyons ce qui se passe.

Aux doctrines du jour qui tendent à innocenter les malfaiteurs comme des malades victimes de la fatalité de leur origine, il faudrait peut-être y joindre celles qu'ont suggérées les faits étrangers et multiples d'hypnotisme ou d'obsession, qui attirent en ce moment l'attention des esprits. Mais il règne

encore une telle incertitude à ce sujet, les questions qu'il soulève, si graves en matière de justice,
sont encore si peu précisées dans leurs limites,
que nous laissons à d'autres plus compétents le soin
d'en parler; qu'il nous suffise de répéter ici qu'elles
ont augmenté pour leur part les doutes et les polé-
miques de notre époque.

Mais il n'y a pas seulement que des doctrines
qui tendent à *innocenter*, il y a surtout aujourd'hui
des tendances à *excuser*, qui caractérisent le relâ-
chement indéniable de notre temps en matière de
répression, surtout dans certains pays. Cela s'explique par diverses raisons que nous allons briève-
ment passer en revue.

Le dix-neuvième a été, en matière de justice,
comme à d'autres égards, en réaction avec l'ancien
régime: on sait ce qu'étaient les lois et les mesures
répressives autrefois, dans plus d'un pays, avant
que l'esprit philosophique du dix-huitième siècle
et les doctrines de Beccaria et autres n'en eussent
modéré la rigueur et découvert l'atrocité. Mais une
réaction ne s'opère jamais sans aller jusqu'à l'extrémité opposée; il semble qu'on n'espère atteindre
un but qu'en le dépassant. Ainsi, dans l'opinion
de nos jours, on est arrivé à favoriser un certain
laisser-aller ou laisser-faire qui touche à l'impunité.
Non seulement on n'a plus vu les choses du même
œil, et l'on a condamné, à bon droit, toute barbarie dans la répression, mais même, nous l'avons
dit, on a paru douter du droit qu'a la société de

punir et de réprimer. L'esprit public s'est tellement imprégné de ces libertés nouvelles qu'elles ont fait invasion jusque dans le domaine du Code pénal, où elles sont loin d'être toujours à leur place ; la liberté a beau n'être que l'absence de *mesures préventives* dans l'ordre social et politique ; on s'est laissé entraîner jusqu'à reculer devant les *mesures répressives* même les plus nécessaires, et comme si c'était là une conséquence naturelle des nouveaux principes ; l'on n'a même pas été éloigné de penser que le principe d'égalité se trouvait ici en jeu : on a vu comme une égalité entre l'offenseur et l'offensé, le malfaiteur et sa victime. Ce sont là, dira-t-on, des opinions extrêmes généralement répudiées ; oui, sans doute ; mais dans notre siècle si agité de révolutions, il n'a pas manqué de gens pour tirer de ces conclusions des principes sur lesquels est assise la société moderne ; effet d'un premier entraînement contre tout pouvoir, toute autorité, tout frein ou toute contrainte devenus désormais intolérables ; tel a été mainte fois le thème des avocats devant les tribunaux, ou des publicistes dans la presse ; et l'opinion publique, impressionnable, irréfléchie ou frondeuse, n'a pas tardé à en subir l'influence. Voilà comment, à notre époque de laisser-faire, on a eu comme un faible pour le coupable, et comment on l'a souvent excusé contre toute raison, ou protégé même au péril de la chose publique : c'était un thème d'opposition.

La lutte de notre temps peut se résumer en

quelque façon dans une opposition entre les droits
individuels et les droits de la société prise dans son
ensemble. Sous l'ancien régime, les droits individuels n'étaient guère que le privilège de quelques
classes ; aujourd'hui, ils sont l'apanage de tous et
de chacun ; éminemment respectables lorsqu'ils ne
portent pas préjudice aux intérêts généraux, ils le
sont beaucoup moins lorsqu'on voudrait mettre
l'individu au-dessus de la société ; que dire surtout quand devant la justice on tenterait d'abriter
derrière ces droits ceux qui les ont si peu respec-
tés chez les autres !

Cette indulgence malsaine, doublée d'intentions
frondeuses, on l'appuie sur un genre d'arguments
qui ont leur côté sérieux ; on dit : « Ceux contre
lesquels vous réclamez les sévérités de la loi sont
des malheureux victimes des circonstances et des
influences funestes du milieu délétère où ils ont
été condamnés à vivre ; ce sont des ignorants élevés dans les ténèbres du vice, et qui ont à demander compte à la société de l'abandon où elle les a
laissés. »

Oui, sans doute, le milieu social, les mœurs et
les idées d'une époque, d'un pays, d'une classe,
voilà ce qui prête à sérieuse considération et peut
atténuer la culpabilité individuelle ; c'est une grande
question de savoir à quel point il est possible de
s'y soustraire ; on vit de la vie de tous, les fautes
sont pour ainsi dire impersonnelles, et, influencé
par l'exemple des autres, il est difficile que l'indi-

11

vidu soit bon quand tout est mauvais autour de lui. Toutefois cela n'est guère applicable qu'aux époques de corruption générale, de décadence ou d'anarchie des peuples ; là, tout le monde est coupable, et chacun, pris à part, est plus ou moins excusable ; on l'a dit depuis longtemps, les lois à ces époques-là n'opèrent plus : « *Quid leges sine moribus vanœ proficiunt?* » C'est un cas auquel les arguments à propos des peuples encore barbares restent applicables. Il en est de l'empire des mœurs comme de l'empire des idées ; celles-ci ont gouverné l'histoire ; on n'est pas éloigné de nos jours de considérer comme malfaiteurs publics les grands conquérants qui ont tout sacrifié à leur ambition égoïste, la vie, les biens, et la paix des autres, tandis qu'autrefois on les couvrait de gloire, et qu'on n'avait pas assez de lauriers pour leur tresser des couronnes.

Ailleurs, en temps de troubles et de bouleversements politiques ou sociaux, l'affolement des esprits est général, tous les rapports sont changés, les passions déchaînées et les intérêts alarmés peuvent enlever une part de liberté et de conscience sans laquelle il n'y a plus de coupables à proprement parler. Ne sont-ce pas là les arguments au moyen desquels on a voulu expliquer les horreurs des mauvais jours qu'a traversés la révolution française à la fin du siècle dernier ?

Mais il s'agit là de circonstances tout exceptionnelles ; en dehors des époques de décadence sociale ou de bouleversements politiques, il y a des situations normales plus ou moins bonnes, et c'est à ce point de vue seul que nous devons nous placer. Que voyons-nous de nos jours ? Oui, il existe des milieux délétères, ceux de certaines classes ou de certaines familles qui vivent dans le désordre et l'inspirent autour d'elles; mais si cela explique la faute, cela ne l'efface point; le mal fait à la société et le péril auquel il l'expose sont les mêmes; le mal existe, il faut le réprimer, et la loi ne peut se laisser arrêter ici par certaines situations particulières. La société fût-elle en faute pour n'avoir pas assez tôt étouffé certains foyers de démoralisation ou de misère, elle ne peut pourtant, pour expier ses torts, aller jusqu'à renoncer à se défendre; agir de la sorte ce serait comme si on s'exposait aux morsures d'un chien ou aux cornes d'un taureau pour se punir de l'avoir laissé en liberté et sans autre raison que celle-là. L'instruction, l'éducation, oui, voilà la vraie voie; mais en attendant qu'on puisse la faire prendre à tous, faudrait-il donc s'abandonner aux mains des barbares ? On ne peut le prétendre.

C'est pourtant ce qui arriverait si l'on écoutait beaucoup de gens de nos jours qui, pour toutes ces raisons et d'autres, ont été amenés à une tolérance qui équivaudrait à l'impunité même. Il y a au fond, dans l'opinion du moment, chez plus d'une nation du milieu européen, quelque chose de cette indifférence qui caractérise les sociétés sceptiques; on n'a pas ressenti assez d'indignation contre les êtres malfaisants qui troublent et font obstacle au progrès social ; on dirait qu'on n'a plus même la force de haïr le mal et ceux qui le font.

Certes, la loi du Lynch, aux États-Unis d'Amérique, est une brutalité sauvage qui présente d'autres dangers peut-être plus redoutables encore ; mais nous sera-t-il permis de dire qu'elle est tout au moins l'indice d'une vigoureuse résistance aux malfaiteurs, et qu'elle témoigne de cette indignation qui semble parfois nous manquer ici ; il y a là comme un sang plus jeune qui se révolte, et on peut y voir une atténuation à la barbarie qu'on reproche avec raison à de tels justiciers.

En Allemagne autrefois, à une époque où la justice régulière n'offrait plus une suffisante garantie pour la répression des crimes, il s'établit un tribunal secret, la *Cour Vehmique* (Freigerichte), qui opérait dans le mystère, et dont les membres, appelés *Franc-juges*, tout à la fois, prononçaient et exécutaient eux-mêmes les sentences. Son intervention redoutable, après avoir servi à rétablir l'ordre, dégénéra dans la suite, et ses excès forcèrent Maximilien Ier à l'abolir au seizième siècle. C'est où doit aboutir inévitablement toute justice qui ne s'appuie point sur la loi.

Dans l'Europe moderne, nous n'en sommes, certes, pas arrivés à devoir recourir à des mesures aussi extrêmes et en dehors de toute légalité ; mais en voyant ce qui se passe, on peut redouter pour l'avenir les conséquences d'une certaine indifférence

au mal et dont ne manquent pas de profiter ceux
qui le commettent. Souvent les jurys en manière criminelle ont paru ne pas comprendre leurs devoirs;
on les a vus acquitter ou accorder le bénéfice des
circonstances atténuantes dans des cas qui s'y prê-
taient si peu, et cela au point d'inspirer la verve
des satiriques à l'affût des travers d'une époque;
que de fois même n'ont-ils pas nié des faits patents
avoués, en haine de la loi qu'on élude [1]. La loi pourtant est devenue elle-même bien indulgente et participe à l'esprit de tolérance de notre temps; presque partout on a abaissé les peines et humanisé la
répression.

En est-il moins vrai qu'il se passe tous les jours
des faits enlevés aux cours d'assises, et qui révèlent
chez ceux qui les commettent les intentions les plus
méchantes ou les instincts les plus sauvages? Un
pur hasard souvent, une circonstance fortuite, a
voulu que tel de ces faits ne fût pas qualifié crime
par la loi et puni en conséquence, mais sans que
cela ne puisse rien changer au fond à la criminalité de
son auteur. Ainsi, un accusé avec les antécédents les
plus compromettants, et qui, tout le fait présumer,
a prémédité un meurtre, n'est parvenu qu'à blesser
légèrement sa victime; après quelques mois de prison, il aura payé sa dette à la société; si le coup

1. Récemment, en France, dans le premier procès de Ravachol,
un cas nouveau s'est présenté, qui peut encore se reproduire : la
peur faisant reculer devant le devoir.

eût porté quelques centimètres plus haut ou plus bas, il en aurait eu pour la vie.

Le juge, mou ou timide, n'applique même pas toujours le maximum de la peine aux cas les plus condamnables : c'est un père ivrogne, paresseux, joueur, débauché, qui fait de sa malheureuse famille un souffre-douleur tout le long de l'année [1]; ce sont des parents dénaturés qui torturent un pauvre enfant qui les gêne et dont ils voudraient se défaire; on ne va pas jusqu'à l'acte matériel qualifié crime par la loi, mais on y tend par le résultat. De sorte que, après avoir été privés pour un temps de leur liberté, on voit d'affreux gredins, fléau de la société, y rentrer un jour pour reprendre, à peine libérés, leur vie de malfaisance et de désordres.

Est-il étonnant après cela qu'il y ait tant de récidivistes? Ces répressions ne répriment rien; on ne s'en soucie pas, même on les brave; c'est ce qui résulte des aveux des condamnés eux-mêmes. Et cela se comprend d'autant mieux que le régime pénitentiaire s'est fort humanisé de nos jours. Certes, c'est quelque chose que la perte de la liberté, surtout si elle a quelque durée, mais il y a des compensations à cela; est-on donc si mal en prison de notre temps et dans plus d'un pays? Le régime en est souvent très supportable; et l'on a vu plus

1. Dans quelques gouvernements des Etats-Unis, on assimile les ivrognes aux fous, et on les enferme; c'est peut-être là une pratique qui doit attirer l'attention. En Suisse, on les déclare déchus de la puissance paternelle.

d'une fois des individus s'y faire renfermer pour
être nourris, logés et vêtus aux frais de l'Etat ; ils
y prennent leurs quartiers d'hiver ; c'est pour eux
comme une diversion, un répit ; car sous le rapport matériel ils y trouvent souvent une amélioration à leur sort.

Eh bien ! cela constitue-t-il une défense sociale
suffisante ? Nous ne le croyons pas. L'on a eu de
nos jours trop de confiance dans les progrès de la
civilisation ; on s'est trompé ; la civilisation ne pro-
gresse pas toute seule et dans une indifférence qui
dispense des efforts à faire pour l'avancer ; on s'est
tout au moins trompé de date. Aujourd'hui, entre
ce qui invite au mal et ce qui en détourne, la lutte
est rarement égale, et le mal l'emporte ; plus sont
faibles les choses qui agissent sur l'âme et l'esprit,
c'est-à-dire sur tout ce qu'il y a de noble en nous,
plus la loi qui réprime le mal doit être forte. Et
quand, d'autre part, toutes les convoitises sont
surexcitées comme elles ne l'ont jamais été peut-
être avant nous, qu'est-ce qui servira de contrepoids
pour sauvegarder l'ordre social menacé, si ce n'est
la protection de la loi ?

La presse retentit tous les jours de nombreux
actes de vol et de violence, de crimes contre les personnes et les propriétés. Ce n'est pas, selon nous,
que notre temps soit plus mauvais qu'un autre, ou
que le présent doive faire regretter le passé ; non ;
si parfois on est porté à le croire c'est qu'aujour-
d'hui tout se sait et se dit, sans que rien puisse plus

se passer comme autrefois avant le journal et l'extension de la presse. Ce qui est vrai, néanmoins, c'est que les mœurs n'ont pas progressé dans la mesure de l'instruction autant qu'on l'avait espéré et, ce qui est vrai encore, c'est que la justice réprime moins. Voyez les jeunes générations qui portent, elles, généralement la marque la plus fidèle d'une époque : on a remarqué qu'un grand nombre des criminels de nos jours sont des jeunes gens, même des enfants de quinze à seize ans ; il y a là particulièrement à signaler un type qui distingue notre temps, et qui n'est pas près de disparaître dans les grandes villes qui donnent le ton aux autres : c'est le polisson des rues, plus tard souteneur de filles, qui, à peine sorti de l'enfance, a déjà dans le mal toute l'expérience et tout le sang-froid des vieux scélérats. La répression doit faire ici ce que le manque de culture n'a pu faire, en préservant la société du mal dont un tel état de choses menace son avenir [1].

Mais en parlant de rigueur dans la répression, il est bien entendu que nous ne voulons pas dire

1. Le cas du jeune Sipido qui, dernièrement, à Bruxelles, a tiré sur le prince de Galles, soulève un problème assez embarrassant : le coupable était presque un enfant, qui n'avait d'ailleurs pas de mauvais antécédents, et sorti d'une famille d'honnêtes gens ; entraîné par de fausses idées, il avait voulu faire le *brave*, en tuant un grand personnage, sans se rendre compte de son crime, ni des suites qu'il pourrait avoir : il a été acquitté comme ayant agi sans discernement et il devait l'être, car c'était un inconscient. Mais on ne s'en demande pas moins s'il suffira désormais de mettre un revolver entre les mains d'un enfant pour lui faire commettre impunément un crime qui peut avoir les plus grandes conséquences pour son pays et pour le monde ?

qu'on puisse en revenir au régime barbare du passé ;
ce sera déjà beaucoup si l'on sait se garder de cette
indifférence qui aboutit au laisser-faire, ou de cette
fausse philanthropie dont on est dupe. Quand on a
affaire à des êtres malfaisants, l'essentiel n'est pas
de leur faire expier par des tortures le tort qu'ils
ont fait aux autres ; mais l'essentiel est de préserver les autres de leur présence et de leur perversité.

La législation criminelle de notre temps a introduit quelques idées heureuses dans la justice répressive : ainsi la suspension des peines et les peines
conditionnelles qu'ont admises quelques pays au
profit de certains condamnés dignes d'indulgence ;
ce sont là tout à la fois des mesures d'humanité et
des épreuves bien entendues. En France, outre la
loi Béranger, on a fait, dans un but de préserva-
tion tout aussi justifié, une loi contre les récidivistes ; nous ne pouvons en parler d'après les résultats
obtenus et que nous ne connaissons point ; mais
nous croyons que le principe en est excellent. Après
avoir fait tout ce qu'il faut, en effet, pour éviter d'en
venir à des extrémités rigoureuses, le mieux est de
mettre en quelque sorte *hors de la loi* les malfaiteurs
incorrigibles et d'en délivrer ainsi la société.

De notre temps, on s'est apitoyé, à propos du
régime cellulaire, sur les souffrances morales qu'il
impose ; l'isolement complet, dit-on, est une torture qui a souvent pour conséquence la folie du
condamné ; et les grands criminels, qui n'ont eu,
eux, aucune pitié des autres, son parvenus à éveil-

ler celle des philanthropes ennemis de ce régime.
N'est-ce point là pourtant la peine qui convient le
mieux à une société civilisée qui n'a rien de farouche, et à la fois la plus favorable à l'amélioration et
au repentir des coupables qui font encore concevoir
quelque espoir? Pour d'autres, d'après leurs propres
aveux, elle est plus redoutée que la mort même ;
or, ceci a bien son importance en matière de dé-
pression. Peut-être, au surplus, existe-t-il toujours
des malfaiteurs que la peine de mort seule peut
effrayer ; s'il en est ainsi, il faut regretter les circonstances qui rendent la mesure nécessaire, mais
supprimer l'odieux spectacle des exécutions publiques.

Certaines tendances des sociétés honorent, jusqu'à ce qu'on s'aperçoive qu'on est dupe de ses
bons sentiments. Le caractère d'une société forte et
morale, ni anémique, ni décadente, et qui a quelque souci de son avenir et de l'avenir de la civilisation, c'est à la fois d'être grandement secourable
aux gens de bien de toutes les classes, d'être indulgente pour les malheureux qui ont commis des
fautes excusables, et enfin d'être impitoyable pour
ceux dont le mal est l'habitude comme la nature ;
il faut défendre les bons contre les mauvais, sinon
la société qui s'abandonne ne mérite plus le nom
de civilisée. Ne serait-ce pas toutefois ce qui arriverait si on ne voyait partout que des irresponsables
ou des excusables, victimes des choses, victimes de
la fatalité, et à propos desquels on se refuserait de

sévir, en se demandant où sont les coupables. Non ;
un régime propre à civiliser n'est complet que
lorsque, parallèlement à une propagande vers le
bien et la justice, existe une répression rigoureuse
du mal et des coupables.

VII

LE LIVRE ET LE JOURNAL DANS LEUR INFLUENCE
A NOTRE ÉPOQUE

« Depuis *l'Evangile* jusqu'au *Contrat social*, ce sont les livres qui ont fait les révolutions. » Voilà bientôt un siècle que de Bonald a écrit ces lignes. On peut aujourd'hui se demander si ce qui a pu être vrai au temps passé le restera pour l'avenir, ou même l'est encore pour le présent, nous voulons dire si, de nos jours, les livres peuvent encore faire des révolutions.

Une chose qu'on ne peut se dissimuler en tout cas, c'est qu'à la fin du dix-neuvième siècle la puissance du livre est sensiblement déchue, surtout du livre propre à révolutionner les esprits ou les idées, et ailleurs que dans le domaine de la science pure. Plus d'une raison existe pour expliquer ce changement dans l'état des choses. D'abord, avec le temps et les résultats recherchés ou obtenus, avec le progrès qu'a stimulé la liberté, le champ des idées nouvelles, qui faisaient autrefois le succès d'un livre, s'est de plus en plus réduit, sinon épuisé; quels monceaux n'en a-t-on pas remués depuis un siècle? Ensuite, les esprits de notre temps sont plutôt entraînés vers l'action et les affaires que portés à la méditation et à l'étude; ils se trouvent ainsi détournés des livres, pour faire des journaux seuls leur lecture habituelle; le journal c'est encore de l'action, et avec l'extension qu'il a prise, les sujets de plus en plus divers qu'il traite quotidiennement, il a fait beaucoup pour tuer le livre. Les journalistes sérieux, et les collaborateurs des publications périodiques ou spéciales s'inspirent encore du livre nouveau; mais le livre lui-même ne va que jusqu'à quelques-uns, il reste à peu près inconnu du grand nombre, on ne le lit pas, on n'a pas le temps, il n'intéresse, dit-on, que les savants; le journal vulgarise tout.

Autrefois, l'apparition d'un livre était presque un événement; pour peu qu'il fût bien écrit ou offrît quelque aliment nouveau à l'esprit, il trouvait un grand nombre de lecteurs; le monde, c'est-à-dire la foule cultivée et curieuse, s'en préoccupait. Aujourd'hui, les livres sérieux voient plutôt le monde s'éloigner d'eux. On publie encore, on publie peut-être plus que jamais; et c'est une raison de plus pour qu'un livre supérieur ne puisse que difficilement sortir des rangs [1]. Mais à l'exception de quelques livres recommandés par des sujets d'actualité,

1. En 1880, il s'est publié en France 12,414 ouvrages, dont 715 romans. En Angleterre les romans gardent également la supériorité en librairie : il s'en est publié 695 en 1885. — En Allemagne, en 1899, 23.715 volumes, parmi lesquels 2931 œuvres d'imagination.

ou par des noms d'auteurs célèbres et populaires, à l'exception aussi de livres d'une certaine catégorie, tels que les romans, les volumes restent dans les magasins des libraires bien plus longtemps qu'autrefois, ou même n'en sortent guère. Loin d'être un événement, aujourd'hui l'apparition d'un livre est un fait presque inaperçu, et dont la conséquence n'est pas surtout de révolutionner le monde [1].

Et il n'est pas à penser qu'il en sera guère autrement à l'avenir; le temps des livres à révolutions semble passé, et si de nos jours la presse n'en reste pas moins toute-puissante, les choses se pratiquent différemment. Les livres anciens garderont encore longtemps leur réputation, soit qu'ils la méritent, soit uniquement par la force de l'habitude et de la tradition; mais il est à présumer que plus jamais le livre nouveau ne partagera leur glorieuse destinée. L'*Évangile* et le *Contrat social*, pour nous servir des exemples de de Bonald, ont, à des époques diverses, révolutionné les esprits; sans parler des Grecs et des Romains, on peut en dire autant, à un point de vue un peu différent, de livres tels que le *Novum Organum* de Bacon, ou le *Discours sur la méthode* de Descartes, car ils ont également imprimé un autre cours aux idées. Au dix-huitième siècle, particulièrement en France, l'*Encyclopédie*

1. De Tocqueville écrivait déjà il y a près d'un demi-siècle : « Les classes influentes ne sont plus celles qui lisent; un livre n'ebranle donc point l'esprit public et ne saurait même attirer l'attention sur son auteur. »

a eu sur le mouvement des choses et des esprits la même action que les écrits de Rousseau et de Voltaire. Vers le commencement du nôtre, et sous une forme plus à la portée de tous, le *Génie du christianisme*, de Chateaubriand — « un maître livre, dit M. de Vogüé, mais par le sentiment, qui est fort, non par les raisons, qui sont faibles » — le *Génie du christianisme* marqua une réaction très vive contre le rationalisme du siècle précédent. Plus tard, Saint-Simon, Fourier, Comte surtout ont par leurs écrits tenté de réformer l'ordre social; sans parvenir à aucun résultat positif et sérieux, ils ont suggéré des idées qu'en Allemagne, dans des livres plus populaires ou plus répandus, Lasalle et Carl Marx ont mises en œuvre. Voilà, croyons-nous, les derniers livres qui ont eu une influence un peu générale sur les générations contemporaines; ils restent l'évangile du socialisme à notre époque, et comme tels ils ont plus ou moins porté la révolution dans les esprits.

Dans la sphère plus spéciale des sciences naturelles, Darwin encore, avec son livre de l'*Origine des espèces*, a aussi contribué à transformer les idées, et cela sur des questions auxquelles la philosophie ne devait pas rester indifférente. De tels livres resteront, sans doute, des facteurs puissants dans le domaine des idées; mais on peut douter qu'aucun d'entre eux possède jamais l'empire qu'ont exercé autrefois les livres des Aristote, des Platon, des Descartes ou des Bacon; et cela, non tant que les ouvrages nouveaux soient inférieurs aux anciens ou moins considérables, mais parce qu'ils sont venus plus tard, après la tâche achevée ou dégrossie, et au milieu d'un monde plus indifférent ou plus sceptique, ou enfin d'esprits nouveaux qui subissent d'autres influences et sont occupés ailleurs.

Lamennais, aussi, en France, a agité les esprits de son temps; eh bien, qu'en reste-t-il, et quel est celui de ses ouvrages auquel on puisse attribuer une influence comparable à celle des grands livres antérieurs? De nos jours encore, MM. Taine et Renan ont exercé une sorte de royauté sur les intelligences; pourtant, à l'exception peut-être de l'*Histoire des origines du christianisme* de l'un, et de *celle de la littérature anglaise* de l'autre, est-il un seul de leurs livres, quelque remarquables qu'ils soient, qui restera et que les générations futures citeront et consulteront, à l'égal de ceux qui ont tant remué les générations éteintes? Et l'on en peut dire autant, sans doute, des grands auteurs allemands et anglais des temps modernes; en Allemagne, depuis les livres de Kant, la vogue de Schopenhauer a été courte et Hegel est déjà oublié [1]. Quant à Gœthe, avec *Faust*, et Byron, avec *Childe Harold* et *Don Juan*, ils n'ont tous les deux eu d'écho retentissant que dans les régions littéraires, de même que Hugo en France, et, sans

---

1. La science matérialiste et les livres des Buchner, des Hæckel et autres, n'y ont guère jusqu'ici intéressé que les savants.

doute, ils laisseront des traces moins profondes que Dante ou Shakespeare aux siècles passés.

Nous ne savons qui a dit d'ailleurs que si tels esprits du passé ont paru si grands, c'est que tout était petit autour d'eux ; ils avaient été comme des météores lumineux dans un ciel sombre. Il en a été ainsi des livres ; ceux qui ont été le principe d'un grand mouvement dans les choses, dans les idées, ou dans les sentiments, ont pris une place inoubliable dans la tradition, et ceux-là seuls. Les livres de nos jours, même à mérite égal à d'autres égards, ne jouiront vraisemblablement pas du même privilège, parce qu'ils auront paru à une époque où il ne leur a pas été donné d'exercer la même puissance sur l'opinion ; que d'ouvrages de valeur parus dans ce siècle et dont on ne parle déjà plus ! Ce n'est pas à dire qu'aujourd'hui un livre supérieur par le fond et par la forme ne puisse encore avoir sur les esprits une réelle influence ; mais que son action sur le train général des choses puisse être aussi directe, aussi universelle, aussi durable qu'autrefois, mais qu'une révolution, en un mot, puisse encore de notre temps être le fait d'un livre, voilà ce qui ne semble plus possible.

Cela n'empêchera pas qu'on n'écrive encore des livres dans nos siècles de démocratie, et même qu'on ne les achète ; Tocqueville n'a-t-il pas dit : « Les littératures démocratiques fourmillent toujours d'auteurs qui n'aperçoivent dans les lettres qu'une industrie, et, pour quelques grands écri-

vains qu'on y voit, on y compte par milliers des
vendeurs d'idées? » Mais ces livres, marchandise
courante, n'auront plus l'autorité et la vogue des
grands livres d'autrefois, littéraires ou autres; ce
sont ces derniers, qui constituent le fond de nos
bibliothèques, que les lecteurs de livres, s'il en
reste, voudront relire, par l'habitude, ou parce que,
seuls, ils leur inspirent confiance ; les autres iront
se confondre avec les journaux et les revues de
l'année et seront moins lus qu'eux. Ce n'est peut-
être point là ce qu'il y a de meilleur; mais c'est
ainsi, et ce sera ainsi, sans doute, pour longtemps
encore. Le livre est resté l'ancien véhicule des idées,
le journal en est devenu le nouveau.

*
**

Le journal, de nos jours, est l'unique lecture
de beaucoup de gens ; il en fait lire qui, sans lui,
ne liraient jamais et finiraient par oublier ce qu'ils
ont appris à l'école. Rien qu'à cet égard, le journal est un mobile utile à l'instruction ; mais il l'est
à d'autres égards encore ; quoi qu'on puisse reprocher au journal, ou à certains journaux, il est une
des pièces maîtresses du mécanisme moderne.

Les nouvelles du jour, comme on sait, voilà en
général ce qu'on lui demande : simple curiosité
pour les uns, intérêt sérieux pour les autres, gens
d'affaires ou hommes publics. Inutile d'insister sur
l'importance de cette lecture pour ces derniers ; la

connaissance des événements, petits ou grands, importe souvent beaucoup à la ligne de conduite qu'ils adopteront par la suite ; nouvelles politiques, industrielles, financières, commerciales, rien ne leur est indifférent ; que les événements soient rapprochés ou lointains, ils ont pour eux leur importance, de même que l'impression qu'ils font sur l'opinion publique. Voilà ce qui, de nos jours, fait rechercher les journaux par beaucoup de lecteurs de toutes les classes ; on n'a jamais le temps de lire un livre, on l'a toujours pour parcourir plusieurs journaux. De là l'intérêt capital, pour ces feuilles volantes quotidiennes, d'avoir des correspondances sûres, nombreuses et rapides, qui les recommandent à leurs clients. C'est une de leurs grandes préoccupations du moment.

Mais même pour les simples curieux, les journaux sont un enseignement qui a son utilité. Nous n'en parlons pour le moment que comme de nouvellistes et échos des faits du jour. Eh bien ! niera-t-on que l'homme qui lit, ne fût-ce qu'un journal, et sait par lui, jour par jour, ce qui se passe dans le monde, ne pourra mieux juger des gens et des choses de son temps, et les apprécier à leur valeur, que le pauvre illettré qui n'entend que ce qui se dit, ou ne voit que ce qui se passe, à quelques milliers de mètres de son village, et de façon à lui faire supposer qu'il en est ainsi partout ? Cela est si vrai que l'observation pourra en paraître banale. C'est ainsi que la lecture d'un journal

convenablement fait est un enseignement qui a
sa valeur, profitable même aux simples curieux,
auxquels il finit par ouvrir les yeux et l'esprit sur
le monde et la réalité des choses. On dira qu'on
apprend davantage au contact des gens et des
affaires; oui, peut-être; mais seulement dans les
limites de sa spécialité ou de son cercle particulier;
et puis, tout le monde n'a pas des affaires, ou ne
quitte son home pour voyager; le journaliste, lui,
le nouvelliste, voyage pour vous, vient vous trouver, et, aimable et serviable — c'est son métier, —
ne vous laisse pas ignorer ce qui se passe ailleurs,
au dehors, et un peu partout sous la calotte des
cieux.

Mais cette lecture n'a-t-elle pas aussi ses trom-
peries et ses inconvénients? Oui, sans doute, on ne
peut le nier.

Aujourd'hui, plus qu'à nulle autre époque antérieure, le journal, comme office de publicité, est
une entreprise commerciale, le plus souvent aux
mains d'une société, dont les actionnaires escomp-
tent les dividendes, comme tous les bailleurs de
fonds en affaires quelconques. Les directeurs, les
rédacteurs, les gérants des journaux ont donc en
général pour objectif, ici comme ailleurs, d'accroître
les bénéfices, et, pour cela, ils visent deux buts à
atteindre : d'abord, pousser à la vente du numéro
et à l'abonnement, en éveillant l'intérêt ou la
curiosité; en second lieu, tirer profit de toute insertion pour laquelle ils reçoivent salaire.

Pousser à la vente par la curiosité et la badau-
derie publiques : voilà ce qui a introduit dans le
journalisme des traditions qui ne sont pas toujours
des plus louables. Ainsi, l'on a des correspondants
et des reporters qui, pour se rendre intéressants,
inventent lorsqu'ils n'ont rien à dire ; ou bien, on
donne aux petites choses une importance qu'elles
n'ont pas ; ou encore, l'on exploite les scandales
publics ; les camelots vont ainsi par les rues en
clamant les faussetés de leurs feuilles cancanières,
et le bon public, qui achète le numéro, prend tout
pour vérité. Cela peut avoir d'autres inconvénients
que de se jouer de la curiosité des naïfs, car ces
mensonges sont peut-être intéressés et induisent
le lecteur en erreur à son détriment.

Un autre but des entreprises de la presse quoti-
dienne, c'est l'insertion de tout communiqué pour
lequel elle reçoit salaire. Il va sans dire que si cela
conduit à de nouveaux abus plus ou moins préju-
diciables au public qui lit, il ne peut être question
ici des annonces ou réclames payées que tout journal
insère à sa quatrième page, et qui ne sont que de la
publicité ordinaire, personne ne s'y trompe. Mais on
sait que les journaux ne s'en tiennent pas toujours là :
sont-ils intéressés dans des causes suspectes, ou tout
au moins dans des entreprises aventureuses, il
arrive qu'ils ne se refusent pas à les soutenir ; tout au
moins acceptent-ils sans contrôle ; ils se disent ci
payés comme les avocats pour prêter leur ministère ;
cela semble entrer dans leurs attributions, et ils

sont sûrs au moins que l'argent entrera dans leur
caisse; tout fera farine au moulin. S'il n'en est pas
toujours ainsi, s'il s'agit d'articles de complaisance
entre *camarades*, gens de métier ou gens d'affaires,
artistes ou écrivains, la conséquence est la même,
c'est-à-dire qu'on peut être dupe de tels procédés,
et que cela arrive à plus d'un. Ne parlons pas même
ici de ces grands scandales de presse dont nul pays
n'est tout à fait indemne à notre époque; le journalisme n'expose pas moins à de petites duperies
de tous les jours.

Cela, dans une certaine mesure, est peut-être
inévitable, et il ne faut pas trop en faire un crime
au journal; il prétend remplir ici strictement son
office de publicité; c'est à vous à y regarder de
près. Seulement, il y a des lecteurs qui ont la foi.
Il y aurait pour ceux-ci un petit guide ou manuel à
faire sur la façon de lire les journaux, lequel s'ins-
pirerait de quelques principes résultant d'une expérience déjà longue à notre époque, et qui aurait
pour épigraphe ces mots : « Regardez de vos deux
yeux, n'écoutez que d'une oreille. »

Enfin, une conséquence assez naturelle de ces
mêmes mobiles intéressés, c'est que le journal est,
au fond, ami de l'agitation; le calme plat lui est
antipathique, parce qu'il nuit à son commerce ; il
profite au contraire quand l'air est agité ; ce qui,
sans doute, n'en fait pas toujours un pacificateur
des esprits et des choses : cela nous amène à parler du journal politique.

Jusqu'ici nous n'avons guère parlé du journal
que comme organe de publicité et écho des bruits
du monde. Chacun sait pourtant qu'on lui accorde
généralement d'autres titres à l'attention du public.
Le journalisme est un apostolat, tout au moins en
revendique-t-il l'honneur. En matière sociale et
politique, même en matière religieuse et philosophique, un grand journal a son mot à dire, et il
combat pour l'opinion qui lui est chère. A ce titre,
dans les mains d'écrivains supérieurs et de penseurs éclairés et consciencieux, il peut être haute-
ment instructif et avoir sur l'opinion publique une
influence considérable et salutaire. C'est assez dire
que sa propagande, pour être dans l'intérêt général, conforme au droit, à la raison et à la justice,
ne doit pas se faire dans un esprit de parti et en
vue d'intérêts étroits.

Malheureusement, les choses ·sont telles de nos
jours — et il en a toujours été plus ou moins ainsi
depuis qu'il y a des journaux — que tout journal
constitue une plaidoyer permanent en faveur de
l'un ou l'autre des différents partis qui se divisent l'opinion publique d'un pays. Dès lors, n'at-
tendez en général aucune impartialité ni aucune
largeur de vues d'un tel document; il plaide pour
son camp et pour ses hommes, voilà la vérité; il ne
s'agit que médiocrement ici de principes; il s'agit
de vues intéressées et personnelles, que l'on recouvre habilement d'apparences généreuses et patrio-
tiques. Voilà ce que, en dehors de sa tâche quoti-

dienne de publicité, est encore un journal de nos
jours. Il l'est aujourd'hui plus qu'à nulle autre
époque antérieure. Aux États-Unis d'Amérique, en
temps de période électorale particulièrement, la
réclame politique atteint les plus hauts sommets
du puffisme, et l'on y use de tous les moyens pour
arriver à ses fins et tromper le lecteur. S'il n'en est
pas encore ainsi en Europe, il est vrai pourtant
qu'on n'est pas loin d'y adopter ce principe qu'un
journal est entre les mains de ses patrons un instrument nécessaire et à leur service dans la lutte pour
la vie, et qu'ils peuvent en user sans scrupule pour
leurs intérêts ou les intérêts de leurs amis [1].

Dans ces conditions, en matière politique, notamment, bien naïf est le lecteur qui accepte sans contrôle toutes les raisons de son journal. Est-ce un
journal d'opposition ? Toutes les mesures prises,
toutes les lois proposées par le gouvernement,
seront trouvées mauvaises, ineptes, dangereuses,
et cela sans distinction aucune. Est-ce un journal
ministériel ? Tout ce que décideront les hommes
au pouvoir sera parfait, indispensable, et conforme
à l'intérêt général. C'est là, de part et d'autre, une
tactique bien connue et un parti-pris qui tendent évidemment à égarer trop souvent l'esprit du
lecteur. C'est donc ici le cas d'ajouter un nouvel
article au manuel pour les lecteurs de journaux

1. Un écrivain anglais, Hamilton Aidé, dit qu'en règle générale
aux États-Unis « la presse est absolument indifférente à la vérité et
au mensonge ; c'est de la copie, voilà tout ».

dont il est parlé plus haut : « Lorsqu'un journal politique a soutenu une opinion qui lui est chère, représentez-vous en général qu'il mérite tout juste autant de confiance que les réclames du marchand d'encre ou de plumes avec lesquelles l'écrivain a rempli sa page. » Après tout, il y a de la bonne encre et de bonnes plumes; c'est à vous de vérifier.

En somme, il faut prendre le journal avec son caractère d'enseignement au jour le jour, dont il ne peut se dépouiller, ou bien de moniteur de circonstance, impressionnable comme l'opinion des masses qu'il suit au moins autant qu'il dirige, et qui ne reflète en général qu'une vérité relative. Malgré quelques embûches où l'on est exposé à tomber par cette lecture, si votre journal est un journal bien fait, bien informé, honnêtement inspiré, il compense ces petits inconvénients — que l'on peut, d'ailleurs, éviter avec quelque expérience — par les réels services de sa publicité, par des conseils pratiques salutaires, et enfin par une représentation des hommes et des choses, du passé ou du présent, qui ne doit être indifférente ni stérile pour personne. Le journal est ainsi devenu le vrai véhicule des idées à notre époque ; et voilà pourquoi on écrit aujourd'hui dans les journaux et on ne lit que peu de livres. Et puisqu'il est l'unique lecture de la plupart des gens de nos jours, l'on ne peut assez veiller à ce que l'esprit de vérité et de justice l'emporte dans un journal sur l'esprit de mensonge et de boutique, afin que l'opinion

publique ne finisse pas un jour par y reconnaître
un guide trompeur et dont il faut se défier.

***

Voici, comme appendice, quelques citations à
faire à propos de journaux :

Il y a quelques années, dans la *Revue des Deux
Mondes*, et sous la signature de M. J. Bourdeau,
on lisait ces lignes sur la presse en France et ailleurs : « Le journal, la revue, semblent faire tort
au livre. La presse passe en chaque pays pour le
miroir de l'esprit national, du goût et de l'opinion.
En France les meilleurs journaux recrutent leurs
écrivains parmi les élèves les plus distingués de
l'université, jeunes gens qui ont brillé dans les
concours, à l'école normale, munis d'une science très
complète, mais surtout théorique, et d'une culture
très littéraire. Sauf les exceptions de quelques
grands journaux, cette presse, selon MM. Brownell
et Hamerton, se montre moins soucieuse de surveiller la puissance de l'État, comme en Angleterre,
ou d'instruire le public des choses étrangères,
comme la presse allemande, que de sacrifier à
l'esprit et à la mode, ces deux idoles de la grande
ville. La littérature, le théâtre y tiennent une
place considérable. Il s'agit de ne jamais ennuyer,
d'être piquant et varié, de fixer l'attention d'un
public distrait et blasé. Le reportage y est moins
puéril qu'en Amérique, mais la presse française

souffre d'une hypertrophie d'esprit. Elle est pour le
goût parisien une absinthe qui excite et corrompt.
Puissante et libre comme elle est, fait-elle toujours
le meilleur usage de sa puissance et de sa liberté ?
La presse participe en France au gouvernement de
l'opinion, qui n'est nulle part synonyme de liberté,
de justice et de droit, opinion excitable, impressionnable, sur laquelle pèse la responsabilité des
révolutions et des désastres. Peut-on dire qu'elle
représente l'esprit public ? Pas plus que les dix
mille politiciens, députés, journalistes, professeurs,
avocats, dilettantes de la science de l'État, qui
forment les majorités oppressives et les minorités
violentes, et ébranlent l'air de leur éloquence et de
leurs querelles, ne représentent la nation. »

***

De l'*Indépendance Belge* sur le journal anglais.
— « Le journal industriel — en Angleterre —
vise à faire la fortune de ses créateurs bien plutôt
qu'à répandre des idées, à défendre telle ou telle
foi politique, à régaler les intelligences de littérature ; journal à nouvelles, journal télégraphique,
téléphonique, électrique, épileptique, voué à l'enre-
gistrement instantané de tous les faits de la journée, de l'heure même où le lecteur feuillette sa
gazette. »

***

« La presse est cette puissance extraordinaire, si étrangement mélangée de biens et de maux, que sans elle la liberté ne saurait vivre, et qu'avec elle l'ordre peut à peine se maintenir. »

(De Tocqueville.)

VIII

DE QUELQUES OPINIONS SUR L'ESTHÉTIQUE LITTÉRAIRE
DU JOUR

« Le style, c'est l'homme, » a-t-on dit. Ne peut-on aussi trouver dans la forme littéraire du jour un reflet du caractère de l'époque ? Nous voulons ici nous occuper particulièrement de la France, qui, depuis trois siècles, a tenu une si grande place dans la littérature des peuples.

La France est surtout une nation littéraire. Bien écrire, pour l'homme de lettres, en France, voilà l'important. « La première question qu'un Français est tenté de se poser à propos d'un ouvrage, écrivait un jour un publiciste allemand, M. Hillebrand, est la suivante : Comment est écrit ? Ces autres questions : Comment est-il pensé ? Comment est-il senti ? ne viennent qu'en second lieu [1]. »

L'écrivain français — le plus français de race — improvise plus qu'il ne compose ; car son esprit

[1]. V. Hugo n'a-t-il pas dit : « L'avenir n'appartient qu'aux hommes de style ? »

est tout en verve, et nulle part ailleurs le talent
n'est plus naturel, plus instinctif ; la légèreté est un
don charmant de sa nature ; il est ingénieux plus
qu'original ; à lui la finesse des aperçus, la délicatesse des sentiments, l'art de bien dire, le goût, la
grâce, l'abondance, le mouvement. Mais quelque
vide sous cette forme légère, et plus de mots que
d'idées. Ce qui chez d'autres est composé et médité
paraît lourd et pesant au goût français. Sainte-
Beuve, après avoir énuméré tous les savants et auteurs distingués qu'a produits Genève, fait remarquer qu' « une certaine légèreté d'agrément, qui
est, à proprement parler, l'honneur poétique et
littéraire, manque à la culture Genevoise » ; et il
ajoute que la raison en est l'effort qui se sent et
gêne l'écrivain dans ses allures. Sénebier, un Gene-
vois, y voit une autre raison, et attribue le manque
de légèreté d'agrément aperçu par Sainte-Beuve
à la gravité et à la réflexion qu'inspirent les sentiments et les institutions démocratiques, et qui, chez
l'écrivain, peuvent contribuer à alourdir le style,
parce qu'il creuse davantage sa pensée.

Cette légèreté d'agrément, ce style aimable et
coulant de source, naturel à l'écrivain français, n'a
pas toujours suffi à ceux de notre temps. « L'ambition de créer égale dans l'écrivain le besoin de
variété qui tourmente et séduit le vulgaire des hommes, » a dit Villemain. Ce besoin d'innover a surtout agi de nos jours en France sur la forme littéraire, c'est-à-dire sur le style. Lorsque le fond a

manqué, il n'y a plus eu que la forme, et l'on s'y est
attaché parfois avec bonheur, parfois aux dépens
du goût et du naturel : que d'art, que d'artifice, que
d'imagination ! c'est le style à la mode; n'y a-t-il
donc pas une mode du jour en littérature comme
pour les vêtements ?

Qu'est-ce que bien écrire aux yeux des stylistes
à la mode du jour? Écoutons les critiques sur cette
question. C'est la forme imagée et métaphorique
mise en vogue par les poètes de l'école de Victor
Hugo, il y a quelque cinquante ou soixante ans.
Depuis Hugo, selon Sainte-Beuve, on n'apprécie
plus guère en France que ce qu'on appelle *l'imagination dans le style*. « Cette expression « avoir
du style », dit M. Paul Bourget, se trouve aujour
d'hui synonyme de cette autre *écrire avec pittoresque.* » Mais cela est beaucoup : vous prenez un
sujet quelconque; le fond en est banal ou faux;
mais vous travaillez votre style, et vous avez quelque chance de faire des trouvailles de forme; dès
ce moment, vous êtes apprécié comme écrivain, ne
fussiez-vous même qu'un artiste [1]. »

Sainte-Beuve écrivait il y a déjà plus de quarante
ans : « L'atticisme, c'est-à-dire le pur langage français, reposé, coulant de source, et jaillissant des
lèvres, avant toute coloration factice, est-il donc
fini à jamais et doit-il être rejeté en arrière parmi
les antiquités abolies qu'on ne reverra plus? Il est

[1]. Zola dit de Théophile Gautier : « Son continuel effort a été de
réduire la pensée écrite à la matérialisation de la forme peinte. »

certainement très compromis, et c'est un mot et
une chose qui n'a plus guère de sens aujourd'hui,
ni d'application. » Le même, préoccupé de la
même idée, écrivait encore : « On nous a gâtés en
fait de descriptions ; la littérature a fait concurrence
à la peinture et s'est piquée de l'égaler ou de
l'éclipser. » Que dirait-il aujourd'hui? Rien d'insupportable comme ces longues pages descriptives,
dans le style si travaillé ou si artificiel du jour, qui
cherchent à lutter par la plume avec la palette du
peintre, qui s'allongent, se répètent, se plaisent à
photographier les objets, ou s'efforcent d'éblouir le
lecteur par leur coloris, sans rien soupçonner de la
lassitude qu'elles lui imposent. Ces conteurs ne content pas, ils peignent ; ces poètes-là n'intéressent ni
l'esprit, ni le sentiment, ils n'écrivent que pour les
yeux.

C'est là l'abus. Gœthe appelle cela '« faire [la
chasse aux mots ». Sans doute, les recherches 'de
style, si non la chasse aux mots, sont, en certaine
mesure, du ressort'du littérateur. M. Paul Bourget,
en parlant de Flaubert, fait observer que toute sa
doctrine sur le style est renfermée dans cette formule de Buffon, qui faisait son admiration : « Toutes les beautés intellectuelles qui se trouvent dans
un beau style, tous les rapports dont il est composé, sont autant de vérités aussi utiles, et peut-
être plus précieuses pour l'esprit public 'que celles
qui peuvent faire le fond du sujet. » Et M. Bourget ajoute : « Cela revient à dire que la distinction

usuelle entre le fond et la forme est une erreur
d'analyse. » Voilà le système; entre un tel principe et l'idée que le style est tout et emporte le
fond, il n'y a qu'un pas; la littérature, expression
purement superficielle, rentrerait ainsi dans la
classe des beaux-arts; mais on a toujours cru pourtant, que, comme la poésie et la philosophie, elle
touchait de plus près au sentiment et à la pensée.

Taine, dans ses *Essais de critique*, a vivement
qualifié la littérature formelle de notre temps :
« Aujourd'hui, dit-il, tout écrivain est pédant et
tout style est obscur. Chacun a lu trois ou quatre
siècles de trois ou quatre littératures. La philosophie, la science, l'art, la critique nous ont surchar-
gés de leurs découvertes ou de leur jargon. L'esprit,
en attendant, s'est encombré et troublé. Nous sommes
devenus économistes, mathématiciens, dilettanti,
Anglais, Allemands, et nous avons cessé d'être
écrivains français. Bien plus et bien pis, par besoin de nouveauté et par affinement d'intelligence,
nous avons recherché les nuances imperceptibles,
les images extraordinaires, les paradoxes de style,
les accouplements d'expressions, les tours inatten-
dus; nous avons voulu être piquants et nouveaux,
nous avons écrit pour réveiller la curiosité lassée,
nous avons sacrifié le naturel et la justesse, pour
surmonter l'inattention et l'ennui [1]. »

---

1. M. Taine, qui a assez souvent lui-même sacrifié à ce goût du
jour, écrit ceci quelque part : « Toute métaphore est une secousse;
quiconque, involontairement, et naturellement, transforme une idée
sèche en une image, a le feu au cerveau; les vraies métaphores

Sainte-Beuve, auquel il faut toujours recourir quand il s'agit de la littérature française au dix-neuvième siècle, lui qui s'était aussi complu dans les choses de ce goût nouveau, et qui en était revenu, écrivait plus tard : « J'avais une manière ; je m'étais fait à écrire dans un certain tour, à caresser et à raffiner ma pensée ; je m'y complaisais. La nécessité, cette grande muse, m'a forcé brusquement d'en changer ; cette nécessité qui, dans les grands moments, fait que le muet parle et que le bègue articule, m'a forcé d'en venir à une expression nette, claire, rapide, de parler à tout le monde et la langue de tout le monde . Je l'en remercie. »

Cette recherche de la forme est plus naturelle et mieux à sa place chez les auteurs qui écrivent en vers que chez ceux qui écrivent en prose. Le vers se prête admirablement à ce goût tout conventionnel du jour, car il est lui-même une langue toute conventionnelle. Partout en général où l'on a à discourir, à parler raison, à faire agir des personnages, la prose, semble-t-il, est le seul langage qui convienne à notre âge. A considérer froidement les choses, et sans se laisser influencer par la tradition classique, qui nous a laissé des chefs-d'œuvre, on pourrait dire qu'écrire en vers c'est comme si, au lieu de marcher, l'on se mettait à danser.

Mais si exprimer en vers ce que la prose sait le

sont des apparitions enflammées qui rassemblent tout un tableau sous un éclair. » C'est très bien, seulement il y a aujourd'hui trop de Tartarins de lettres qui s'imaginent avoir le feu au cerveau ; le fait est qu'ils ne brûlent pas du tout.

mieux faire et le plus naturellement, doit paraître
comme un jeu trop artificiel qui n'est plus guère de
notre âge et que les chefs-d'œuvre du théâtre classique peuvent seuls justifier de nos jours, il en est
tout autrement dans quelques genres réservés, et
particulièrement dans le genre lyrique, où le vers
est là bien à sa place. Versifier c'est chanter. Ici le
poète, sous l'impression des circonstances diverses
qui le ravissent ou l'accablent, cède au sentiment
tout intime qui agite son cœur et remplit son âme ;
c'est de son cœur, c'est de son âme que sortent les
accents inspirés auxquels la musique de ses vers
convient si bien, et qui est un charme pour l'oreille
et l'imagination ; tout s'harmonise ici avec la rime,
le rythme, et la mesure, et de cet ensemble harmonieux et cadencé, qui répond à l'idéal du chanteur,
résulte le ravissement de ceux qui écoutent ; l'on dit
toujours ici tout ce que l'on veut dire et de la façon
où l'on peut le mieux le dire.

Pour produire cet effet si flatteur à la fois pour
les sens et l'esprit, il suffit de *sentir*, c'est-à-dire,
d'être poète, et non simplement rimeur; il suffit
d'être naturel et vrai dans son inspiration, sans
rien ajouter inutilement à la difficulté du procédé,
et, comme par un pur caprice, se proposer des problèmes insolubles et puérils. Voilà pourtant jusqu'où l'on est allé de nos jours ; toujours les
mots ; ayez *la rime riche*, et ne soyez pas même
poète, et il vous sera beaucoup pardonné [1]. Telles

1. Théophile Gautier, dans une notice sur le poète Baudelaire, a

rimes que les classiques d'autrefois, ou, après eux, les Lamartine et les Musset, ont trouvées suffisantes sont rejetées avec dédain par l'école moderne. « A se régler sur une pratique ayant cours aujourd'hui, écrivait naguère un auteur contemporain, M. Blaze de Bury, bien rimer serait l'art suprême ; que dis-je? Bien rimer ne suffit plus ; il faut mieux, le tour de force, l'impossible... C'est un pur casse-cou chinois ; on jongle avec les assonances. »

« Les vers doivent être faits tellement, disait Voltaire, que le lecteur ne s'aperçoive pas qu'on a été occupé par la rime. » Et l'on connaît l'opinion de Boileau :

Que toujours le bon sens s'accorde avec la rime ;
L'un l'autre vainement ils semblent se haïr ;
La rime est une esclave et ne doit qu'obéir.

Mais, de nos jours, on a trouvé cela trop vieux ; et l'on s'y est si peu conformé chez certains poètes qu'on voit la rime elle-même dicter la pensée. « C'est l'assonance qui le mène à l'idée, » disait encore M. Blaze de Bury, en parlant de V. Hugo lui-même. Et, à ce propos, l'on peut faire cette remarque assez étrange qu'il existe des écrivains médio-

---

fixé dans le temps les règles du nouvel art poétique : on peut les résumer ainsi : « Rime riche, mobilité facultative de la césure, rejet et enjambement. — Ainsi, moyennant la rime riche, on peut désorganiser le vers en supprimant la mesure qui empêche de le confondre avec la prose ; et, sous prétexte de plus de souplesse, on abolit tout simplement ainsi la forme versifiée avec la cadence qui lui est propre.

cres qui s'en tirent mieux en vers qu'en prose, parce que la chasse à la rime leur donne des idées
ou leur fait une originalité qui leur manqueraient
sans cela. Mais, sans doute, personne ne prétendra
que cet expédient puisse suppléer à l'inspiration.

Ce qu'il semble résulter de tout cela — et voilà
où nous voulions en venir — c'est que, de notre
temps, en littérature comme ailleurs, on se préoccupe moins du vrai et du beau selon la nature des
choses que de ce qui brille ou flatte les sens et
l'imagination, moins d'idées que de mots, moins
de fond que de forme ; et cette forme on la veut
riche et ornée, on la veut nouvelle surtout, comme
si l'originalité pouvait remplacer la vérité [1]. « Pour
être elle-même, d'ailleurs, comme disait dernièrement un critique à propos de peinture, pour être
elle-même, l'originalité doit être non voulue, mais
subie. » Et il en est de même en littérature : l'originalité doit être un don de nature et d'esprit ; mais
l'une des maladies de notre temps a été d'en faire
un objet de recherche, et l'on est arrivé un jour aux
bizarreries des décadents, c'est-à-dire à quelque
chose qui n'est rien moins que de l'art ou de la littérature.

La rhétorique classique de nos pères était autrefois l'unique ressource de têtes vides d'idées. Aujourd'hui, l'on peut dire que la littérature qui n'a
pour idéal que la forme n'est guère qu'un anachro-

---

1. Cette école a fait des prosélytes ailleurs qu'en France ; en Belgique, nos jeunes littérateurs en sont presque tous.

nisme ; la forme, loin d'être toute la littérature,
comme on l'a cru autrefois, et même comme quelques-uns le croient encore, ne puise toute sa valeur
que dans l'idée ou la pensée qu'elle revêt et qu'elle
est appelée à faire valoir ; sinon, l'art qui n'a en
vue que l'éclat ou la nouveauté de la forme, et
rien que cela, rien souvent qu'un pur exercice de
style et de mots, cet art-là est moins littéraire que
plastique ou décoratif, et convient peut-être à une
époque de matérialisme ou de snobisme. On doit
rappeler ici une dernière opinion d'un auteur contemporain, soit qu'on la partage ou non : « Toute
littérature qui n'a pas en vue la perfectibilité, la
moralité, l'idéal, l'utile, en un mot, dit A. Dumas
fils, est une littérature rachitique et malsaine. » Si
l'on peut appeler de ce jugement absolu, c'est au
littérateur vraiment digne de son époque à lui
rendre son vrai sens, en relevant, par une part de
fantaisie et de pittoresque, l'idée morale et utile
qui, avant tout, doit rester le fond et l'intérêt de
ses créations.

***

Flaubert, par Guy de Maupassant... « Il se
mettait à écrire, lentement, s'arrêtant sans cesse,
recommençant, raturant, surchargeant, emplis-
sant les marches, traçant des mots en travers,
noircissant vingt pages pour en achever une, et

sous l'effort pénible de sa pensée, geignant comme
un scieur de long.

« Quelquefois, jetant dans un grand plat d'étain
oriental rempli de plumes d'oie la plume qu'il
tenait à la main, il prenait sa feuille de papier,
l'élevant à la hauteur du regard, et, s'appuyant
sur un coude, déclamait d'une voix mordante et
haute. Il écoutait le rythme de sa prose, s'arrêtait
comme pour saisir une sonorité fuyante, combi-
nait les tons, éloignant les assonances, disposait
les virgules avec science, comme les haltes le long
d'un chemin...

« De ce formidable labeur naissait pour lui un
extrême respect pour la littérature et pour la
phrase : du moment qu'il avait construit une
phrase avec tant de peine et de torture, il n'admet-
tait pas qu'on en pût changer un mot. Lorsqu'il
lut à ses amis le conte intitulé *Un cœur simple*, on
lui fit quelques remarques et quelques critiques
sur un passage de dix lignes dans lequel la vieille
fille finit par confondre son perroquet et le Saint-
Esprit. L'idée paraissait subtile pour un esprit de
paysanne. Flaubert écouta, réfléchit, reconnut que
l'observation était juste. Mais une angoisse le sai-
sit : « Vous avez raison, dit-il, seulement il faudrait
changer une phrase. » Le soir il se mit à la beso-
gne ; il passa la nuit pour modifier dix mots,
noircit et ratura vingt feuilles de papier et, pour
finir, ne changea rien, n'ayant pu construire une
autre phrase dont l'harmonie lui parut satisfaisante

« Au commencement du même conte, le dernier
mot d'un alinéa servant de sujet au suivant pouvait donner lieu à une amphibologie, il le reconnut, s'efforça d'en modifier le sens, ne parvint pas
à retrouver la sonorité qu'il voulait, et, découragé,
s'écria : « Tant pis pour le sens, le rythme avant
tout. » (Extrait de la *Revue politique et littéraire*
de janvier 1884.) — Pur matérialisme de lettres,
des mots, des mots! Il ne suffit pas d'être des
créateurs, comme Balzac, ou des poètes tout inspirés, comme Lamartine et Musset ; il faut encore
être des artistes... Et Flaubert déclare quelque
part que Musset n'est pas un artiste !

L'on peut diviser les hommes de lettres en deux
classes : ceux qui ont des idées et ceux qui n'ont à
leur service que des mots et des formes. Sous l'œuvre des premiers il y a des êtres vivants, mais parfois assez pauvrement vêtus. Quant aux seconds,
ce sont des artistes qui revêtent de couleurs bril-
lantes de purs mannequins; et pourtant, c'est devant ceux-ci que le goût nouveau arrête aujourd'hui
tant de gens que les autres intéressent si peu !

IX

TRADITIONS SCOLAIRES ET LANGUES MORTES

Voici les opinions de quelques penseurs du dix-huitième siècle sur l'enseignement arriéré des écoles en France et ailleurs. Il y a plus de cent ans que tout cela a été écrit. Eh bien ! si l'enseignement moderne s'est modifié en tenant compte d'une partie des reproches qu'on lui faisait déjà à cette époque, n'y a-t-il pas encore là néanmoins des observations applicables à notre temps, et a-t-on fait tout ce qu'il importait de faire, notamment quant à l'enseignement des langues mortes ? On va en juger.

De Diderot, à propos de l'enseignement dans les collèges :

« C'est là qu'on enseigne encore aujourd'hui, sous le nom de belles-lettres, deux langues mortes qui ne sont utiles qu'à un très petit nombre de citoyens : c'est là qu'on les étudie pendant six ou sept ans sans les comprendre ; que, sous le nom de rhétorique, on enseigne l'art de parler avant que d'avoir des idées ; que, sous le nom de logique, on se remplit la tête des subtilités d'Aristote et de sa sublime et très inutile théorie du syllogisme, et qu'on délaie en cent pages obscures ce qu'on pourrait exposer clairement en quatre. »

Et du même, à propos de l'école de droit : « Notre faculté de droit est misérable ; on n'y dit pas un mot de droit français ; pas plus du droit des gens que s'il n'y en avait point ; rien de notre Code civil et criminel ; rien de notre procédure, rien de nos lois, rien des constitutions de l'Etat, rien du droit des souverains, rien de celui des sujets ; rien de la liberté, rien de la propriété... De quoi s'occupe-t-on donc ? On s'occupe du droit romain dans toutes ses branches ; la faculté de droit n'habite plus un vieux bâtiment gothique, mais elle parle Goth sous les superbes arcades de l'édifice qu'on lui a élevé. »

Et de d'Alembert, dans l'*Encylopédie*, à propos des humanités : « C'est ainsi qu'on appelle le temps que l'on emploie dans les collèges à s'instruire de la langue latine. On y joint vers la fin quelque connaissance du grec. On y apprend à expliquer tant bien que mal les auteurs anciens les plus faciles, puis à composer tant bien que mal en latin. Et c'est tout. »

Et du même, sur la rhétorique : « Etendre une pensée, allonger des périodes, faire des amplifications, presque toujours en latin, et s'habituer ainsi à noyer dans deux feuilles de verbiage ce qu'on pourrait dire en dix lignes, voilà tout le fruit qui peut être retiré de cette classe. »

D'après La Chalotais encore, l'enseignement se ressent partout de la barbarie des siècles passés, où l'on ne faisait étudier que ceux qui se destinaient à la cléricature. Il se réduit encore à l'étude de la langue latine..... La jeunesse est intéressée à oublier, en entrant dans le monde, presque tout ce que ses prétendus instituteurs lui ont appris. »

« Il semblerait, dit Guyton de Morveau, qu'à la manière dont on élève les enfants l'éducation des collèges n'ait d'autre méthode que celle qui conduit à faire des prêtres et des théologiens. Le grec et le latin, une réthorique qui n'est propre qu'à dépraver le goût et à rendre l'esprit faux, un cours de philosophie où, dans l'espace de deux années, on n'apprend que des choses sèches et rebutantes, voilà à quoi se réduit cette méthode. »

« Je ne crains pas d'avancer, dit à son tour le président Rolland, que, dans les collèges, le plus grand nombre des jeunes gens perdent le temps qu'ils y passent, les uns pour avoir appris ce qu'il leur était inutile et quelquefois nuisible de savoir, les autres pour n'avoir pas été instruits de ce qu'il leur aurait été essentiel d'apprendre. »

Ce sont là les opinions de ces philosophes qui préparaient pour leur pays, et un peu pour tous les pays, la grande révolution du siècle, révolution qui sans doute n'a pas été ici aussi grande qu'ailleurs. Ils voyaient surtout, ceux-là, dans l'ensei-

gnement du latin, dominer la convenance exclusive
de l'Eglise, cela résulte assez de ces extraits. Voici
d'autre part, sous la forme humouristique d'un
apologue, l'opinion d'un étranger, le célèbre
Franklin : « Il y a dans l'humanité un inexplica-
ble préjugé en faveur des anciennes coutumes et
habitudes, qui dispose à les continuer même après
que les circonstances qui les avaient rendues utiles
ont cessé d'exister. J'en pourrais citer mille exemples, mais un seul me suffira. Il y eut un temps
où l'on pensait que les chapeaux étaient une partie
utile du costume ; ils tenaient chaud la tête et protégeaient contre les rayons du soleil, contre la pluie,
la neige, la grêle. Quoique, pour le dire en passant,
ce ne soit pas le plus ancien usage ; car, parmi les
restes sans nombre de l'antiquité, bustes, statues,
bas-reliefs, médailles, on ne voit jamais que la
figure humaine soit représentée avec un chapeau
ni rien qui y ressemble, à moins que ce ne soit une
tête de soldat, laquelle alors porte un casque; et
ce n'est point évidemment comme faisant partie du
costume ordinaire, mais comme protection contre
les chocs du combat. Quoi qu'il en soit, nous ne
savons pas à quelle époque les chapeaux furent
pour la première fois introduits ; mais dans le dernier siècle ils étaient généralement en usage dans
toute l'Europe. Peu à peu, cependant, à mesure que
la mode des perruques et celle des coiffures élé-
gantes prévalut, les gens comme il faut perdirent
l'habitude de mettre leur chapeau, pour ne point

déranger l'édifice artificiel ou la poudre de leur
chevelure [1] ; les parapluies commencèrent à faire
l'office du chapeau. Cependant, on a continué à
considérer celui-ci comme une part si essentielle
de la toilette qu'un homme du monde n'est point
sensé habillé sans en avoir un ou quelque chose
d'approchant, qu'il porte sous le bras ; si bien qu'il
y a quantité de gens polis, dans toutes les cours et
capitales d'Europe, qui n'ont jamais, eux ni leurs
pères, porté un chapeau autrement que *sous le bras*
quoique l'utilité d'une telle mode ne soit nullement
évidente, et que ce soit même gênant.

« Or, la coutume qui prévaut d'avoir des écoles,
où, de nos jours, on enseigne indistinctement à
tous les enfants les langues grecque et latine, je
ne le considère pas sous un autre point de vue que
comme le *chapeau sous le bras* de la moderne littérature. »

Telle était donc l'opinion assez générale déjà au
dix-huitième siècle. Depuis, elle est restée celle de
plusieurs bons esprits, peu révolutionnaires, en
dehors des écoles où l'on enseigne toujours le grec
et le latin.

Cet amour classique, héritage de nos pères, a
peut-être encore ses fanatiques. Et pourtant il y a
eu de tout temps des sceptiques. Montaigne disait
déjà il y a plus de trois cents ans : « C'est un bel
et grand adjencement, sans doubte, que le grec et

----

1. Il en était ainsi en France au XVIIIe siècle, lorsque ceci fut
écrit.

le latin, mais on l'achète trop cher. » Et le prince
de Ligne : « Il est plaisant de voir, en France, des
querelles sur les anciens, qui, surtout en poésie, n'y
sont point entendus. » « Nous admirons sur parole
les Grecs et les Romains... Quand le mérite d'un
auteur consiste spécialement dans la diction, un
étranger ne comprendra jamais bien ce mérite ; »
c'est de la plume de Chateaubriand que sont sorties
ces dernières lignes. Et si le mérite, doit-on ajouter,
se rencontre, au contraire, dans la pensée et le sentiment, et non dans la diction, pourquoi la simple
traduction ne suffirait-elle pas ? Pour une notion,
pour un principe, pour un raisonnement, pour une
idée, qu'importe la langue ? Pourquoi le droit
romain en latin et Hippocrate en grec ? Oh ! enfan-
tillage des mots ! Frédéric II, roi de Prusse, ne
savait pas le latin — ni Louis XIV, paraît-il — et,
malgré cela, de l'avis de tous ceux qui l'ont le
mieux connu, il s'était pénétré de l'esprit des anciens rien qu'à l'aide des traductions françaises.

George Sand fait remarquer que les femmes
de vingt à trente ans, qui ont reçu un peu d'éducation, « écrivent le français mieux que les hommes, »
ce qui, selon elle, tient à ce qu'elles n'ont pas perdu
huit à dix ans à apprendre les langues mortes.

Et à propos des anciens, de leurs langues et de
leurs œuvres, faisons encore observer que nos pères
en étaient souvent bien moins idolâtres qu'on ne
croit, et que nous-mêmes, enfants du dix-neuvième
siècle. Croirait-on que Voltaire préférait à l'*Iliade*

d'Homère *la Jérusalem délivrée* du Tasse ? « Que chaque lecteur se demande à lui-même, dit-il en parlant de l'*Iliade*, ce qu'il penserait s'il lisait pour la première fois ce poème et celui du Tasse, en ignorant les noms des auteurs et les temps où ces ouvrages ont été composés, en ne prenant enfin pour juge que son plaisir : pourrait-il ne pas donner en tout la préférence au Tasse ? Ne trouverait-il pas dans l'italien plus de conduite, d'intérêt, de variété, de justesse, de grâce, et de cette mollesse que relève le sublime ? Encore quelques siècles, et on n'en fera peut-être pas de comparaison. »

Certes, jusqu'à cette heure, la prédiction de Voltaire, bon juge en fait de goût pourtant, ne s'est pas réalisée ; on ne lit plus *la Jérusalem délivrée* — et pour de bonnes raisons — et on lit encore l'*Iliade* dont la poésie dégage ce parfum des âges antiques qui a son charme pour quelques-uns. Mais on peut prévoir le temps où Homère comme le Tasse laisseront le monde tout à fait indifférent, et où leurs œuvres ne seront considérées et vénérées que comme de simples documents historiques.

J.-J. Rousseau écrivait à d'Alembert à propos des anciens : « Le goût général ayant changé, si leurs chefs-d'œuvre étaient encore à paraître, ils tomberaient infailliblement. » On les respecte encore comme des ancêtres illustres et par habitude on les admire sans distinction ; mais les traditions ont beaucoup perdu de leur pouvoir de nos jours ; est-ce que Sainte-Beuve a pensé autrement que

Rousseau? « Tôt ou tard, je le crains, disait-il, les anciens, Homère en tête, perdront la bataille. »

Voilà donc des langues et des auteurs qui prennent encore aujourd'hui le meilleur temps de la jeunesse studieuse; dont néanmoins on ne se préoccupe plus ailleurs, et que l'on s'empresse d'oublier dès l'instant où l'on quitte les classes ; dont l'esprit et les inspirations ont, avec tout le fruit possible, passé dans les littératures modernes ; qui ont été l'objet d'un grand nombre de traductions que nous n'avons plus à refaire ; voilà des langues dont, au surplus, l'usage dans le train ordinaire des choses de notre âge nous est devenu complètement inutile ; et pourtant, nous continuons à voir d'autres études plus profitables à tous égards délaissées pour celles qui ne peuvent plus être considérées que comme *le chapeau sous le bras* de Franklin [1].

— « Mais doit-on donc tout mesurer au degré de l'utilité positive ? » demandera-t-on. Non, certes. On ne le fait déjà que trop de nos jours, nous en sommes d'accord. Mais encore faut-il qu'un enseignement porte des fruits appropriés à l'époque, dans l'ordre du vrai, du bien et du beau, comme de l'utile. Les vieilles traditions ou méthodes scolaires ne sont guère que formelles ; pure science de

---

1. Dans les conseils que donne Tolstoï comme règles du développement social, il dit, entre autres choses : « Trouvez-vous absurde d'enseigner à vos enfants, avant tout et par-dessus tout, les grammaires des langues mortes, ne le faites pas. »

mots, bien souvent. Ainsi encore de l'ancienne logique de nos pères, qui a fait dire autant de sottises
que l'ignorance elle-même, même sans s'aider du
grec et du latin. Le bon sens naturel n'est pas
syllogistique, au gré de l'art ; il est instinctif ou
intuitif ; aidé de l'étude et de l'expérience, il mène
seul à la vérité ; hors de là, il n'y a qu'artifice et
fausse science. Telle fut l'ancienne *scolastique*,
fille bâtarde d'Aristote, et en honneur dans l'Église
autrefois. Au moyen de cette vieille méthode, on
croyait naïvement pouvoir faire des savants de
tout le monde, et en quelque sorte mécaniquement.
La vérité est que la science sérieuse ne sera jamais
à la portée que des esprits d'élite habilement cultivés ; la science de mots de nos pères n'a jamais
redressé les esprits faux, au contraire ; pas plus
que toutes les poétiques du monde n'ont fait des
poètes, pas plus que le grec et le latin ne doivent
constituer le fond de l'enseignement français, allemand, ou anglais, dans les humanités de notre
époque.

« Oui ! les anciens nous ont légué des chefs-
d'œuvre dont les nôtres procèdent, écrivait naguère
un savant français [1] ; mais prétendre qu'avec nos
Grands écrivains modernes on ne saurait, même à
la fin du xixᵉ siècle, sans l'aide du latin et du grec,
exciter l'enthousiasme des jeunes gens et les initier
à la beauté littéraire, c'est là un véritable blas-
phème. »

1. M. Ch. Bigot. *Revue politique et littéraire.*

X

L'AGE FUTUR

S'il faut considérer chaque époque ou chaque
âge des peuples comme régi par un principe —
religieux, militaire, monarchique, aristocratique,
démocratique — on peut caractériser le principe
directeur de l'âge moderne par ces deux mots :
liberté et mouvement. Telle a été, en effet, la tendance des esprits durant le siècle qui finit. Les
peuples se sont de plus en plus débarrassés des
lisières qui les gênaient, ou les retenaient sous les
régimes antérieurs, et, en maintenant le *statu quo*,
ne protégeaient que les intérêts ou ne faisaient que
les affaires d'une minorité privilégiée.

Mais — vérité non moins établie par l'histoire —
chaque époque et chaque peuple tendent à aller
jusqu'aux conséquences dernières du principe qui
les guide; on va *jusqu'au bout*, si aucune circonstance extraordinaire n'intervient pour arrêter le
cours des choses.

Une telle tendance doit nécessairement aboutir
à des excès et à des abus, et le bout n'est souvent

ici qu'une mauvaise fin. Dans l'entraînement des choses et des gens, on s'aveugle sur les conséquences, et les yeux ne s'ouvrent que lorsqu'on commence à trouver intolérables ou du moins peu satisfaisants les progrès accomplis.

La société du dix-neuvième siècle, chez les peuples les plus avancés du continent européen, n'a pas manqué de tirer toutes ses conséquences du principe qui la constituait. En réaction avec les régimes antérieurs aux points de vue politiques et religieux, on y a fait une large part à la liberté, laquelle était chose nouvelle pour plusieurs, qui ont joui de ses bienfaits sans en soupçonner les pièges. De la lutte presque ininterrompue entre la liberté et l'autorité, et des révolutions multiples qui ont signalé ce siècle, quels qu'aient été ici les moteurs responsables, le pouvoir dirigeant est sorti fort affaibli chez beaucoup de nations. Les gouvernements, même les mieux intentionnés, n'y peuvent plus aujourd'hui tout le bien qu'ils voudraient, car, jouets d'une opinion capricieuse, ils manquent de stabilité. On les croit incompatibles avec le mouvement, cet autre facteur de notre époque, c'est l'individualisme qui finit par dominer [1]. Mais l'individualisme est tout le contraire des vues générales nécessaires au sommet d'une société bien ordonnée; ce sont bien souvent les

[1]. On devrait savoir que la conséquence dernière de l'individualisme, c'est l'anarchisme, qui a aujourd'hui ses représentants dans les bas-fonds de la société.

plus forts et les plus habiles qui seuls en profitent.
Et si l'idéal de ceux-ci est, avec le pouvoir, la
recherche de la fortune, du bien-être matériel, et
des plaisirs ou des satisfactions qui en sont la
suite, on a une société uniquement utilitaire et
matérialiste.

Or, c'est un peu le caractère de notre temps : la
fin du siècle a été plutôt utilitaire et matérialiste
qu'autre chose. Ce n'a pas toujours été un mal
toutefois ; car la société, par le travail, par la science
et ses conquêtes, s'est enrichie, et elle en a fait
profiter les classes inférieures, qui se sont ainsi
rendues capables d'autres progrès. L'on ne peut
nier que telle a été l'œuvre capitale et la plus méritoire du dix-neuvième siècle. De ce que le progrès
moral et intellectuel est surtout dans les voies de
la providence ou de la destinée humaine, ce n'est
pas à dire que l'homme doit négliger le progrès
matériel ; non, quand ce ne serait que par cette
seule considération que l'aisance aide l'homme à
développer ses instincts supérieurs. La misère, en
effet, abrutit les masses et les empêche de viser à
autre chose qu'à la satisfaction des besoins physiques du moment ; de telle sorte que le niveau du
misérable reste inférieur et plus rapproché de
celui de la bête, en d'autres termes, plus loin du
but final à atteindre. Ce n'est pas la richesse, on
l'a dit assez souvent, mais bien l'aisance, c'est-à-
dire l'affranchissement des misères de l'existence
résultant des besoins matériels non satisfaits, c'est

l'aisance et non la richesse qui est l'état digne de nos efforts; c'est là pour l'homme une préparation aux autres progrès à laquelle il ne peut se dérober, et les doctrines qui visent à étouffer les besoins de notre nature physique sont des exagérations qui vont souvent à l'encontre du but qu'on se propose. Il faut seulement que ces besoins trouvent leur limite obligée dans les goûts prédominants de notre nature morale et intellectuelle.

Or, cette limite a passé trop inaperçue des générations actuelles; dans notre siècle d'argent, ainsi qu'on l'appelle, siècle tout au moins de progrès surtout matériels, l'idéal — comme s'il était dit que la marche du progrès devait toujours rester boiteuse — l'idéal a baissé dans les classes enrichies et un peu partout. Et qu'est-ce que l'idéal? C'est la conception du bien le plus haut capable de satisfaire à nos aspirations les plus élevées. Or, nulle grande et véritable civilisation sans un idéal qui élève les cœurs et féconde les esprits.

Ainsi finit notre siècle avec plus de bien-être, grâce aux progrès de la science et de l'industrie, une morale et un art médiocres, et on peut dire aussi un zèle pour tous les droits et pour toutes les justices tel que les temps antérieurs en offrent peu d'exemples. Et pourtant cet âge de progrès et de liberté n'en a pas moins compté ses victimes parmi ceux qui auraient dû le bénir; et cela, parce que, dans l'œuvre agitée, mouvementée, et libre à laquelle il a donné lieu, les faibles, livrés à eux-

mêmes, ont trop souvent manqué de guide et de
protection. De là, le socialisme de nos jours a conclu à l'épuisement du principe de liberté, et à la
nécessité d'un régime nouveau qui aurait pour
base la réglementation générale. Serait-ce là le
principe du siècle où nous allons entrer ?

Il n'est pas impossible que durant le siècle futur
le socialisme ne joue un rôle à peu près équivalent
à celui de la liberté politique et économique pendant le siècle qui finit. Mais on peut être certain,
croyons-nous, que ce socialisme-là ne sera pas le
socialisme révolutionnaire ou collectiviste de Marx
et autres, avec ses rêves de bouleversement général des choses. Il sera cet autre socialisme pratique et gouvernemental, visant à régler avec plus de
justice les rapports entre les classes, et à protéger
plus efficacement les faibles contre les forts, et ceux
qui n'ont pas assez contre ceux qui ont trop. Il
n'aura pas pour devise le « laisser-faire et laisser-
passer » des Anglais, que se sont souvent approprié les radicaux et les économistes du continent.
Il sera une réaction contre les abus et les insou-
ciances du régime de liberté, comme celui-ci l'avait
été contre les abus de l'absolutisme et du forma-
lisme d'autrefois. Et s'il veut, comme tout principe
dirigeant est tenté de le faire, aller jusqu'au bout
de ses conséquences, s'il réclame la confiscation de
la liberté individuelle ou politique au nom du peuple ou d'un chef populaire qui s'impose, on verra
sans doute reprendre contre lui la lutte en faveur

des libertés nécessaires, jusqu'à ce que s'affermisse un régime définitif où l'élément libéral et l'élément gouvernemental d'ordre et de progrès se balancent entre eux au profit de tous.

Si ce jour n'est pas proche, si l'intelligence et l'expérience des choses doivent encore longtemps manquer aux peuples, aux gouvernants comme aux gouvernés, plus d'une raison fait croire qu'après un siècle d'épreuves, de tâtonnements et d'agitations, s'imposera une ère de réédification, sur un plan nouveau, de l'ordre moral et social. On aura toujours à compter avec les passions aveugles, sans doute ; mais on saura mieux les prévenir, et à la place de ce qui était on saura mieux aussi ce qu'il faut y mettre. Reconnaissance des préjugés modernes comme des préjugés anciens, affirmation des vérités universellement reconnues dans l'ordre du vrai, du bien et du beau, sentiment religieux plus général, tout à la fois indépendant et protecteur des religions positives, préoccupation plus efficace des droits et du bien de chacun, voilà sans doute les principes dont s'inspireront l'opinion publique et l'autorité restaurée. Il n'y a progrès possible que là où, à côté de la liberté nécessaire à toute société civilisée, existe une justice répressive, ferme et rigoureuse, contre ceux qui tentent d'en abuser au préjudice des autres ; c'est là une condition indispensable à la marche de toute civilisation, condition aussi indipensable que la liberté elle-même, et que le dix-neuvième siècle, faible et énervé par

certains de ses principes, a trop souvent mécon-
nue : la vraie liberté n'implique pas la tolérance du
mal.

On peut sans doute prévoir le cas où la jouissance des biens accumulés par une grande prospérité matérielle aboutirait à un état de corruption,
de sybaritisme ou d'énervement qui pèserait sur
les volontés jusqu'à les rendre incapables de tout
effort et les peuples mûrs pour la conquête comme
autrefois; c'est la crainte que l'on a quelquefois
formulée à propos de l'avenir qui nous attend.
Mais, malgré quelques apparences contraires, il
n'est pas à penser que la civilisation moderne, avec
ses légions de travailleurs, suivra jamais à cet
égard la trace des civilisations antiques ; cette corruption de mœurs, ce sybaritisme énervant, ne peut
tout au plus affecter que certaines classes, et le
peuple qui n'en est pas a plutôt le goût des mœurs
rudes et grossières. Il y a même une circonstance
de notre époque qui fait que le danger de l'avenir
est plutôt d'un tout autre côté : c'est l'esprit militaire, au moyen duquel les Etats se ruinent aujour-
d'hui par des armements incessants et tels qu'on
n'en a jamais vus. S'il est un obstacle au danger
de l'affaissement des caractères et des énergies, et
par cela même un bien, un tel état de choses pourrait aussi faire reculer pour longtemps la civilisation; il suffirait de certaines éventualités; ici, on
ne peut se le dissimuler, le siècle finit comme une
menace pour celui qui va commencer.

Quoi qu'il en soit, l'un des grands espoirs de
l'avenir est dans la restauration d'une autorité
bienfaisante à côté des libertés nécessaires, de telle
sorte que le monde soit un peu moins livré au
caprice des foules, ou aux entreprises des fous et
des malveillants. Ce ne sera pas l'œuvre d'un jour,
ni sans doute celle d'un seul peuple; mais c'est le
but final à atteindre et celui de toute vraie civilisation. L'homme et la société vont ainsi, par une
suite de revers et de relèvements, à l'accomplissement de leur destinée; avec un peu plus de
sagesse et de lumière à chaque étape, l'œuvre commune s'achève par les générations et les peuples
qui se succèdent et se relayent dans leur marche,
les uns achevant ce que les autres ont commencé.

**

L'attachement des peuples aux vieilles idées
empêche les jeunes erreurs de faire de trop grandes
folies; elles s'opposent à leur envahissement, fus-
sent-elles des erreurs elles-mêmes. Entre ces deux
camps, qui se tiennent en échec, les gouvernements
sages et habiles, qui opèrent en dehors de leurs
atteintes, ont quelque chance, en s'interposant, de
faire mieux, dans le sens et la poursuite du progrès
humain. Voilà pourquoi, de nos jours, ce qu'on
appelle le péril socialiste est moins à craindre qu'on
ne croit. On ne change pas ainsi, en un tour de
main, le régime et l'esprit d'une société séculaire;

et parmi les socialistes eux-mêmes, il y en a qui le savent bien. Quand l'un d'entre eux vous objectera : « Nous demandons le plus pour avoir le moins, » dites-vous que celui-là est un socialiste intelligent.

⁕

Dans les circonstances connues les plus menaçantes pour l'avenir et les progrès de la civilisation, il convient, les yeux fixés ici sur le présent, d'insister sur celles-ci : 1° la matérialisation des goûts, des mœurs et des esprits, qui ne laisse dans l'homme d'autre idéal plus élevé que le bien-être physique et l'éclat mondain. L'argent qui procure ce bien-être et satisfait à ces appétits, on l'a appelé avec raison le roi du jour ; ne viser qu'à faire une grosse fortune, ou la prodiguer en plaisirs qui dévorent les jours, comme on dévore l'espace en bicyclette ou en automobile, voilà ce que c'est que vivre au goût de beaucoup de gens de notre époque ; 2° les prodigalités qui, dans cette poussée à jouir, usent la richesse générale en dépenses improductives, et de telle sorte que les charges publiques grossissent partout de plus en plus ; 3° l'excès de population qui, dans certains centres, ajoute tous les jours aux difficultés de la vie par la concurrence qu'elle fait naître dans la lutte générale. « Il ne s'agit pas de naître, écrivait naguère un économiste français, MM. Block, mais de vivre,

et la place est limitée. » L'opinion de quelques
savants, de M. H. Spencer entre autres, est qu'à
mesure que l'homme approche du plus haut degré
de civilisation la faculté de reproduction baisse et
s'arrête ; et, s'il en est ainsi, on peut penser que
plus le progrès humain se fera, plus diminuera la
lutte pour l'existence qui résulte d'un excès de
population ; 4o la guerre et les armements ruineux :
on ne semble regretter aujourd'hui un ralentisse-
ment dans la population qu'en vue des armées et de
la domination par la force : plus on a de soldats à
exposer sur un champ de bataille, mieux, paraît-
il, cela vaut ; funèbre prévision ! L'Europe tient
aujourd'hui sous les armes quatre à cinq millions
de soldats, et dépense chaque année des milliards
pour ses armements et ses armées de terre et de
mer. En attendant qu'on s'en serve pour une
guerre rapprochée, on les utilise en s'appropriant
des territoires chez les nations lointaines, lorsqu'on y voit quelque intérêt commercial ou des tré-
sors à recueillir ; il est de ces cas que l'histoire ne
se gênera pas pour les appeler de purs briganda-
ges. Une guerre maritime de l'Europe continentale
contre ce qu'on appelle aujourd'hui l'impérialisme
des races anglo-saxonnes coalisées serait une
ruine pour les affaires générales ; et c'est peut-être
l'éventualité la plus menaçante pour l'avenir de la
civilisation ; 5o l'accumulation des richesses en
quelques mains, voilà un autre péril de l'époque.
De nos jours, si les milliardaires américains s'en-

tendaient pour former un trust colossal, ils pourraient ruiner le reste du monde ; 6° autant d'atouts dans le jeu du socialisme révolutionnaire et collectiviste, qui ne manquera pas de tirer parti de tous ces faits, si la sagesse et l'expérience des peuples ou des gouvernements ne s'appliquent à en arrêter les conséquences. S'il y a un bon socialisme, protecteur sincère et intelligent de la classe ouvrière et en général des déshérités de ce monde, et si ce socialisme se croit destiné à reprendre à l'avenir le rôle qui appartint à la bourgeoisie il y a un siècle contre les privilégiés de l'ancien régime, et à achever sa tâche conformément aux idées et aux lumières de notre époque, il échouera lui-même dans ses tentatives s'il ne parvient pas, par une instruction et une éducation appropriées, à réprimer chez ses protégés des tendances aveugles en opposition avec la force et la marche naturelle des choses, ou à chasser des mœurs abrutissantes et sauvages : au Nord, l'alcoolisme et ses excès, au Midi, le brigandage et l'anarchisme.

PAGES DÉTACHÉES

PAGES DÉTACHÉES

———

I

IMPRESSIONS ET NOTES SUR NOTRE TEMPS

Le travail et la vie active de nos jours. — La bonne fée qui préside à la naissance des humains et visite leur berceau ne saurait mieux contribuer à leur bonheur futur que par un don auquel on ne pense pas toujours, auquel même on ne pense guère, c'est celui de l'amour et du goût du travail. Le travail, en effet, est une condition nécessaire de toute société civilisée; un travail quelconque ou du corps ou de l'esprit, imposé ou volontaire ; c'est souvent une nécessité de situation, et c'est aussi une ressource contre le poids du temps ou les dé-périssements de l'ennui. Etes-vous né tel que mou-voir vos membres ou appliquer sérieusement votre esprit à quelque chose soit une peine pour vous, la nature de votre tempérament va-t-elle à la pa-resse et à l'apathie, même pour les plaisirs légiti-mes où il faut payer de sa personne? Dans quelle

infériorité ne vous trouverez-vous pas à l'égard
d'autres mieux doués que vous ! Une bonne éducation pourra sans doute réparer le mal en partie,
mais jamais entièrement ; l'être auquel la bonne
fée aura refusé l'amour du travail verra toujours
un sacrifice pénible et imposé dans une occupation
régulière qui sera, pour d'autres, une jouissance
en même temps qu'une ressource ; il fera plus
mal comme il fera plus péniblement. N'est-il dès
lors pas vrai de dire que le goût du travail est
l'un des dons qui importe le plus au bonheur de
l'homme ? Tandis qu'aux uns l'oisiveté est à charge,
on ne peut pas dire qu'elle soit pour les autres
une jouissance, mais plutôt une façon de se sentir
moins vivre.

***

La vie de nos jours est essentiellement active ;
à cet égard et à bien d'autres encore, elle est tout
autre qu'autrefois ; les changements dans les rapports sociaux, les progrès et les nécessités d'un
siècle industriel, le rapprochement des distances et
la facilité des communications, voilà surtout ce qui
a produit cette transformation. La vie tend à s'uni-
formiser d'un bout à l'autre du monde, et l'on devient un peu citoyen de partout, en fait ou en idées.
En général, l'existence de nos pères se passait en
famille ou dans la localité où ils étaient nés ; ils en
aimaient les usages et les traditions ; ainsi confinée,
la vie avait un caractère d'intimité, non dépourvue

de charme, que la nôtre a perdu. Avec cela, l'originalité des mœurs a disparu : la province aujour-
d'hui ressemble de plus en plus à la capitale, la
campagne à la ville. Partout, de nos jours, la vie
a plus d'ampleur, de mouvement, et tout ensemble
d'importance et de dissipation. A certains égards,
nos devanciers n'étaient peut-être pas les moins
heureux; ils trouvaient dans leur petit cercle, et au
milieu de mœurs plus simples, un contentement
intérieur qui, croyons-nous, nous manque davantage aujourd'hui. Mais, sous d'autres rapports, la
vie moderne offre bien des compensations : elle a
singulièrement agrandi la sphère des idées et ajouté
au bien-être matériel; elle est mieux ordonnée,
mieux entendue. Un moderne, en général, ne vit
pas plus satisfait de son sort qu'un ancien, mais
sa vie est plus complète et d'un ordre plus élevé.
Or, notre destinée, c'est surtout le progrès et le
développement de toutes nos facultés. Peut-être
un jour, plus expérimentés, ressaisirons-nous
quelque chose de ce qui nous échappe aujourd'hui
dans le grand courant qui nous entraîne, quelque
chose de la vie du cœur, de l'âme et de la nature.

***

Non, cette fièvre d'activité physique qui emporte
le monde moderne ne doit pas sans doute être considérée comme constituant un état définitif de la
société; ce serait trop en dehors des conditions de

la nature humaine; matériellement parlant, peu de
choses sont nécessaires à l'homme pour vivre; et
pourtant, esclave du travail et des affaires, poussé
par mille besoins qu'il se crée, il s'agite du matin
au soir dans des inquiétudes continuelles; et lorsqu'il a ainsi travaillé toute la vie, avide de biens
comme s'il ne devait jamais mourir, accumulant des
richesses dont il ne jouira pas, il s'éteint un jour
au milieu de projets nouveaux, il n'emporte rien, il
n'achève rien, il est bientôt oublié. Lorsqu'on songe
à cet étrange état de choses qui est un des aspects
de la civilisation moderne, un doute s'empare de
notre esprit, et nous nous demandons si l'homme
n'est pas ici dupe de lui-même; ô folie du travail!
est-on tenté de s'écrier.

Quoi qu'il en soit, partout où le levain du progrès agit sur la société, une force irrésistible
entraîne les hommes dans ce mouvement où ils se
complaisent et où ils se sentent vivre. Ils accom-
plissent donc, à leur insu, quelque dessein secret
de la providence : où l'individu croit travailler pour
lui-même, il travaille plutôt pour l'espèce; il applique toutes les forces de son corps et de son esprit à
augmenter le patrimoine commun et le bien-être de
l'ensemble. Voilà, sans doute, la vraie signification
du mouvement de notre époque. L'intérêt personnel ou celui de nos proches, certains plaisirs de
l'activité, des désirs inassouvis et sans cesse renais-
sants, tels sont les ressorts secrets qui agissent en
nous pour produire ce mouvement. Sans ces mobi-

les qui poussent l'homme moderne, sans cette avidité ambitieuse qui le travaille et le tient en action, il vivrait moins agité et, semble-t-il, plus content et plus heureux ; mais une puissance à laquelle il obéit à son insu l'empêche de s'arrêter dans un repos funeste à son développement, pour l'élever à un sort meilleur et plus digne de lui.

*
* *

Il y a encore des gens qui se demandent ce qu'a valu à l'homme moderne cette recherche du mieux qui l'obsède ; il y en a même qui regrettent le passé et son état social plus accidenté, et ses mœurs plus caractérisées ou moins uniformes. Oui, la vie civilisée est dépourvue de ces contrastes et de ces émotions qui se produisent dans une société plus jeune, et qui satisfont un certain côté romanesque ou aventureux de notre esprit. Le vrai, c'est qu'avec l'âge mûr commence la vie sérieuse et utile ; il y a d'ailleurs dans une existence réglée et laborieuse, pour compenser ce qu'elle a parfois d'aride, des jouissances dont n'ont aucune idée les sociétés oisives et frivoles.

*
* *

Chez tous les peuples, les religions et les livres saints ont considéré le travail comme une peine : « Tu cultiveras la terre à la sueur de ton front. » Parfois même, comme chez les Hindous, le travail est déclaré avilissant et la paresse érigée en principe religieux. Quelle révolution s'est opérée dans les esprits! Oui, le travail est un esclavage, oui, le travail qui tue le corps, l'âme et l'esprit, reste un horrible fardeau; mais on reconnaît aujourd'hui, parce que l'expérience a mis cette vérité hors de doute, qu'un but à atteindre qui maintient le goût à une activité constante est une des principales sources de bonheur. Pour l'homme qui a l'habitude du travail, c'est au contraire l'oisiveté qui est une peine; voulez-vous voir des gens offrant l'air du plus parfait contentement? Regardez les personnes constamment occupées, qui font honnêtement leurs affaires.

***

Il y a deux sortes de malheureux : ceux qui passent leur vie à trouver le temps long, et ceux qui, pour la gagner, sont condamnés à un travail d'esclave. Rien ne pousse les premiers à sortir d'une inaction qu'accompagne l'ennui, ni la nécessité, ni les devoirs de leur charge, ni un désir quelconque en dehors des plaisirs vulgaires. Quant aux seconds, forcés à un travail sans paix ni trêve, uniquement pour gagner leur pain de chaque jour, lequel leur manquera quand ils seront vieux, ils voient se convertir en pénible fardeau ce qui, sous d'autres conditions et dans une meilleure mesure, entretient la santé du corps et de l'âme.

***

Voulez-vous devenir habile dans les choses et y faire des merveilles? Soyez contraint par état ou par les circonstances à une action continue, d'esprit comme de corps, nulle perte de temps. Ici, l'habitude et l'expérience portent des fruits merveilleux; les exemples en cela ne sont pas rares, ils sont même vulgaires, comme le savent très bien ceux qui ont eu l'occasion d'observer le monde dans ses centres les plus actifs; et cette activité, si elle a pour objet un travail mesuré qui plaît et intéresse, c'est la vie, et elle contribue au bonheur. Rien de plus maladroit, au contraire, que les gens inoccupés et inexercés, que n'aiguillonnent ni la contrainte, ni le goût, ni l'intérêt : gaucherie, mollesse, ennui, voilà ce qui prend la place de l'esprit alerte et de la main habile.

***

« L'ordre social actuel crée d'une part des oisifs, de l'autre des surmenés et donne pour idéal aux surmenés l'état des oisifs. »

(M. Guyau.)

***

La vie du grand monde n'est vraiment qu'une lutte désespérée contre l'ennui; celle du peuple une lutte contre la misère... Heureuse classe moyenne ! »

(Schopenhauer.)

***

Quand on voit tout le monde travailler on se résigne facilement à la gène, et c'est même avec un certain plaisir que l'on accepte de travailler avec les autres. Ce qui déplaît et dégoûte les plus occupés, c'est de devoir rester à la tâche, quand les autres sont au plaisir ; il faut dans ce cas, et pour ne pas y voir un grief, certains goûts et certaine raison qu'en général l'éducation que reçoit l'ouvrier de nos jours ne lui donnent pas.

PENSÉES DIVERSES

La vie active et régulière, si elle fait le bonheur des civili 's, est antipathique à l'homme primitif ; ce n'est pas seulement l'amour de la paresse qui y fait obstacle, comme chez le nègre, mais c'est aussi l'amour de la liberté ; ainsi la vie régulière déplaît à l'homme des tribus errantes ; il faut à celui-ci le plein air et l'espace sans limites, c'est dans ses instincts, comme chez les animaux non domestiqués. Pour l'homme primitif, l'ordre civilisé est en quelque sorte un état contre nature, et l'on pourrait ajouter que l'amour de la liberté nous vient de l'être sauvage dont nous sommes les rejetons. Est-à dire que plus l'homme aime la liberté, moins il paraît civilisé ? Non ; mais cela veut dire que la civilisation est le fruit non de son amour pour la liberté, mais du développement de sa raison.

***

Plus l'humanité se civilise, mieux elle apprécie les bienfaits de la liberté : est-ce vrai ? — Voici un autre aphorisme tout aussi absolu : il n'y a de civilisation possible que par l'autorité des meilleurs et des plus capables : est-ce moins vrai ? — Dès lors, la liberté serait un but et une fin, plutôt qu'un moyen ou un chemin qui conduit à l'idéal du civilisé.

***

Il n'y a pas à dire, l'Allemagne doit sa grandeur et sa prospérité actuelles à l'esprit discipliné de la Prusse, tout autant qu'à ses écoles et au génie de quelques-uns de ses chefs.

***

Dans l'agitation des démocraties de notre temps, l'on ne pourrait dire si le peu d'ordre qui finit par l'emporter n'est pas encore moins dû à l'intervention des sages et des expérimentés qu'aux réactions provoquées dans l'opinion publique par les folies et les excitations des idiots et des exaltés, qui entraînent les foules aveugles et exposent la société aux catastrophes.

***

L'on pourrait dire que la raison de toutes les agitations de notre époque, c'est de faire vivre ceux qui ont faim par l'intervention de ceux qui cherchent des places.

*

« L'homme est ainsi fait, dit Lamartine : nul n'est plus porté à abuser de son droit que celui qui vient à peine de le conquérir ; il n'y a pas de pires tyrans que les esclaves, ni d'hommes plus superbes que les parvenus. » Et Thiers dit à peu près dans le même sens : « Les hommes peu cultivés sont peu généreux, et chez eux la grandeur n'est pas pardonnée aussitôt qu'elle est abattue. » C'est qu'il existe des gens qui ne sont à peu près bons qu'autant que le sort reste pour eux rigoureux et que durent les mauvais jours ; dès que l'horizon s'éclaircit et que la prospérité succède à la misère, ils sont comme ivres et deviennent durs et mauvais ; ceux-là sont nés pour être domptés par la souffrance. Il en est d'autres, au contraire, que la souffrance irrite, et qui ne deviennent meilleurs qu'en touchant au bien-être ; ce ne sont ni les moins bien doués, ni les moins intelligents ; mais ce sont aussi les moins résignés aux maux inévitables, parce que l'injustice les révolte.

*

Le pessimisme de nos jours ne vient-il pas pré-

cisément des progrès du bien-être et des satisfactions du temps présent ? En voyant ce qui se passe,
en consultant l'histoire, on est tenté de le croire ;
plus nous avons, plus il nous manque, dirait-on.
« Il semble que, dans l'extrême misère, dit Augustin Thierry, le besoin d'être mieux agisse moins
violemment sur nous que dans une condition déjà
supportable. » Oui, dans l'extrême misère, la résignation est là ; dès que le mieux se prononce et
que la misère fait place à l'aisance, on commence
à vouloir davantage ; mais il existe des limites, et la
satiété vient vite ; on est alors tenté de se croire
plus misérable qu'avant, avec la résignation en moins.
C'est ainsi bien souvent que peut s'expliquer le
pessimisme de notre temps. « On n'a peut-être pas
tenu assez de compte de la douilletterie engendrée
par les rapides progrès de la civilisation matérielle :
le spectacle de tant d'inventions commodes et bienfaisantes a rendu les hommes exigeants, et ils trouvent dur et injuste d'éprouver encore des gênes et
des souffrances [1]. » Voilà ce qu'écrivait naguère un
collaborateur de la *Revue Bleue*, et nous croyons
cette considération très juste.

***

« La vie véritablement digne de nos hautes destinées est celle du citoyen d'Athènes contemporain
de Socrate, s'occupant de philosophie, d'art et de

[1]. Arvède Barine.

la chose publique, à condition toutefois que la moitié de la journée soit consacrée à un travail productif. »

(E. DE LAVELEYE)

**

« Aujourd'hui, toute l'attention et toutes les faveurs sont pour l'industrie manufacturière ; c'est à tort ; s'il importe plus de faire des hommes heureux et bien portants que produire sans cesse davantage, c'est l'agriculture qui mérite toutes les préférences. »

(Le même.)

**

Les nouveaux hommes de notre temps sont comme les nouvelles machines : plus ingénieux, moins simples, et plus sujets à dérangements.

**

Les femmes du monde et des salons ne peuvent être que des *femmes de luxe*, et non des mères de famille ; elles sont bien *trop distinguées* pour cela. Pour concevoir des enfants, les porter, les nourrir, et les élever, il faut un peu moins de délicatesse et d'idéal, et la vie de famille a sa part de réalisme. On finirait — on finira peut-être un jour — par ne plus vouloir avoir des enfants ; il faudra les faire faire par les gens du commun. Il y a des choses qui

sont dans la nature, et que les personnes de bon
ton sont portées à regarder comme viles et grossières ; la nature ! elles sont au-dessus d'elle.

*

« La société, la providence peut-être, n'a permis
qu'un seul bonheur aux femmes, l'amour dans le
mariage » : voilà ce qu'à dit Mme de Staël. S'il en
est ainsi, on peut ajouter que jamais la femme n'a
été moins heureuse que de nos jours, car jamais il
n'a été fait plus d'efforts pour l'émanciper, et jamais
l'amour ne s'est affranchi davantage des liens du
mariage ; et pourtant on veut encore lui enlever la
religion, qui souvent reste son seul refuge. Mais
peut-être parviendra-t-on un jour à changer le sort
de la femme en l'associant à tous les droits et charges des hommes : seulement alors, qu'on y songe,
la femme n'existera plus.

*

La religion est nécessaire aux femmes pour les
rendre respectables ; mais gardons-nous d'entendre
par là les mollesses du mysticisme. La Réforme a
bien compris qu'il y avait encore une autre prépa-
tion au mariage que le couvent : « Chez presque
toutes les nations protestantes, a dit Tocqueville,
les jeunes filles sont infiniment plus maîtresses de
leurs actions que chez les peuples catholiques ; » et
il ajoute qu'aux États-Unis, de son temps, elles

étaient d'autant meilleures épouses, uniquement attachées aux devoirs de la famille.

**
*

« La justice est plutôt une vertu virile, la pitié une vertu de la femme. La pensée de voir les femmes remplir le rôle de magistrats fait éclater de rire ; mais les sœurs de charité valent mieux que les frères. »

(SCHOPENHAUER.)

**
*

L'impunité des crimes, de même que l'insuffisance de la loi, peuvent être le résultat non seulement d'une incurie barbare ou d'un excès d'indulgence systématique, mais encore de la privation d'une faculté qui s'éteint dans le cœur humain et dans la société aux époques d'égoïsme, la faculté de s'indigner. On a beau dire, le cœur des bons souffre seul du mal dont ils ne sont pas eux-mêmes les victimes ; eux seuls s'indignent ; les autres restent indifférents. C'est mauvais signe pour les peuples, comme pour les individus, que de perdre la faculté de s'indigner ; les crimes des Césars laissaient froids les Romains de la décadence. Faire tout à la fois la part à l'humanité et à l'indignation dans une justice qui protège, voilà la vraie civilisation.

**
*

Deux doctrines, de nos jours, se disputent la civilisation des peuples : sur le drapeau de l'une sont
incrits les mots : *Pitié pour les faibles et les malheureux;* sur celui de l'autre on lit ceux-ci : *Appui à ceux-là seuls qui sont bien doués.* Cette dernière proposition est, paraît-il, plus conforme aux
lumières de la science moderne; elle conduit aux
bienfaits de la *sélection naturelle,* grâce à laquelle les forts seuls doivent survivre; elle est
impitoyable parce que les lois de la nature le sont.
Herbert Spencer, en critiquant les abus de la
charité, dit ceci : « On ne peut faire un plus triste
cadeau à la postérité que de l'encombrer d'un
nombre toujours croissant d'imbéciles, de paresseux et de criminels. » Il a raison en partie; mais
les malheureux, qui n'ont rien à se reprocher?
Qu'une telle doctrine soit plus favorable à certain
progrès social, ce n'est peut-être pas contestable;
mais elle laisse d'autre part chez ceux qui l'appliquent un mauvais levain qui corrompt jusqu'à la
civilisation elle-même dans ses rapports moraux,
et que l'école de la pitié n'engendre point. Celle-ci
est la pure doctrine évangélique : elle obéit aux
bonnes aspirations du cœur et aux hautes tendances de l'âme humaine; elle atteint le même but par
un chemin plus long peut-être, mais elle n'est pas
en danger de sombrer en route, et l'arbre ne risque pas de porter de mauvais fruits.

*
* *

La guerre, dont notre temps n'a pu encore s'affranchir, c'est l'application de la loi du plus fort, contraire à la loi de justice et d'humanité; elle est parfois nécessaire et légitime; elle est barbare lorsqu'elle dit que la force prime le droit. Le goût de la guerre est l'un des signes les moins contestables de la barbarie des peuples aux temps primitifs; il se confond avec le goût du sang et des ruines, du désordre et de la paresse, tout ce qui maintient l'homme à l'état d'infériorité sociale. L'histoire du passé le plus lointain n'est guère que l'histoire des luttes sanglantes entre les hommes; toute la gloire est alors tournée vers le succès des champs de bataille; le plus noble but de la vie semble être de se l'arracher les uns aux autres; tel était même l'esprit de certaines religions, comme le culte d'Odin et des peuples du Nord européen : là, la pitié et l'humanité étaient des crimes punis par les lois divines. La guerre était alors comme l'état habituel et régulier des peuples; même à l'époque romaine, jusqu'à Auguste, soit sur un espace de plus de sept cents ans, le temple de Janus n'avait été fermé que deux fois, c'est-à-dire que les Romains de la république n'avaient cessé d'être en guerre que pendant deux courts espaces de temps. Cela a duré jusqu'aux abords des temps modernes, presque jusqu'à nous, quoique avec des caractères de moins en moins barbares. La guerre reste encore une plaie de notre époque, mais quoique le goût n'en soit plus au cœur des peuples civilisés, elle est une conséquence de l'anarchie internationale.

*
**

« Le plus auguste des titres que Dieu se donne à lui-même, n'est-ce pas celui de *Dieu des armées?* » se demande Mascaron dans l'oraison funèbre de Turenne. Non ; grâce aux progrès des lumières et au développement d'un sentiment plus chrétien, on croit de nos jours que le titre de *Dieu de paix* est celui qui convient le mieux à l'Être suprême, et c'est sous ce nom que les hommes aiment à le prier.

*
**

« Combien y a-t-il de scélérats qu'on punirait pendant la paix, et dont on a besoin de récompenser l'audace dans les désordres de la guerre ! »

(FÉNELON.)

*
**

« Je ne veux pas médire de la guerre, dit de Tocqueville ; la guerre grandit toujours la pensée d'un peuple et lui élève le cœur. » Peut-être. « Une grande armée au sein d'un peuple démocratique, dit-il ailleurs, sera toujours un grand péril. » Ceci est plus certain.

*
**

L'on sait que les guerres les plus cruelles et les
plus *impies* ont été les guerres de religion, et dont
le fanatisme fut le mobile. Le fanatisme, cette passion des croyants, qui vaut encore un peu moins
que les autres passions, baissé à mesure que s'élève
l'idéal d'une époque. Il faut heureusement descendre aujourd'hui jusqu'au peuple le plus étranger à
la civilisation chrétienne, pour la retrouver dans
toute son horreur : chez les Musulmans, l'on mas-
sacre encore au nom d'Allah !

*
* *

Statique et dynamique sociales. — Une société
en repos n'en sort que si elle y est contrainte ;
une société en mouvement ne s'arrête que devant
la force : statique et dynamique ; la statique, vieillesse qui mène à la mort ; la dynamique, folie où
se perd la jeunesse ; c'est là l'image de l'inertie de
la matière : il faut des moteurs externes.

*
* *

Le progrès jusqu'à nous n'a guère pu s'opérer
que par la violence ; c'est que jusqu'à nous le progrès, qui est le mouvement, et le mouvement intelligent, a eu affaire, d'une part, au préjugé, qui
est l'immobilité même, et, d'autre part, aux passions
sauvages et aveugles. A mesure que les obstacles
disparaissent, grâce à l'action d'une éducation et

d'une instruction complétées par l'expérience, le
progrès doit nécessairement perdre sa violence,
comme un fleuve qui coule plus paisible sur une arène
plus unie.

***

Quand, du doigt, vous attirez à gauche le pendule d'une horloge, en le faisant dévier de son
parcours normal, vous le voyez ensuite retomber à
droite et s'écarter en sens contraire d'un même
nombre de degrés, jusqu'à ce que les oscillations
aient enfin repris leur équilibre; malgré ses écarts,
le cadran n'en a pas moins continué à marquer
l'heure : voilà l'image de la marche générale du
progrès politique et social ; le temps poursuit sa
course en dépit des perturbations possibles, et
chaque chose arrive quand son heure a sonné.

LES ÉCOLES ET LES PROFESSEURS

Si ce n'étaient notre paresse et notre dissipation naturelles, on pourrait dire aujourd'hui que
les livres remplaceraient avantageusement les professeurs dans plus d'une branche. « Aujourd'hui,
dit Buchner, on peut presque tout apprendre dans
les livres et même mieux que par les leçons orales
des professeurs. » Cela n'est guère admissible
pour les sciences exactes et expérimentales, les

sciences physiques et naturelles, pour lesquelles le
concours du professeur et de ses explications est
souvent indispensable ou utile. Mais cela est
très vrai, pourvu qu'on ait affaire à des esprits de
bonne volonté, s'il s'agit de sciences morales, philosophiques, historiques, ou littéraires ; là, le savant est tout au plus utile pour donner, le cas
échéant, des éclaircissements sur certains points
qui peuvent encore embarrasser le lecteur ou laisser des doutes dans son esprit. Mais, bien entendu,
il faut avoir en mains des livres bien faits. Moyennant cela, le professeur ne sert vraiment le plus
souvent que pour forcer des élèves dissipés ou
paresseux à étudier. Il y a surtout des branches où
l'intervention d'un professeur est bien inutile : l'histoire, par exemple, où le livre remplace si avantageusement la leçon orale.

***

Si l'on croit encore que c'est par la chaire indistinctement que la science peut le mieux se donner,
c'est là une conséquence de la tradition. Cela s'explique par la raison très naturelle qu'autrefois,
avant l'imprimerie notamment, les livres étaient
très rares ou mêmes n'existaient pas ; ce qui rendait
l'enseignement oral indispensable. Plus tard, il a
fallu encore un certain temps pour qu'il se produi-
sît des études écrites pouvant remplacer les professeurs, et ceux-ci ont continué à enseigner. Ce n'est

que de nos jours, dans plus d'un cas, qu'ils pourraient être remplacés par de bons livres ; mais
l'habitude est prise et ils en bénéficient.

[*]

Qui n'a assisté à ces cours publics qui se donnent
à Paris, à la Sorbonne, au Collège de France et
ailleurs ! Entrez; vous aviez cru y rencontrer des
étudiants qui prennent des notes ; mais où sont-ils?
Vous ne voyez que de vieux messieurs, des dames,
même des déguenillés qui viennent là pour trouver
un refuge contre le froid en hiver et qui s'y endor-
ment; car notez que ces cours sont entièrement
publics. Si ce n'est plus tout à fait ainsi que les
choses se passent aujourd'hui et depuis des réformes récentes, c'est du moins ce qui s'est fait pendant
longtemps et ce qui existait naguère encore. « Qui
n'a vu à la Sorbonne, dit M. Liard, ces auditeurs
permanents, ces *constantes*, comme on les appelait,
qui passaient avec une suprême indifférence d'un
cours de littérature à un cours de théologie, d'un
cours de théologie à une leçon de physique, cherchant d'une faculté à l'autre un lieu couvert et
chaud. » « Dans nos facultés, dit aussi M. Alb.
Duruy, le public est complètement disparate et
varie suivant les saisons et la température; pour
un élève on compterait bien dix passants aux cours
les plus suivis de la Sorbonne ou du Collège de
France; les dames mêmes y sont admises, et ne

laissent pas que d'ajouter à la difficulté de la tâche
imposée par l'usage à nos professeurs. Un pareil
auditoire serait nécessairement rebuté par l'aridité d'exercices purement scientifiques. Pour le
retenir et l'intéresser, nos maîtres sont obligés de
sacrifier beaucoup à la forme ; c'est presque une
nécessité pour eux de donner à leurs leçons un
tour élégant et spirituel ; quelques-uns cultivent la
grande éloquence et s'y montrent les dignes suc-
cesseurs des Saint-Marc Girardin et des Cousin. »
Ce sont là des conférences intéressantes, sans doute,
mais sont-ce donc des cours d'enseignement scolaire ?

***

Tout autre est l'enseignement dans les universités allemandes, pour ne parler que de celles-
là. « Dans les universités allemandes, dit encore
M. Duruy, il est rare qu'un professeur obtienne et
cherche le succès avec de grandes leçons d'apparat
qui sont dans nos mœurs universitaires ; sauf de
très rares exceptions, l'enseignement y consiste en
dissertations d'un caractère tout didactique, où le
souci de la forme et de l'art ne se fait jamais sentir ;
les maîtres ne s'adressent pas comme chez nous, à
des auditeurs de passage ; ils n'ont en face d'eux
que des élèves venus pour s'instruire et non pour
chercher un passe-temps. » En Allemagne, les professeurs en général lisent leur cours et les étudiants

prennent des notes. « Des professeurs qui ont leurs cahiers tout faits, et des étudiants qui font les leurs, voilà un cours d'université allemande, » dit un autre écrivain français, M. Fustel de Coulanges. Méthode sèche et sans vie peut-être, quelque bon que puisse être l'enseignement, mais qui prouve, encore mieux qu'en France, que si les professeurs distribuaient leurs cours sous forme de bons livres on pourrait se passer de les entendre.

LE PROGRÈS PAR L'ASSOCIATION

Le progrès par l'association privée est peut-être la méthode de l'avenir. Dans les vieilles sociétés, où les préjugés sont invétérés, où les traditions sont toutes-puissantes, où les abus résultant des intérêts acquis sont presque invincibles, l'association privée semble le meilleur moyen pratique d'arriver, sans lutte, à une réforme dans les mœurs, dans les croyances, dans les institutions, dans les méthodes, enfin dans tous les actes et toutes les pratiques de la vie. Prétendre réussir en prenant un peuple tout entier pour objet d'expérience, à coups de lois et de décrets, en dépit des mœurs et des idées reçues, ça été l'utopie de novateurs systématiques ou de réformateurs trop confiants ; il faut, au début, agir sur une sphère moins vaste. On comprend de nos jours l'utilité d'associer ses efforts en vue d'un but particulier et défini : témoins les asso-

ciations financières, les associations scientifiques,
les associations philanthropiques et charitables,
les associations industrielles et commerciales, les
associations mutuelles, les associations ouvrières et
les syndicats. Mais les associations privées peuvent
encore avoir un objet plus étendu et plus général et
être des essais, sur une petite échelle, de sociétés
nouvelles dans la grande société commune et sans
entrer en hostilité avec elle ; on pourrait même ici
invoquer quelques exemples dans le passé, si ces
tentatives n'avaient été si mal conçues. Au sein
d'une société aussi divisée que la nôtre, il y aurait
là peut-être un moyen d'appeler à la liberté et de
faire adopter définitivement et pacifiquement des
idées qui restent aujourd'hui impuissantes et se
combattent les unes les autres ; pour en arriver là,
l'association privée semble le vrai point de départ.
Entreprendre ou imposer un changement radical
de l'ordre social en prenant pour champ d'expérience une nation tout entière, c'est comme si l'on
voulait transformer jusque dans ses fondements
un vieil édifice sans le démolir.

EXTRAITS ET FAITS D'HISTOIRE COMPARÉE

Sur l'histoire. — Lire l'histoire c'est voyager dans le temps, tout comme d'autres voyagent dans l'espace.

Qu'on se représente un pauvre villageois qui n'a jamais quitté son clocher, sinon pour aller de temps en temps au chef-lieu de sa province ou de son département ; qui, à vrai dire, n'a aucune idée de ce qui existe ou de ce qui se passe ailleurs, parce qu'il vit uniquement préoccupé de ses champs ou du petit monde qui l'entoure et qui lui fournit déjà bien assez de choses à observer : dans quel étonnement ne jetterait-on pas cet honnête villageois si on lui disait : « Mon ami, ce que vous connaissez de votre pays n'en est qu'une bien petite partie ; il comprend encore d'autres provinces tout aussi étendues, avec des milliers d'autres villages et plusieurs grandes villes. Et pourtant ce pays, si grand qu'il vous paraisse, ne forme qu'un coin de l'Europe, qui comprend beaucoup d'autres États, tout aussi peuplés que le vôtre, où les hommes vivent sous d'autres lois, parlent une autre langue, professent une autre religion, admettent d'autres usages, et où l'aspect des champs n'est plus le même, où les produits de la terre sont différents. » — « L'Europe, dirait-il, c'est donc le monde ? » — « Non, l'Europe n'est qu'une petite partie du monde ; la terre comprend d'autres contrées plus vastes encore, également habitées par des millions d'êtres humains, dont beaucoup diffèrent de vous et de moi non seulement par les mœurs et la façon de vivre, mais en outre par l'aspect extérieur, tout autrement vêtus ou même pas vêtus du tout, avec des traits différents et une peau d'une autre couleur, quelques-uns ressemblant plus à des singes qu'à des hommes, vivant plutôt comme des bêtes que comme des créatures de Dieu ; et tout ce monde-là s'étend à des milliers de lieues autour de nous, ou sous nos pieds, séparé de nous par l'épaisseur de la boule que forme la terre, ici sous un ciel brûlant qui n'a pas d'hiver, là au milieu de glaces et d'une nuit presque ininterrompue. » — Voilà donc ce village, avec ses alentours, à deux ou trois lieues à la ronde, qui était pour notre honnête villageois tout le monde, et qui ne se trouve en réalité qu'un point imperceptible de son pays ! Et ce pays qu'il s'imaginait immense, et qui n'occupe lui-même qu'une toute petite place sur la surface de la terre ! Tout cela change le cours et l'horizon de ses idées.

Eh bien, ainsi en est-il pour celui qui ne connaissait rien du passé de l'humanité et que l'histoire vient tout à coup tirer de son ignorance.

***

On ne peut assez dire que la plus grande place dans l'éducation des esprits doit être faite à l'étude de l'histoire et de la marche progressive de l'humanité. Un cours d'histoire bien donné et bien compris, un livre d'histoire bien fait, c'est une vraie leçon de philosophie pratique et de sagesse. Suivez la filiation des choses et des idées dans l'histoire de l'humanité, et vous aurez l'explication de presque tout ce qu'il importe de savoir. S'il existe encore tant d'ignorance et tant d'erreurs dans les esprits, c'est la plupart du temps parce que l'on ne connaît pas ou qu'on connaît mal le passé, les événements et l'état des sociétés qui nous ont précédés, leur marche et leurs transformations, leur point de départ et leur point d'arrivée ; c'est aussi parce que l'histoire, dans l'enseignement et les livres, n'a été longtemps qu'une exposition incomplète et partiale des faits, sinon une ennuyeuse revue de noms et de dates. Mais voulez-vous, par exemple, vous guérir des injustices que l'on commet trop souvent envers son temps ? Prenez un livre d'histoire qui dise sincèrement les choses comme elles se passaient chez les anciens ou à deux ou trois siècles de nous, sans ajouter ni retrancher, qui peigne une époque au vrai, sans forcer ni adoucir le ton ; lisez, et vous ne tarderez pas à être guéri de vos idées sur les malheurs du temps et de la perversion du siècle.

*

Histoire, astronomie ! On pourrait réduire toute
philosophie à ces deux branches de la connaissance
humaine : l'une, l'histoire, qui nous fait connaître
l'humanité, ses débuts, ses progrès, la suite de ses
idées et le développement de ses institutions, tout
comme les événements remarquables qui ont laissé
souvenir chez les peuples ; l'autre, l'astronomie,
qui nous découvre l'univers dans sa représentation
la plus grandiose, et qui nous laisse des choses
l'idée la plus haute et la plus saisissante. L'histoire nous fait mieux apprécier le présent par le
passé, en nous servant de guide pour l'avenir ;
l'astronomie nous donne la mesure des choses de
la terre, qui souvent nous apparaissent si grandes
et qui sont en réalité si petites. Par l'histoire nous
recevons des indications pour la vie positive, c'est
l'empire du fini ; par la connaissance des cieux et
des mondes qui les peuplent, nous nous élevons
vers l'infini qui agrandit notre âme [1].

*

Selon l'historien Carlyle, « l'histoire de ce que
l'homme a fait dans le monde est, en somme, l'his-

_____

1. « L'astronomie a posé les fondements de la philosophie de l'avenir. » (C. Flammarion). Si l'histoire rend sceptique sur les petites
vérités, elle confirme les grandes.

toire des grands hommes... l'âme de l'histoire du monde c'est leur histoire. » C'est aux grands hommes en effet, c'est aux grands esprits, c'est aux grands cœurs, que le monde doit la plupart du temps rapporter ses progrès. L'humanité est une plante qui appelle la culture; les grands hommes sont les ouvriers de génie qui l'ont arrosée, qui l'ont émondée, et qui d'un sauvageon en ont fait un arbre vigoureux, destiné à s'élever et à s'étendre encore. Il n'en est pas moins vrai que, dans cette plante, existait déjà le germe de ses propres progrès; les mains qui l'ont soignée n'ont fait qu'aider à ses développements; seulement, il n'est pas sûr que sans elles ce germe n'eût tardé davantage à produire son effet; les foules s'avisent rarement du mieux; elles se résignent au mal sans savoir par où en sortir, et il faut là quelqu'un pour apprendre aux enfants à faire autrement que leurs pères; c'est l'œuvre des esprits supérieurs, des volontés fortes et souveraines, dont l'intervention a permis à l'humanité de sortir de sa chrysalide.

*
* *

Mais à mesure que l'humanité prend conscience d'elle-même, les grands hommes deviennent peut-être de moins en moins nécessaires. « De notre temps, comme au seizième siècle, dit l'Allemand Gervinus, ce sont les peuples eux-mêmes qui s'ébranlent en masse; la catégorie prédominante des esprits supérieurement doués a décru, mais le nombre des esprits doués de capacités moyennes s'accroît d'autant plus. »

***

Quoi qu'il en soit, une chose qui frappe dans le spectale du passé, c'est de voir avec quelle facilité les êtres supérieurs, ou représentants une race et un ordre de choses supérieurs, s'imposent aux créatures inférieures pour les dominer. Un enfant conduit à son gré un troupeau de bœufs; une poignée de civilisés commandent à une armée de sauvages. Et quelle confiance en apparence téméraire donne le sentiment de cette supériorité! Cortès et quelques Espagnols, représentants d'une civilisation plus vigoureuse, vont conquérir un grand empire au Mexique, et le bon Montezuma, maître de plusieurs millions de sujets, se résigne à subir le joug de quatre ou cinq cents étrangers qu'il prend pour des êtres de race divine. Et de nos jours, Garibaldi et ses compagnons, quelques audacieux qui ont confiance dans le triomphe des idées modernes, partent pour renverser un royaume, et à Naples tout croule à leur approche. Quelques milliers d'Anglais suffisent encore en ce moment pour dominer deux cents millions d'Asiatiques. Ce sont là des signes bien frappants du prestige qu'exerce la prééminence des facultés supérieures sur des êtres inférieurs ou rebelles au progrès; il y a ici non

seulement les ressources matérielles qui donnent
la force au petit nombre, mais encore comme une
puissance mystérieuse qui subordonne les petits aux
grands, les moins bien doués aux êtres supérieurs
à qui l'avenir appartient. Le malheur c'est que ce
n'est pas toujours la force morale, ou la justice et
l'humanité seules, qui assurent cet empire.

*_**

Beaucoup d'historiens de notre temps ont eu
pour principe de repousser comme suspect tout ce
qui leur venait de seconde main, et de ne croire
qu'aux témoins ou aux acteurs des événements
qu'ils racontent, et dont ils contrôlent les témoignages les uns par les autres. Voici ce que dit
l'Américain Motley de cette méthode dont il désap-
prouve les excès : « Prodigue de mon temps et de
ma pensée, je m'écartais de mon chemin pour
réunir des matériaux et pour bâtir moi-même,
quand j'aurais dû savoir que de plus vieux et de
meilleurs architectes s'étaient déjà approprié tout
ce qui valait la peine d'être conservé ; que l'édifice
était bâti, la carrière épuisée, et que je me trouvais par conséquent fouillant au milieu de débris
inutiles. »

*_**

En histoire comme en peinture, il ne faut pas
toujours se fier aux grands talents et aux brillants

artistes, pour avoir une vue fidèle et une juste idée
des choses, des choses telles qu'elles existent et telles qu'elles se passent : ils y mettent trop de leur
personne. Un bon peintre fera un portrait frappant
de ressemblance ; un autre, doué d'un génie supérieur, négligera la ressemblance davantage pour en
faire une œuvre empreinte d'un cachet plus personnel. Un historien consciencieux et intelligent, obser-
vateur attentif et éclairé, rapportera les faits dans
toute leur vérité pour en donner une juste appréciation ; un autre, plus riche d'idées et d'imagination, en fera un tableau éclairé d'un jour plus particulier et plus éclatant, mais qui rendra moins
fidèlement la suite des faits : la personne de l'historien, comme celle du peintre, aura passé par là.

***

Les mœurs des gens de guerre autrefois. — Voici
ce que dit Sainte-Beuve à propos des mémoires de
Sully, l'habile ministre de Henri IV, et l'un des
meilleurs qu'ait eus la France : « A la guerre, plus
habile et plus prudent que bien d'autres, il ne se
montre pas au-dessus des mœurs de son temps.
Le butin alors et le pillage étaient chose avouée et
honorée comme légitime, même sur des compatriotes. A la prise de Cahors (1580), qui fut tant dispu-
tée et qui ne dura pas moins de trois jours et trois
nuits à mener à fin, après qu'on eut pénétré dans
la ville, le pillage fut en raison de la peine, on ne

s'y épargna pas. » « Et en votre particulier, disent les secrétaires de Rosny (Sully), vous gagnâtes, par le plus grand bonheur du monde, une petite boîte de fer que nous croyons que vous avez encore, que vous baillâtes lors à l'un de nous quatre à porter, et, l'ayant ouverte, trouvâtes quatre mille écus en or dedans. »

A une première tentative de Henri IV sur Paris (1589) Rosny donne avec MM. d'Aumont et de Chatillon, du côté du faubourg Saint-Germain « où, ayant enclos entre deux troupes, dans une rue près la foire de Saint-Germain, plusieurs Parisiens, il en fut tué quatre cents en un monceau au moins de deux cents pas d'espace. Vous nous dîtes alors, écrivent les honnêtes secrétaires, dont quelqu'un sans doute lui servait d'écuyer et était près de lui en ce moment : « Je suis las de frapper et ne saurais plus tuer des gens qui ne se défendent point. » Lors l'on commença à piller; vous et huit ou dix des nôtres ne fîtes qu'entrer et sortir dans six ou sept maisons où chacun gagna quelque chose, et y eûtes par hasard quelque deux ou trois mille écus, qui vous furent baillés pour votre part. »

De même au sac de Louviers (1591), où toute la ville fut pillée, des gens du pays qui étaient parmi les vainqueurs, et qui savaient tous les âtres de l'endroit, indiquaient les magasins de toiles et de cuirs qui faisaient le fort du butin. Rosny en eut *quelque mille écus pour sa part.* « Cette morale en temps de guerre, ajoute l'auteur de ce curieux extrait, même chez des voisins et des compatriotes, ne faisait pas un pli. »

***

Maladie du pouvoir perdu. — Le malheur d'un favori disgracié sous le régime de la monarchie absolue se confondait avec ce que l'on a depuis appelé la maladie du pouvoir perdu. Ce malheur fut surtout sensible à la cour de France autrefois. Voici ce que nous dit Marmontel à propos d'une visite qu'il fit au comte d'Argenson, ancien ministre de Louis XV, tombé en disgrâce : « Il me reçut dans son exil avec une extrême sensibilité. O mes enfants ! quelle maladie incurable que celle de l'ambition ! Quelle tristesse que celle de la vie d'un ministre disgracié ! Déjà usé par le travail, le chagrin devait achever de ruiner sa santé. Son corps était rongé de goutte, son âme l'était bien plus cruellement de souvenirs et de regrets; à travers l'aimable accueil qu'il voulait bien me faire, je ne laissai pas de voir en lui une victime de tous les genres de douleur..... En me promenant avec lui dans ses jardins, j'aperçus de loin une statue de marbre, et lui demandai ce que c'était; et, en se détournant: « Ah Marmontel ! si vous saviez combien de fois il m'avait assuré que nous passerions notre vie ensemble, et que je n'avais pas au monde de meilleur ami que lui ! Voilà les promesses des rois ! Voilà leur amitié ! » Puis il entrait dans tous les détails des jours passés et si regrettés. Ces idées le poursuivaient, et pour peu qu'il fût livré à lui-même, il tombait comme abîmé dans la douleur. Alors sa belle-fille, Mme de Voyer, allait bien vite s'asseoir auprès de lui, le pressait dans ses bras, le caressait; et lui, comme un enfant, laissait tomber sa tête sur le sein ou sur les genoux de la consolatrice, les baignait de ses larmes, et ne s'en cachait point. »

Dans la douleur de ce pauvre d'Argenson, on serait tenté de voir quelque chose de touchant, si elle était supportée avec un peu plus de dignité. Aujourd'hui le prestige du pouvoir est encore bien grand, même dans les États démocratisés, et il faut quelque philosophie ou quelque bon sens pour en supporter allègrement la perte. Cela manque encore souvent dans notre vieille Europe. Aux États-Unis d'Amérique, on ne connaît guère cette maladie du pouvoir perdu ; là le pouvoir tente moins, et, loin d'attirer les gens, on en fuit plutôt les charges pour se donner à ses propres affaires. Où est le plus grand mal, ici ou là ?... Quand de grands devoirs ne vous réclament pas dehors, il faut se tenir heureux de rester chez soi.

***

Bonhomie des mœurs du passé. — A propos des mœurs hospitalières d'autrefois en France, et des visites que les grands se faisaient entre eux dans leurs

domaines, un comte de Sainte-Aulaire donne les
détails que voici dans ses mémoires cités par
Sainte-Beuve : « Nos pères, en ce temps-là, exer-
çaient une large hospitalité à peu de frais. Mes parents m'ont souvent raconté des détails curieux sur
ces anciennes mœurs. Il n'était pas rare de voir
arriver à l'heure du dîner douze ou quinze convives
non attendus. Les hommes et les femmes venaient
à cheval, chacun suivi de deux ou trois domestiques.
Les gens âgés venaient en litière, les chemins ne
comportant pas l'usage de la voiture. Les provisions
de bouche étaient faites en vue de ces éventualités,
et la cuisine de Mayac — domaine où avait lieu la ré-
ception — était renommée ; mais la place manquait
pour loger et coucher convenablement tous ces
hôtes. Les hommes s'entassaient dans les salons,
dans les corridors ; les femmes couchaient plusieurs
dans la même chambre et dans le même lit. Ma
mère, qui avait été élevée en Bretagne, où les coutumes sont différentes, fut fort surprise lors de ces
premières visites à Mayac. La comtesse d'Absac, qui
faisait les honneurs, lui dit : « Ma chère cousine, je te
retiens pour coucher avec moi. » Quelques instants
après, Mlle de Bouillien dit aussi à ma mère : « Ma
chère cousine, nous coucherons ensemble. » — « Je
ne peux pas, répondit ma mère, je couche avec la
comtesse d'Absac. » — « Mais et moi aussi, » reprit
Mlle de Bouillien. Et ces trois dames couchèrent
ensemble dans un lit médiocrement large, et pour
faire honneur à ma mère, on la mit au milieu. »

Tout cette bonhomie paraîtrait bien étrange et bien insupportable aujourd'hui. Mais que ne faisaient point supporter les plaisirs de la société dans l'ancienne France !

*
* *

Superstitions monarchiques. — On connaît les idées de nos pères sur le caractère sacré de la personne royale et des princes de sa maison. C'était anciennement une coutume en Angleterre, rapporte Walter Scott, quand un enfant royal avait mérité une punition de ses maîtres, de l'infliger à un autre enfant qu'on appelait *l'enfant du fouet;* c'est pour dire jusqu'où allait le respect pour le sang et la chair des rois. Mais lorsque le petit était devenu grand, sans avoir profité de la leçon donnée sur le dos d'un autre, on n'avait plus cette même ressource, et il fallait se résigner. On sait que la courtisanerie allait plus loin : que n'a pas fait faire aux courtisans d'autrefois la superstition monarchique ! Leur servilité allait jusqu'aux choses les plus ridicules et les plus extravagantes : quand on sut à Versailles que Louis XIV souffrait d'une fistule, tout le monde à la cour prétendit souffrir du même mal; François Ier ayant été blessé à la tête, il fallut lui couper les cheveux pour panser sa blessure ; aussitôt les seigneurs de la cour se firent tondre comme le roi. L'usage des perruques, paraît-il, n'a pas d'autre cause : le roi devenu chauve porta per-

ruque par nécessité, on en porta par courtisanerie. Cela rappelle, dans une mesure mitigée, qu'anciennement, chez certaines peuplades d'Afrique,
lorsque le souverain avait quelque défaut de conformation, les grands prenaient le parti de s'estro-
pier pour lui ressembler.

*

Mœurs anglaises au xviiie *siècle.* — Un collaborateur de la *Revue des Deux Mondes*, M. Augustin Filon, dans un article sur les historiens anglais,
nous donnait naguère, puisés à ces sources, des
renseignements curieux sur la cour de Londres au
dix-huitième siècle. Les princes royaux, qui étaient
les *leaders* naturels de la société anglaise, étaient
des plus vulgaires et des plus bas. Autour d'eux,
l'extrême étiquette allemande avec l'extrême gros-
sièreté. « Une des filles d'honneur voyant approcher le roi, qui, en amour, ne connaît que l'éloquence des mains, et ne se trouvant pas en humeur
ou en condition de céder, croise les bras sur sa
poitrine et crie : « A bas les pattes ! » Une autre,
impatientée de voir qu'il fait sonner des guinées
dans sa main en la regardant, prend les pièces
d'or et les lui jette au nez. Une troisième retire la
chaise du roi au moment où il va s'asseoir : voilà
Sa Majesté par terre, et toutes de rire ! Ces filles
sont courtisées à peu près comme celles qui ver-

sent à boire aux lascars et aux maltaïs dans les ca-
barets de Wapping. « Aucune croyance religieuse,
aucun sentiment de famille. George Ier est pendant
trente-six ans le geôlier de sa femme, Sophie-Do-
rothée. Il hait mortellement son fils, qui le rendra
au sien. Caroline souhaite malheur à son premier
né, Frédéric, prince de Galles : « Est-ce que la mort
ne nous délivrèra pas de cette canaille? » Cette même
Caroline a un chapelain, qui, le matin, marmotte
une prière dans l'antichambre, devant la statue de
Vénus; la reine, à qui on passe la chemise dans
le cabinet de toilette voisin, est censée écouter à
travers la porte entrebâillée, et les femmes de
chambre répondent *amen.* Lorsqu'elle va mourir,
Walpole insiste auprès du roi pour qu'elle reçoive
les sacrements : « Faites-en la farce, répondit-il
avec bonhomie... L'archevêque lui jouera cela très
bien; ce sera très court et ne fera à la reine ni bien
ni mal, mais cela fera plaisir à ces braves gens qui
nous regarderaient comme athées si nous ne fai-
sions pas semblant d'être aussi bêtes qu'eux. »
Thackeray demande qu'on lui montre dans cette
cour un seul honnête homme, une seule honnête
femme. Il se répond à lui-même que cet honnête
homme et cette honnête femme sont introuvables ;
et voici sur ce vilain monde son verdict final : « Ni
dignité, ni savoir, ni moralité, ni esprit. »

« Les hommes d'État se présentent en pleine
ivresse à la table du Conseil et aux délibérations
du Parlement. Il faut humecter longtemps avec des

compresses d'eau froide les tempes du Chef de
l'opposition, qui doit prononcer un grand discours :
et qui ne peut se tenir sur ses jambes. Le chef du
cabinet dit à son collègue, assis à côté de lui sur
le banc des ministres : « Où diable s'est fourré le
speaker ? Je ne puis pas le voir. » Et le collègue,
qui est dans le même état, répond : « Moi, j'en
vois deux ! » Interrogez les souvenirs de Gibbon.
Il vous dira qu'on boit jour et nuit à l'université
d'Oxford. Les professeurs s'enivrent avec leurs élèves, les seigneurs avec leurs fermiers, les médecins
avec leurs malades, les pasteurs avec les ouailles,
les pères avec leurs filles : à minuit toute l'Angleterre est sous la table. Dirai-je les jeux de molocks,
ces jeunes gens des grandes familles qui arrêtaient
les femmes le soir dans les lieux déserts, les dé-
pouillaient, les suspendaient par les pieds, ou les
enfermaient dans les tonneaux pour les faire rou-
ler sur des pentes rapides ? Raconterai-je les cérémonies impies et obscènes de cette confrérie que
préside Francis Dashwood, un moment chancelier
de l'Echiquier sous George III, et où lord Sandwich,
plusieurs fois chef de l'Amirauté, administre la
communion à un chien suivant tous les rites de
l'église anglicane ? Les femmes trichent au jeu,
s'entassent aux combats de coqs avec la populace
de Londres. Beaucoup descendent si bas dans la
débauche que l'œil attristé du moraliste ne peut
les suivre : il faudrait un pornographe de profession pour décrire les amours d'une lady Vane,

d'une lady Macclesfield, d'une duchesse de King-
ston.

**

L'on parle beaucoup aujourd'hui de l'atrocité
des supplices auxquels des tyrans barbares, en
Afrique et ailleurs, livrent encore leurs victimes.
Rien, à cet égard, ne dépasse ce qui eut lieu en
Angleterre sous Henri VIII. Ce souverain cruel,
que ses amours multiples poussèrent à rompre avec
Rome et à se faire le pape d'une religion nouvelle,
ne parvint à établir son pouvoir spirituel que par
les plus cruelles persécutions contre ceux qui ne
se soumettaient pas à ses volontés ; on les tortu-
rait horriblement : leurs entrailles étaient arrachés
de leurs corps vivants et jetées sous leurs yeux
dans une chaudière d'eau bouillante ; on y préci-
pitait ensuite le foie et le cœur, et enfin on leur
tranchait la tête. C'est particulièrement ce qui
arriva au prieur Haughton, prêtre du plus grand
mérite, d'après l'historien Froude lui-même, si peu
hostile à Henri VIII ; le tyran faisait tout cela de
compagnie avec son compère Cranmer, archevêque
de Cantorbéry.

**

Tout autre fut en France, et un siècle plus tard
celui qui reste la personnification la plus brillante

du régime du droit divin, le roi Louis XIV. Adulé longtemps pour ses mérites, et même jusque dans ses vices ou ses faiblesses, comment est-il jugé aujourd'hui, en France ou ailleurs? Voici ce qu'en dit M. Victor Duruy : « Par l'éclat incomparable de sa cour, ses fêtes magnifiques, ses constructions somptueuses, son goût pour les arts et les lettres, par le grand air de sa personne, la dignité qu'il mettait en tout, la sereine confiance qu'il avait dans son droit et dans ses lumières supérieures, Louis avait été la plus glorieuse manifestation de cette royauté d'ordre à la fois ancien et nouveau qui faisait dire à Bossuet : « O Rois, vous êtes des dieux ! » On lui prêtait cette parole « l'Etat c'est moi », et elle était vraie, grâce à la centralisation énergique qui mettait la France entière à Versailles et Versailles dans le cabinet du prince. Il croyait fermement, et l'on croyait avec lui, que les biens comme la vie de ses sujets lui appartenaient; qu'il était leur intelligence, leur volonté leur action ; c'est-à-dire que vingt millions d'hommes vivaient en lui et pour lui. Mais aussi ses défaillances, ses vices étaient sacrés, comme ceux des dieux de l'Olympe, dont les images remplissaient ses palais. Au besoin, la justice servait ses passions, l'armée ses caprices, le trésor public ses plaisirs, et l'adultère devenait une institution monarchique qui donnait aux maî-tresses du roi rang à la cour. Un tel gouvernement peut convenir à l'Orient qui ne connaît que la force et s'y soumet avec résignation ; il ne saurait durer dans notre monde occidental, où l'humanité a pris conscience d'elle-même et de ses droits. »

Et à l'étranger, de Macaulay, sur Louis XIV : « Dans la tombe, le plus majestueux des princes n'a que cinq pieds trois pouces ; dans l'histoire, le héros et le politique se réduisent à n'être qu'un chef vaniteux et faible, esclave des prêtres et des femmes, petit à la guerre, petit dans le gouvernement, petit en toutes choses si ce n'est dans l'art de simuler la grandeur. » Il y a peut-être quelque exagération dans ce jugement sommaire ; mais il répond à une exagération contraire. Ce qui a fait surtout la renommée de celui qu'on a appelé Louis le Grand, c'est la voix retentissante des grands écrivains dont il avait pris soin de s'entourer, et qui ont célébré et perpétué le nom du monarque magnifique, qui, au fond, n'était qu'un brillant chef d'emploi, à d'autres égards homme médiocre, mais habile, par son art souverain de régner, à s'imposer aux autres.

LEÇONS DE CHOSES

En France, à la mort de Louis XIV, la dette générale de l'État s'élevait à deux milliards 382 millions de livres ; sur cela, douze cents millions étaient immédiatement exigibles ; or, les forces contributives de la France n'étaient évaluées alors qu'à quatre-vingt-dix millions annuels ; c'était donc la banqueroute ; pauvre fin pour un grand siècle !

*
* *

Henri IV, ce bon et galant homme, ancien calvi-
niste, eut deux épouses avec lesquelles il fit mauvais ménage. L'une d'elles pourtant, Marguerite
de Valois, était, paraît-il, une personne réellement
séduisante; Brantôme est lyrique à son sujet;
Henri IV néanmoins ne vécut que peu avec elle, et
il finit par divorcer pour épouser Marie de Médicis.
Celle-ci était acariâtre et hautaine, et elle fut même
soupçonnée de n'avoir pas été étrangère à l'assassinat de son mari. Cette aïeule des Bourbons, mère
de Louis XIII, descendante de banquiers de Florence,
finit par mourir exilée à Cologne, dans l'isolement
et une misère relative... Les familles royales, comme
les autres, ont parfois d'humiliantes aventures,
bien faites pour mettre à l'épreuve la foi des légiti-
mistes naïfs de tous les pays [1].

*
* *

Voici ce qu'on lit dans Brantôme sur le luxe des
grandes dames d'autrefois : « Élisabeth de France,
reine d'Espagne et la femme de Philippe II, ne porta
jamais une robe deux fois; le second jour elle la

---

1. Dans la nuit du 20 au 21 février 1876, mourait à Milan, dans
un hôpital, Léon Commène, prince de Lusignan, descendant des
empereurs d'Orient; il s'éteignit dans la plus profonde misère, laissant une veuve et six enfants dépourvus du plus strict nécessaire...
Astres tombés ! Vanité des noms, et des grandeurs passées !

donnait à ses filles, et chaque fois son tailleur lui
en apportait une neuve. Toutes ces robes étaient
plus riches les unes que les autres, et la moindre,
dit Brantôme, coûtait de trois à quatre cents écus.
— Telles princesses, en certaines cérémonies,
avaient des robes si lourdes, à cause de l'or et des
pierreries dont elles étaient chargées, que ces faibles femmes ne pouvaient les porter: ainsi, Claude
de France, lors de ses fiançailles avec François Ier,
dut être portée dans les bras d'un de ses grands
officiers. — Au mariage du duc de Bourgogne avec
la duchesse de Savoie, la fiancée, une enfant de
douze ans, portait une robe si lourde de drap d'argent qu'on fut obligé de la soutenir dans sa marche.

*
* *

On se scandalise souvent aujourd'hui de la liberté
des mœurs de notre temps; en France et ailleurs
autrefois, on avait pourtant bien d'autres toléran-
ces; voyez, par exemple, cette femme, romancier
célèbre, dont on a trop parlé, Mlle de Tencin: sœur
d'un cardinal, religieuse ayant trahi ses vœux, elle
fut successivement la maîtresse du Régent, Philippe
d'Orléans, puis du cardinal Dubois, et enfin de
beaucoup d'autres dont elle eut des enfants, entre
autres d'Alembert; eh bien! par la suite, en fut-
elle moins considérée? Non; elle ouvrit un salon
de femmes d'esprit, où les hommes les plus estimés
tinrent à honneur de figurer...

***

Neuf ans après la mort de Louis XIII, en France, et pendant la minorité de son successeur, il y eut, suivant le maréchal de Grammont, 943 gentilshommes tués en duel; et ces duels étaient souvent des assassinats. «Nos pères n'y voyaient point de mal, dit un écrivain, ils ne méprisaient que les pacifiques. »

***

On connaît l'horrible misère des peuples après la guerre de *Trente ans*, guerre religieuse de la première moitié du XVIIᵉ siècle. Au temps de *la Fronde*, en France, quelques années après, et comme une suite, il en fut de même. Michelet rapporte qu'un auteur contemporain écrit ceci: « Depuis cinq ans, ni moisson, ni vendange; nous rencontrons des hommes si faibles qu'ils rampent comme des lézards sur les fumiers; ils s'y enfouissent la nuit comme des bêtes, et s'exposent le jour au soleil déjà remplis et pénétrés de vers; on en trouve gisant pêle-mêle avec les morts; et, ce que nous n'oserions dire si nous ne l'avions pas vu, ils se mangent les bras et les mains, et meurent dans le désespoir. »

***

En Angleterre, sous Elisabeth, on proscrivit les

bestiaux et la culture en Irlande, pour faire mourir
de faim les habitants, qu'on ne pouvait exterminer
d'une autre façon.

***

Au dix-huitième siècle, en France, l'impôt direct
prenait jusqu'à 53 o/o du revenu des taillables, tandis que beaucoup de privilégiés riches ne payaient
rien.

***

Depuis la fin du quinzième siècle jusqu'au commencement du dix-huitième, l'Espagne a retiré du
Nouveau-Monde la valeur de vingt-cinq milliards
de francs; et à quoi cela lui a-t-il servi?

Elle est devenue pauvre et déchue de sa puissance.

***

Jusqu'au dix-septième siècle, l'Angleterre a été
un pays agricole et non industriel; on y vivait plus
à la campagne qu'à la ville; au temps de Charles II
encore, il n'y avait pas en Angleterre plus de quatre villes, en dehors de Londres, dont la population
dépassât dix mille habitants. Aujourd'hui, après
deux siècles, quelle révolution!

Les Anglais ne vivent plus que de négoce et d'industrie dans des villes immenses, et les campagnes sont abandonnées [1].

***

Qui croirait, en voyant les Français et les Anglais aujourd'hui si étrangers les uns aux autres, que tant de liens les ont unis dans le passé? Pour n'en citer qu'un exemple, qu'on sache que la langue française était encore en Angleterre, à la fin du quatorzième siècle, la langue officielle de tous les corps politiques, et parlée par les grands au sortir de leur berceau. C'est seulement au quinzième siècle, quatre cents ans après la conquête par les Normands, que la langue anglaise finit par se substituer au français.

***

A quoi tient la destinée des nations! Édouard le Confesseur, roi d'Angleterre, ne voulut pas avoir d'enfant par vœu de continence; de là, la chute de la dynastie anglo-saxonne et la conquête de l'Angleterre par les Normands. Que ce saint roi, canonisé pour sa chasteté, se fût un instant oublié dans les bras de sa femme, et voilà pour son pays peut-être un tout autre avenir.

***

1. L'Angleterre est aujourd'hui obligée de demander aux pays étrangers les trois quarts des denrées nécessaires à sa subsistance.

La Renaissance italienne, aux quinzième et seizième siècles, est apparue comme un épilogue assez
étrange du moyen-âge religieux au sein de la
catholicité. Voici ce qu'en disait naguère un collaborateur de la *Revue des Deux-Mondes*, M. F. de
Navenne :

« Les Italiens de la Renaissance se formaient de
l'individu un idéal que différerait essentiellement du
nôtre. Ils prisaient avant tout les natures énergiques, supérieures, gouvernées par une volonté in-
domptable, servie par des facultés puissantes. Leur
culte s'adressait sans partage au génie créateur, à
celui surtout qui, semblant puiser à une source
divine, se manifeste sous toutes les formes. Indifférents à la générosité et aux sentiments chevaleres-
ques qu'ils considéraient comme des causes de faiblesse, ils réservaient leur admiration à l'ascendant
qu'un homme exerce sur les autres hommes, et ils
poussaient cette prévention si loin que le génie du
mal avait infiniment plus d'attrait pour eux que les
vertus banales. Artistes, d'ailleurs, dans toute la
force du terme, ils envisageaient les dons extérieurs
et les avantages corporels, la vigueur physique, la
beauté, la grâce, l'élégance, comme les attributs
indispensables de toute nature complète, comme
les éléments nécessaires d'un tout harmonieux. »
C'était l'idéal païen ; singulier fruit de l'enseignement évangélique, tel qu'il se pratiquait alors !
L'histoire a de ces surprises.

∗

En 1210 les livres d'Aristote, autres que sa Logique, furent condamnés par l'Église a être brûlés.
Mais Aristote résista et finit par devenir le législateur des méthodes scolaires du Moyen-âge. Et en
1629, les passions d'école s'y mêlant, un arrêt du
Parlement de Paris fit défense, *sous peine de mort*,
d'attaquer les principes d'Aristote. Singulière gloire
pour un païen !

∗

On lit, dans une notice sur Juste-Lipse, qu'un
auteur belge, M. Lucien Dubois, dédiait, il y a
quelques années, à M. le sénateur d'Anethan :
« La création de la Compagnie de Jésus a été le
point de départ d'une révolution radicale dans le
système des études. Jusqu'alors, les universités et
les collèges avaient été dans la main du pouvoir
civil ou complètement indépendants. Chaque professeur enseignait une partie des sciences et des
belles-lettres, sans mêler rien de religieux à ses
leçons; la théologie avait ses classes particulières;
mais elle n'exerçait dans les autres choses aucune
influence sur les idées, les sentiments, les habitudes
de la vie. Sous la direction des révérends pères,
l'étude de la théologie continua d'être l'objet d'un
cours spécial, mais les opinions et les pratiques
religieuses s'étendirent en outre sur tout le système

d'éducation. » Il y avait donc avant les jésuites un enseignement purement civil et *neutre*, et l'Église ne le trouvait pas mauvais; aujourd'hui, en pays catholique, elle le condamne comme un enseignement *sans Dieu*...

*

Ce que les découvertes du génie et de la science, par lesquelles le monde s'est transformé, ont rencontré d'opposition dans les préjugés d'autrefois, dans les idées ou dans les coutumes, chacun le sait. La vaccine fut d'abord regardée comme une invention du diable : on ne pouvait ainsi, disaient les dévots, changer l'ordre établi par Dieu, il fallait que l'humanité fût éprouvée [1]. Autre exemple : l'imprimerie, sans contredit l'une des inventions qui ont le mieux servi le progrès dans l'humanité, et qui ont donné le plus d'essor aux productions de l'esprit et au commerce des lettres, l'imprimerie ne fut pas accueillie avec faveur par tous les savants ou lettrés de l'époque; loin de là. Vespasien de Bistici, mort en 1497, le principal libraire de l'Italie en ce temps-là, s'applaudissait fort de la façon dont il avait composé la bibliothèque du duc d'Urbin : « Elle ne contient aucun livre *imprimé*, s'écriait-il avec orgueil; le duc en aurait eu honte.»

1. Même de nos jours, on a vu de pareils scrupules opposés à la science : ainsi en Angleterre, on a blâmé l'emploi des anesthésiques dans les accouchements sous prétexte que l'Écriture voulait que la femme enfantât dans la douleur.

18

Le brave homme n'aurait jamais pu s'imaginer jusqu'à quel point ces paroles paraîtraient un jour étranges. Nous avons vu depuis d'autres exemples de cet éloignement pour les meilleures choses, par cela seul qu'elles étaient nouvelles et apportaient du changement à ce qui existait. Le projet d'un canal interocéanique à travers l'isthme de Panama a été jadis empêché par les scrupules religieux des Espagnols : il ne fallait rien changer, selon eux, à l'œuvre du Créateur. Et encore ceci : En Espagne, toujours, sous Charles II, quelqu'un proposa de rendre le Tage navigable jusqu'à Lisbonne; que répondit à cela le conseil du roi? « La navigation du Tage doit être impossible à établir, car si Dieu avait voulu que ce fleuve fût navigable, il l'aurait fait ainsi; c'est donc attentoire à la foi et à notre religion que de vouloir faire ce qu'il n'a point fait. »

**

L'Eglise romaine est pessimiste : la doctrine de la grâce en est la preuve. Anéantir la créature devant le créateur, démontrer que l'homme, avec sa liberté, ses forces et ses vertus naturelles, n'est point capable de vaincre la perversité de son origine s'il n'a *la grâce*, c'est-à-dire le secours de Dieu, telle est la doctrine soutenue par saint Augustin et saint Thomas, combattue par Pélasge et les pélasgiens, exagérée par Calvin et ses idées sur la prédestination, reprise ensuite par Jansénius, sous d'autres considérations. Il résulte de cette doctrine que l'homme est mauvais et n'a pas la liberté de ses actes, ou enfin qu'il ne peut être bon sans des secours surnaturels : c'est le pessimisme dans la foi, et la puissance assurée à l'Église.

***

Si la France a échappé à la Réforme, ce n'est pas en tout cas par les mérites du clergé français de ce temps-là. A la fin du seizième siècle et au commencement du dix-septième, l'Église de France, sauf de rares exceptions, donnait à tous les degrés l'exemple du mépris des chose divines. « Le catholicisme n'était pas chrétien ; eux, ils étaient chrétiens, » a dit des protestants, au temps de saint François de Sales, son biographe, Strowski. On voyait alors en France des prélats, grands seigneurs, archevêques et évêques, qui n'étaient pas prêtres, mais n'en touchaient pas moins les revenus de leurs charges, laissant à leurs grands vicaires le soin de remplir les devoirs de leurs fonctions ecclésiastiques : « Ils distribuaient les bénéfices de leurs diocèse à la basse domesticité de leur maison, valets de chambre, cuisiniers, barbiers, laquais, » lisait-on dernièrement dans un article signé Arvède Barine. — Eh bien, à quoi sont dus les mérites et la dignité qui distinguent généralement le clergé catholique de notre temps, comparé à celui d'autre-

fois, sinon aux révolutions religieuses et politiques
sur lesquelles l'Eglise prononce anathème et qui
lui profitent en dépit d'elle?

***

« C'est une expérience éternelle, a dit Montesquieu, que tout homme qui a du pouvoir est porté
à en abuser; il va jusqu'à ce qu'il trouve des limites. » Et il en est ainsi que ce pouvoir descende du
ciel ou qu'il monte de la terre.

***

On a dit que Luther avait exempté l'Allemagne
des Robespierre et des Saint-Just; mais il n'y a
qu'une part d'assimilation à faire ici : Luther a bien
plutôt dispensé l'Allemagne de la fonte des cloches
et de la chasse aux curés, que protège la liberté religieuse.

***

Le dix-huitième siècle en France, dont disent tant
de mal les conservateurs de nos jours parce qu'il
prépara la révolution politique et religieuse dont ils
ont souffert, n'en a pas moins été un siècle remarquable. « Son caractère, dit Villemain, est d'avoir
mis les idées à la place des croyances. » De là, sa
force et sa faiblesse; attaqué par les uns au nom
des croyances, il est défendu par les autres au nom

des idées. Quoi qu'il en soit, les historiens s'accordent pour dire que quelques années avant la Révolution, sous Louis XVI, la société française présentait le spectacle d'une société aussi heureuse qu'aimable et polie. « Souvenons-nous, dit encore Villemain, que le xviiie siècle fut particulièrement pour la France l'époque la plus paisible et la plus heureuse de la civilisation moderne. » Et Taine qui, à d'autres égards, n'a point flatté cette époque, dit ceci : « A la fin du xviiie siècle, dans la classe élevée et même dans la classe moyenne, on avait en France horreur du sang; la douceur des mœurs et le rêve idyllique avaient détrempé la volonté militante. » Et quant au point de vue religieux, Lamartine fait observer que le « scepticisme du xviiie siècle ne s'attachait qu'aux formes extérieures et aux dogmes surnaturels du christianisme; il en adoptait avec passion la morale et le sens social ». Et sur le même sujet, M. de Rémusat a écrit quelque part ce qui suit : « Ceux qui ont connu les hommes de cette époque ont pu constater quelles fortes traces avait laissées après elle *la Profession de foi du Vicaire savoyard*. Les hommes de 89, dit-il, n'avaient guère d'autre symbole. Etaient-ils d'ailleurs des athées ceux qui, comme ce girondin de Bordeaux, Salles, écrivaient à sa femme avant de mourir : « Sois, s'il se peut, aussi fière que moi, espère encore, espère en Celui qui peut tout; il est ma consolation au dernier moment, et j'ai trop besoin de penser qu'il faut bien que l'ordre existe quelque

part pour ne pas croire à l'immortalité de mon
âme; il est grand, juste et bon, ce Dieu au tribunal duquel je vais comparaître; je lui porte un
cœur sinon exempt de faiblesse, au moins exempt
de crime et pur d'intention, et, comme dit si bien
Rousseau, « qui s'endort dans le sein d'un père
n'est pas en souci du réveil ». Réduits à la même
extrémité, prêts à mourir comme Salles, Buzot
écrivait à sa femme: « Je t'attends au séjour des
justes. » — « Je me jette dans les bras de la Providence, » écrivait Pétion. — « Je me livre à la providence de Dieu, » dit Barbaroux dans une lettre à
sa mère! — Oui ces gens du xviiie siècle étaient
plus croyants que leurs fils du dix-neuvième; ils
parlaient un langage inconnu de beaucoup de nos
jours; ce n'étaient pourtant pas des hypocrites faut-
il croire... En somme, un tel siècle avait du bon et
ne justifie pas tant que cela les condamnations intéressées et les haines aveugles. Un écrivain français
de notre époque, M. Silvestre de Sacy, a exprimé
à propos des philosophes français du siècle dernier
une opinion qu'on ne peut que partager : « L'envie
que j'aurais, dit-il, de condamner sans ménagement
des écrivains et des philosophes qui n'ont pas su se
préserver de la corruption commune tombe quand
je vois que l'arrêt qu'on demande contre eux est un
arrêt de réhabilitation pour les abus que leur voix
vengeresse a fait crouler. »

.

Macaulay dit de Voltaire : « Jamais aucun éducateur des hommes n'a laissé derrière lui un si vaste et si terrible naufrage de vérités et de faussetés, de choses nobles et de choses viles, de choses utiles et de choses pernicieuses. »

*
* *

« De Maistre, le plus catholique des esprits, paraît le moins chrétien des cœurs; » le mot est de Sainte-Beuve; Voltaire, qui aime l'humanité en principe, affecte en toute occasion, comme le lui reproche Rousseau, de mépriser le pauvre. Tout cela peut s'intituler : les inconséquences des gens d'esprit.

*
* *

Paroles de Napoléon à Sainte-Hélène à propos des affaires ecclésiastiques. — « Lorsque je saisis le timon des affaires, j'avais des idées arrêtées sur les grands éléments qui cohésionnent la société, j'avais pesé toute l'importance de la religion; j'étais persuadé, et j'avais résolu de la rétablir. Mais on croirait difficilement les résistances que j'eus à vaincre pour ramener le catholicisme; on m'eût suivi bien plus volontiers si j'eusse arboré la bannière protestante; c'est au point qu'au Conseil d'Etat, où j'eus grande peine à faire adopter le Concordat, plusieurs ne se rendirent qu'en complotant d'y échapper : « Eh bien, se disaient-ils l'un à l'autre, faisons-nous protestants, et cela ne nous regar-

dera pas. » Il est sûr qu'au désordre auquel je
succédais, que, sur les ruines où je me trouvais
placé, je pouvais choisir entre le catholicisme et le
protestantisme; et il est vrai de dire encore que
les dispositions du moment poussaient toutes à
celui-ci; mais outre que je tenais réellement à ma
religion natale, j'avais les plus hauts motifs pour
me décider. En proclamant le protestantisme,
qu'eussé-je obtenu? J'aurais créé en France deux
grands partis à peu près égaux, lorsque je voulais
qu'il n'y en eût plus du tout; j'aurais ramené la fu-
reur des querelles de religion, lorsque les lumières
du siècle et ma volonté avaient pour but de les faire
disparaître tout à fait; ces deux partis, en se dé-
chirant, eussent annihilé la France et l'eussent
rendue l'esclave de l'Europe, lorsque j'avais l'ambition de l'en rendre la maîtresse. Avec le catholicisme, j'arrivais bien plus sûrement à tous mes
grands résultats. Dans l'intérieur, chez nous, le
grand nombre absorbait le petit, et je me promet-
tais de traiter celui-ci avec une telle égalité qu'il
n'y aurait bientôt plus de motif à connaître la différence. Au dehors, le catholicisme me conservait
le pape; et avec mon influence et nos forces en Italie, je ne désespérais pas, tôt ou tard par un moyen
ou par un autre, de finir par avoir à moi la direction de ce pape; et dès lors quelle influence! Quel
levier d'opinion sur le reste du monde!... — François Ier était placé véritablement pour adopter le
protestantisme à sa naissance, et s'en déclarer le

chef en Europe; Charles-Quint, son rival, prit vivement le parti de Rome; c'est qu'il croyait voir là
pour lui un moyen de plus pour obtenir l'asser-
vissement de l'Europe. Cela seul ne suffisait-il pas
pour indiquer à François Ier la nécessité de se
charger de son indépendance? Mais il laissa le
plus pour courir après le moins; il s'attacha à
poursuivre ses mauvais procès d'Italie; et dans
l'intention de faire sa cour au pape, il se mit à
brûler les réformés dans Paris. — Si François Ier
eût embrassé le luthéranisme, si favorable à la
suprématie royale, il eût épargné à la France les
terribles convulsions religieuses amenées plus
tard par les calvinistes, dont l'atteinte, toute
républicaine, fut sur le point de renverser le trône
et de dissoudre notre belle monarchie. Malheureusement, François Ier ne comprit rien à tout cela....
François Ier, après tout, n'était qu'un héros de tour-
nois, un beau de salon, un de ces grands hommes
pygmées. — « L'évêque de Nantes, de Voisins,
me rendait réellement catholique par la sagesse
de ses raisonnements, son excellente morale, et
sa tolérance éclairée. Marie-Louise, dont il était le
confesseur, le consulta un jour sur l'obligation
de faire maigre le vendredi. — « A quelle table
mangez-vous? » lui dit l'évêque. — « A celle de
l'empereur.»—« Y commandez-vous? »—« Non.»
— « Vous n'y pouvez donc rien; le ferait-il lui-
même? » — « Il est à croire que non. » — « Sou-
mettez-vous donc alors, et ne provoquez pas un

sujet de scandales; votre premier devoir est de lui
obéir et de le faire respecter; vous ne manquerez
pas d'autres moyens de vous amender et de vous
priver aux yeux de Dieu. » — « Ce fut la même
chose encore pour une communion publique que
quelques-uns mirent en tête à Marie-Louise pour
le jour de Pâques. Elle ne le voulut pas sans avoir
pris l'avis de son sage confesseur, qui l'en dissua-
da par les mêmes raisonnements. Quelle différence
si elle eût été travaillée par un fanatique! Quelles
querelles, quelle désunion n'eût-il pas pu amener
parmi nous, quel mal n'eût-il pas pu faire dans les
circonstances où je me trouvais! » — « L'évêque
de Nantes avait vécu avec Diderot au milieu des
incrédules, et y avait toujours été convenablement;
aussi avait-il réponse à tout; il avait surtout le bon
esprit d'abandonner tout ce qui n'était pas soute-
nable, de faire rétrograder la religion de tout ce
qu'il n'eût pu défendre. « Un animal qui se meut.
combine, et pense, 'n'a-t-il pas une âme? » lui di-
sait-on. — « Pourquoi pas? » répondait-il. —
« Mais où va-t-elle? Car elle n'est pas à l'égal de
la nôtre. » — « Que vous importe? Elle demeure
peut-être dans les limbes. » — Il se retirait donc
dans les derniers retranchements, dans la forteresse
même, et là se ménageait toujours ainsi un excellent terrain. Aussi argumentait-il bien mieux que
le pape, et souvent il se désolait; c'était, parmi
nos évêques, le plus ferme appui des libertés gal-
licanes; c'était mon oracle, mon flambeau; il avait

ma confiance aveugle sur les matières religieuses.
Car, dans mes querelles avec le pape, j'avais pour
premier soin, bien qu'en aient dit les intrigants et
les brouillons à soutane, de ne pas toucher au
dogme; si bien que, dès que ce bon et vénérable
évêque de Nantes me disait : « Prenez garde, vous
voilà en face du dogme, » sans m'amuser à disser-
ter avec lui, sans chercher même à le comprendre,
je déviais aussitôt de ma route pour y revenir par
d'autres voies. » — « Les papes ne pouvaient nous
pardonner nos libertés de l'Eglise gallicane; les
quatre fameuses propositions de Bossuet surtout
excitaient leur ressentiment; c'était, selon eux, un
véritable manifeste de guerre; aussi nous consi-
déraient-ils hors du giron au moins autant que les
protestants. Ils nous trouvaient aussi coupables,
peut-être plus, et s'ils ne nous avaient pas acca-
blés de foudres ostensibles, c'est qu'ils avaient
craint les conséquences : notre séparation. L'exemple de l'Angleterre était là. Ils n'avaient donc pas
voulu se couper le bras droit de leur propre main,
mais ils ne cessaient de veiller pour une occasion
favorable, ils l'attendaient du temps... » — « Quelque temps avant mon couronnement, le pape voulut me voir, et tint à se rendre lui-même chez moi.
Il avait fait bien des concessions : il était venu à
Paris me couronner, il consentait à ne pas me poser la couronne, il me dispensait de communier en
public avant la cérémonie; il avait donc, selon lui,
bien des récompenses à attendre en retour; aussi

avait-il rêvé d'abord la Romagne, les Légations, et il commençait à soupçonner qu'il faudrait renoncer à tout cela. Il se rabattit alors sur une bien petite grâce, disait-il : seulement à voir signer un titre ancien, un chiffon bien usé qu'il tenait de Louis XIV· « Faites-moi ce plaisir, disait-il; au fond cela ne signifie rien. » — « Volontiers, très Saint Père, et la chose est faite si elle est faisable. » Or, c'était une déclaration dans laquelle Louis XIV, sur la fin de ses jours, séduit par Mᵐᵉ de Maintenon ou gagné par ses confesseurs, désapprouvait les fameux articles de 1682, bases des libertés de l'Eglise gallicane. » L'empereur répondit maligne- ment qu'il n'avait pour son compte aucune objec- tion personnelle ; mais qu'il fallait toutefois, pour la règle, qu'il en parlât avec les évêques ; sur quoi le pape se tuait de répéter que ce n'était nullement nécessaire, que cela ne méritait pas tant de bruit. « Je ne montrerai jamais cette signature, disait-il, pas plus qu'on n'a montré celle de Louis XIV. » — « Mais si cela ne signifie rien, disait Napoléon, à quoi bon ma signature? Et si cela peut signifier quelque chose, il faut bien que, décemment, je consulte mes docteurs. »

C'est ce que fit Napoléon. « Alors l'évêque de Nantes et les vrais évêques français accoururent aussitôt. Ils étaient furieux, et me gardaient comme s'ils eussent gardé Louis XIV au lit de mort pour l'empêcher de se faire protestant. »

(Extrait du *Mémorial de Sainte-Hélène,* par LAS CASES.)

AUTRES EXTRAITS

« Tandis que, dans plusieurs pays de la vieille Europe, fait observer M. A. Leroy-Baulieu, en France et en Angleterre, notamment, la religion, devenue suspecte au bas peuple, qu'elle a si long-temps consolé, s'est en grande partie réfugiée dans les hautes classes, dont le dix-huitième siècle lui avait fait essuyer les dédains, chez les Russes les croyances chrétiennes vont en diminuant de bas en haut... C'est que plus le peuple montre de foi et reste attaché aux croyances de ses pères, plus les classes supérieures sont portées à regarder la religion comme bonne pour le peuple, et moins elles sentent le besoin de la soutenir de l'autorité de leur exemple. »

**

Démosthènes nous apprend que, tandis que les temples, à l'époque de la grandeur d'Athènes, étaient splendidement décorés, les maisons des particuliers, même celles des plus illustres citoyens, étaient toutes simples et modestes... Quand on ne croit plus aux Dieux, on se fair bâtir des hôtels vastes et luxueux comme s'ils devaient être l'éternelle demeure.

**

L'on ne se figure pas, habitués que nous sommes au confort actuel, ce qu'étaient les habitations autrefois. Les Romains ne connaissaient pas les cheminées; il est à présumer qu'ils ne se chauffaient qu'au moyen de brasiers. La cheminée est d'invention française et ne date que du seizième siècle. Au temps de Louis XIII, les cheminées fumaient abominablement à Saint-Germain; Louis XIV grelottait dans ses appartements de Versailles; ce ne fut que plus tard qu'on apporta les perfectionnements qui les rendirent telles que nous les avons aujourd'hui. — Autre surprise pour les gens de notre temps : anciennement, en Angleterre, dans les demeures des riches et jusqu'à la cour, on ne se servait point de tapis pour recouvrir les parquets; on se contentait, sur l'aire battue des appartements, de semer des roseaux coupés et séchés, que l'on ne renouvelait que lorsqu'il s'en dégageait de trop fortes odeurs à la suite de tout ce qu'on y jetait.

*
* *

Si l'on veut avoir une idée des variations que les siècles apportent dans les sociétés civilisées, il faut se reporter à ce qui se passait, il y a deux mille ans, sous l'empire romain. Il n'y avait généralement alors que les villes qui fussent habitées; dans toute l'Italie les esclaves seuls formaient la population des campagnes, qu'ils cultivaient. Dans les villes même, presque tout le commerce et la plupart des profes-

sions libérales étaient entre les mains des *Affranchis*; aux citoyens romains seuls, les hauts emplois publics et les armées. Dans notre société
moderne, au contraire, on estime surtout les gens
qui *ont des affaires* et gagnent beaucoup d'argent.

***

L'esclavage a-t-il toujours été, non seulement
une des institutions caractéristiques des temps antiques, mais encore un mal des sociétés primitives?
On prétend que l'homme, naturellement paresseux,
n'a pris l'habitude du travail que par l'esclavage;
et il n'y a peut-être là rien d'invraisemblable; les
citoyens noirs des Etats-Unis, paresseux de naturel, travaillent aujourd'hui comme les blancs.

***

Mais, aux Etats-Unis comme ailleurs, l'esclavage
n'avait pas moins amené des abus honteux pour
l'humanité. Voici à ce sujet un fait que rapporte
M. d'Haussonville : « Un propriétaire d'esclaves,
dit-il, faisait produire tous les ans un enfant à ses
négresses, comme dans une jumentière bien conduite on fait produire tous les ans un poulain à
une poulinière. Dans quelques Etats, on pratiquait
même l'élevage des nègres comme on pratique celui
des chevaux, et des gaillards bien découplés servaient de reproducteurs. » De tutelle bienfaisante
pour des peuples enfants qu'il pourrait être, l'es-

clavage ainsi a toujours et partout dégénéré en exploitation éhontée.

*
**

Aux Etat-Unis, les nègres s'y payaient plus ou moin cher, suivant qu'ils montraient plus ou moins de ferveur religieuse; car la résignation dans l'adversité imposée par les ministres du culte constituait une garantie de fidélité pour des maîtres égoïstes.

*
**

L'honneur du christianisme a été de mettre fin à l'esclavage antique; oui, sans doute, et c'était dans le principe évangélique. Mais le moyen-âge, plus tard, institua le *servage;* valait-il beaucoup mieux? « En France et ailleurs, dit un écrivain de nos jours, tous ceux que le seigneur féodal employait à divers emplois étaient *serfs,* et si peu inséparables de son fief ou de sa personne qu'il les vendait, les donnait, les échangeait à volonté; au xiiie et au xive siècle on cédait le fils ou la fille d'un de ses hommes de corps dont on gardait le père, et réciproquement on vendait les parents sans les enfants[1]. Il n'est guère possible d'affirmer que ce fût là un progrès.

*
**

On connaît la puissance des métiers au moyen-

1. M. le Vicomte d'Avenel.

âge dans plus d'un pays de l'Europe. En Belgique, les corporations y jouissaient d'une telle considération que nul homme ne pouvait être élevé à une magistrature sans en faire partie; et en tout temps pour être admis aux fonctions communales, les membres de la noblesse devaient se faire inscrire sur les registres des métiers.

***

Au temps des corporations de métiers, des maîtrises et des jurandes, une découverte, un perfectionnement constituant progrès, n'étaient pas seulement considérés comme un danger public, mais constituaient un *délit.*

***

Aujourd'hui il n'y a plus d'esclaves et le travail est libre et honoré; tout cela du moins en principe, quoique un peu moins en pratique. En tout cas, tous citoyens. Dans les gouvernements de la Grèce, selon plus d'un auteur la limitation légale du nombre des citoyens paraît avoir été la base des institutions républicaines : de là les expositions et suppressions d'enfants, les empêchements aux mariages. Nos principes de civilisation supérieure sont aujourd'hui contraires à un tel ordre de choses; mais n'y a-t-il pas un autre abus et un autre péril à pousser à la multiplication du nombre des citoyens autant que nous le faisons?

***

« Multiplier les naissances sans ennoblir les destinées, c'est préparer seulement une fête plus somp-
tueuse à la mort. »

(Mme DE STAEL.)

***

Aujourd'hui, il parait que l'on n'attache encore
si grande importance au progrès de la population
qu'en considération des armées, que le chauvinis-
me des nations ne croit jamais assez nombreuses;
de sorte que l'on ne se reproduirait aussi géné-
reusement que pour mieux s'entredétruire.

***

Cousin, dans son cours de 1828, se plaçant au
point de vue de la philosophie allemande de cette
époque, prétendait que ce sont les idées qui triom-
phent sur les champs de bataille; selon lui, à Phar-
sale, « Brutus représentait l'esprit ancien; l'esprit
nouveau était du côté de César... Ce ne fut point
là le jour de la liberté romaine, mais celui de la
démocratie, car démocratie et liberté ne sont point
synonymes; toute démocratie pour durer veut un
maître qui la gouverne; ce jour-là, elle en prit un,
le plus magnifique, le plus sage, dans la personne
de César. » Ne dirait-on pas que tout cela a été
écrit pour les bonapartistes du temps, tout au moins

pour les bonapartistes d'avant Waterloo? Et l'auteur, s'il revenait à la vie, appliquerait-il sa doctrine à la campagne de 1870, où la France, vaincue
à Sedan, représenterait le vieil esprit, et l'Allemagne, victorieuse, une civilisation nouvelle? Ce
serait très embarrassant.

*
* *

Les révolutions et la guerre ont donné à la France
et au monde celui dont on a si bien dit : « Il a fait
trop de bien pour en dire du mal, et trop de mal
pour en dire du bien. » Ce fut un grand génie,
mais non un grand homme. Il disait : « Le cœur
d'un homme d'État ne doit être que dans sa tête. »
Et encore à Las Cases, à Sainte-Hélène : « Pour gouverner il faut être militaire; on ne gouverne qu'avec
des éperons et des bottes. » Il n'y avait que lui et
sa dynastie, et tous les moyens lui étaient bons
pour arriver à ses fins. Rappelons quelques faits
comme preuves. « Le catéchisme qui a été reçu dans
les églises pendant le règne de Bonaparte, dit
Mme de Staël, menaçait des peines éternelles *quiconque n'aimerait pas ou ne défendrait pas la dynastie de Napoléon;* si vous n'aimez pas Napoléon
et sa famille, disait ce catéchisme — qui, à cela
près, était celui de Bossuet — que nous arrivera-
t-il? — Réponse : Alors nous encourrons la damnation éternelle. » Peut-on se moquer davantage
des gens? — Diriger le monde religieux ainsi que

le monde politique, telle fut l'idée de Napoléon; dans ses entretiens de Sainte-Hélène, il l'avoue naïvement : « J'aurais eu mes sessions religieuses comme mes sessions législatives ; mes conciles eussent été la représentation de la chrétienté; les papes n'en eussent été que les présidents; j'eusse ouvert et clos ces assemblées, approuvé et publié leurs décisions, comme l'avaient fait Constantin et Charlemagne. »

Au *Moniteur* de juillet 1810, on lit ceci, qu'il écrivait à son neveu Louis-Bonaparte : « N'oubliez pas, dans quelque position où vous place ma politique et l'intérêt de mon empire, que vos premiers devoirs sont envers moi, vos seconds envers la France; tous vos autres devoirs, même ceux envers les peuples que je pourrais vous confier, ne viennent qu'après. »

Peut-être les circonstances ont-elles exigé un tel homme; mais que Dieu nous préserve des circonstances!

III

On juge souvent d'une chose d'une certaine façon
en telles circonstances, et l'on en jugerait différemment si les circonstances étaient autres. Ainsi un
objet paraît grand ou petit à nos yeux suivant
qu'il est à côté d'objets plus petits ou plus grands.
Entrez à Notre-Dame de Paris, le monument vous
paraîtra immense, colossal ; supposez Notre-Dame
de Paris à côté de Saint-Pierre du Vatican, la
Cathédrale française vous paraîtra petite en face
du dôme romain. Une salle de théâtre, une salle de
concert, pouvant contenir deux mille auditeurs,
fera l'effet, vue isolément, d'une très vaste enceinte :
il y a dans le Palais de cristal, à Londres, deux salles de telles dimensions qui paraissent tenir bien
peu de place dans l'ensemble de l'immense édifice.

Quelque chose d'analogue se passe à propos de
beaucoup d'autres jugements que nous portons.
Une œuvre d'art d'un certain mérite, par exemple,
sera en général jugée favorablement et presque
comme tout à fait belle, si elle se trouve entourée

d'œuvres très médiocres ; mettez-la à côté d'œuvres
supérieures, l'appréciation sera tout autre. Que de
jugements tout faits nous a légués l'histoire, et qui
ne sont peut-être que l'effet des circonstances ou
de l'illusion des milieux où ils se sont produits !
L'opinion se compose de quelques vérités absolues
et de beaucoup de vérités relatives.

***

La nature a voulu que, sous les climats et dans
les contrées où les jouissances sont les plus vives
et les sens le plus flattés, là aussi la souffrance
fût la plus forte et les jours de l'homme le plus
menacés. Dans les régions tropicales, quelle fête
pour les yeux ! Le ciel est éclatant, les frimas et
les brouillards du nord n'y troublent jamais sa
sérénité ; et quelle nature ? Quelle végétation luxu-
riante ! Quelles fleurs, quels fruits ! Tous les sens
sont enivrés ; et ces oiseaux, et ces insectes, qui,
pour l'éclat, luttent avec les fleurs ! Tout resplendit,
tout témoigne de la puissance et du génie de la
création. Mais ce soleil, il est si ardent qu'il faut
le fuir et se cacher une bonne partie du jour ; point
de frimas, il est vrai, mais des pluies torrentielles,
des orages destructeurs, et une température qui
énerve ; sous les fleurs, des reptiles qui donnent la
mort ; dans l'épaisseur de ces halliers parfumés
des fauves qui vous menacent ; parmi ces bestioles
qui pullulent dans l'espace, des êtres qui s'achar-

nent la nuit contre votre sommeil; sans doute, des heures délicieuses le soir, mais aussi la fièvre traîtresse et les miasmes mortels. On dirait que l'homme ne peut jamais recevoir un plus grand bien sans le payer d'un plus grand mal; c'est le système des compensations. En somme, les climats tempérés, comme toutes les choses tempérées, sont préférables; tout y est mieux réparti pour notre satisfaction et cette part de bonheur qui nous est accessible; ici, sans doute, point de ces enivrements où semblent s'épuiser en un instant toutes les puissances de la vie; mais aussi, ni ces périls sans cesse menaçants, ni ces abattements qui sont comme un avant-goût de la mort. Les climats extrêmes, comme les idées et les gouvernements extrêmes, sont les moins favorables au progrès : l'ardeur du soleil, tout comme l'ardeur des passions et des esprits, épuise l'homme. Mais il y a aussi des tempéraments extrêmes et qui ne se plaisent que dans les contrastes et les alternatives violentes du bien et du mal; pour ceux-ci, tout ce qui est donné avec mesure les ennuie : leur place est sur la ligne équinoxiale.

L'HABITUDE EST UNE SECONDE NATURE

Aucune vérité ne mérite mieux son nom. C'est à l'habitude, en effet, que l'homme doit une bonne

part de ses qualités et de ses défauts, de ses aptitudes et de ses impuissances, dans l'ordre physique, dans l'ordre moral, et dans l'ordre intellectuel.
Nous ne voulons à ce sujet citer ici qu'un exemple
bien vulgaire tiré de l'ordre matériel : l'habitude
du travail et des efforts physiques chez l'ouvrier
appelé à vivre de ses bras.

Lorsque ceux qui ne sont pas condamnés à un
tel travail pour vivre, ou qui ne travaillent que de
la tête, considèrent l'ouvrier, depuis six heures du
matin jusqu'à six ou sept heures du soir, souvent
à l'ardent soleil ou dans la pluie, occupé aux travaux des champs, ou, dans les usines, aux rudes
travaux industriels, ou dans les mines et carrières
à une œuvre plus pénible encore[1], ils ne peuvent
s'empêcher de le plaindre, pour peu qu'ils aient le
cœur compatissant; eux qui, au bout d'une heure
de travail dans leur jardin, par pure distraction,
se trouvent exténués et tout en nage, ils ne peuvent comprendre cette résistance à la fatigue chez
l'ouvrier, et ils mesurent à leur propre faiblesse et
à leur inexpérience la rudesse et les souffrances
de sa tâche. Mais il y a ici illusion. L'ouvrier —
quand il n'est pas condamné à abuser de ses forces—ne trouve pas sa tâche aussi pénible que cela :
il s'en acquitte avec moins d'efforts que ne l'imaginent ceux qui ne sont pas ouvriers comme lui ; et
cela uniquement parce qu'il en a l'habitude ; parce

1. L'enfer du houilleur.

que, depuis son enfance, son corps, ses membres se sont endurcis et fortifiés dans cet entraînement à de rudes labeurs; c'est là sa vie de tous les jours, pour laquelle il s'est rendu apte, et il termine sa journée, à peine fatigué, parce que l'habitude lui a fait une nature d'ouvrier [1].

« Nous ne sommes qu'habitude, dit M. Jules Simon; nous vivons, nous pensons, nous sentons par habitude... Sommes-nous riches, nous avons les habitudes des riches : il nous faut des appartements élégants, du feu en hiver, de l'air en été, de bons mets, des vins fins, des domestiques. Tout cela ne nous réjouit guère; c'est en quelque sorte notre pain quotidien. Nous souffririons d'en être privés; nous remarquons à peine que nous l'avons. Quand la richesse arrive tout à coup après la misère, ses premières journées sont pleines d'enchantements : ce ne sont que petits bonheurs; les yeux, tous les sens sont séduits; et peu à peu tout cela s'efface et s'endort, et ce qui était un plaisir devient tout uniment un besoin. Est-ce vrai? Voilà une habitude fatale qui nous rassasie du plaisir, le rend monotone, et nous plonge dans l'indifférence. Mais voyons la contre-partie.

« Entrons dans la maison du pauvre. Est-ce une maison? Non, la langue lui donne un autre nom, c'est une chaumière. Entrons là. Voici un espace

---

1. On pourrait dire encore que comme l'ouvrier qui a l'habitude du travail n'y trouve aucune peine, le riche, qui a l'habitude du plaisir, finit par ne plus y trouver aucune jouissance.

où ne tiendrait pas l'antichambre du riche. Le
laquais du riche ne changerait pas sa mansarde
contre cet espace. La lumière n'y vient pas, parce
qu'il y a impôt sur les fenêtres. En revanche,
le vent et la pluie y pénètrent par les toits effon-
drés, par les murs lézardés. Point d'autre sol que
la terre dure et humide; point de meubles; un
grabat ou peut-être une poignée de paille. Là
vivent ou végètent, entassés, le père, la mère,
l'aïeul, l'aïeule, les enfants bien portants ou malades. Le pain manque quelquefois; la sécurité
manque toujours. On n'ose penser à l'avenir. Il n'y
a pas d'avenir. L'avenir c'est demain. Quand on
est sûr d'avoir du pain demain, on s'endort dans
des rêves heureux. Quelle vie! Ne disons pas
qu'on s'y habitue jusqu'à ne plus sentir la misère,
ne berçons pas notre égoïsme de cette vaine pensée; mais disons, car cela est vrai, que la Providence veille sur ces abandonnés, qu'elle émousse
exprès leurs sens, pour que la douleur ait moins
d'aiguillons, qu'elle endurcit leurs corps aux pri-
vations et à la fatigue, qu'elle endort leur imagination, pour que le regret du bonheur absent n'a-
joute pas à la misère présente. L'homme, heureusement, s'habitue à souffrir, comme il s'habitue à
jouir. Dieu ramène une sorte d'égalité entre le
riche et le pauvre par cet affaissement de nos
facultés [1]. »

Et c'est ainsi que l'habitude est pour l'homme

1. *Le Devoir.*

comme une seconde nature. Pour l'âme et l'esprit,
il n'en est pas autrement que pour le corps; plus
ou moins, et tout en tenant compte de certaines
prédispositions naturelles, nos facultés suivent la
ligne d'un premier entraînement qui détermine
notre carrière et nos habitudes. De là, la grande
importance de l'éducation de l'enfance : elle nous
fait bons, forts ou capables, ou bien elle nous rend
mauvais, débiles ou ineptes, selon qu'elle nous
incite à prendre de bonnes ou de mauvaises habitudes, d'où dépendront notre avenir et notre bonheur : c'est la seconde nature.

LE MILIEU LOCAL

Le milieu local exerce une influence sur les idées
et les sentiments, dont les esprits et les caractères
doivent sûrement subir le contre-coup. il est à
croire, par exemple, que l'aspect d'une contrée,
agissant sur l'âme dès l'enfance par une succession
de sensations plus ou moins variées et d'une certaine nature, contribue à donner à l'esprit telle
tournure ou telle autre, et entre en quelque sorte
comme élément de ses destinées futures. Ainsi, un
pays de plaines n'a pas, à cet égard, la même
influence qu'un pays de montagnes; ici, un aspect
sans cesse varié par des accidents de terrain, par
des forêts, des vallons, des rochers abrupts, des
torrents; là, au contraire, un aspect uniforme, le
regard s'étendant à l'infini sur de vastes champs

cultivés ou stériles; l'œil, l'odorat, l'ouïe sont
autrement impressionnés là qu'ici; c'est une autre
végétation, ce sont d'autres fleurs et d'autres par-
fums, ce sont d'autres sons qui retentissent sous le
dôme des forêts, répercutés par les échos des montagnes. Aussi l'habitant des contrées ainsi acciden-
tées, remué dès l'enfance par cette variété de sensations qui se succèdent, doit-il avoir l'esprit plus
vif, plus alerte, que l'habitant des plaines habitué
à une monotonie qui le laisse tranquille et dont
son âme conserve l'empreinte; et c'est, en effet, ce
qui s'observe généralement.

La mer, pour l'habitant des côtes, le désert,
pour l'Arabe errant, ont aussi leur unité d'aspect,
mais d'une toute autre grandeur et d'une toute autre
poésie; un pareil spectacle stimule bien autrement
l'imagination qu'une vaste étendue de champs uni-
formément revêtus de moissons. Les contrées méri-
dionales encore, avec leur beau ciel et leur riante
nature, n'ont pas la même action sur l'esprit que les
brumes du nord, l'aspect des glaciers, les longs
hivers de neige; ici, l'âme, repliée sur elle-même et
assombrie par la tristesse des images, là, excitée,
égayée par la splendeur de la vie, conçoit différemment le langage des choses et donne à la religion des caractères divers.

Mais l'action des influences locales dans leur
diversité se fait surtout sentir dans le séjour à la
ville opposé au séjour à la campagne, et réciproquement. L'enfant né entre les rangées étroites des

maisons d'une ville, habitué au mouvement des
rues et des places publiques, au spectacle varié
qu'elles lui offrent, a les sens et l'esprit impressionnés d'une toute autre façon que l'enfant qui
grandit en face de la nature et des vastes horizons
de la campagne, au grand air, au grand soleil, au
sein des solitudes champêtres. L'enfant des villes,
en général, aura plus de ressources dans l'esprit,
il aura du moins l'esprit plus entreprenant, plus
hardi, plus vif, plus affiné; comme artiste ou comme
écrivain il réussira mieux dans les œuvres où
la personnalité humaine est mise en scène ou en
action. L'enfant des campagnes, lui, fera preuve
d'en sentiment plus profond; il sera plus poète;
sa pensée se portera en général plus haut et plus
loin.

Edmond About, dans son livre *le Progrès*, dit
à propos du village : « C'est la dernière forteresse
de l'ignorance et de la misère; » et il appuie cette
opinion de ce cri de l'auteur ancien : « La ville, la
ville, mon cher Rufus, c'est la lumière où il faut
vivre — *Urbem, Urbem, mi Rufe, Cole, et in istâ
luce vive.* » Mais un peu plus loin lisez du même
ces lignes : « La campagne nous prend par un
charme intime, discret, timide, qu'on ne sent pas
d'abord, qui nous laisse indifférent, presque
ennuyé, mais qui bientôt, l'habitude aidant, s'empare de notre être et entraîne jusqu'aux dernières
fibres du cœur. »

<center>**</center>*

« La violette et la marguerite des prés sont
rivales ; même saison, même simplicité ; la violette
captive dès le premier printemps ; la pâquerette se
fait aimer toute l'année ; la violette rappelle le plus
pur sentiment de l'amour tel qu'il se représente à
des cœurs droits ; mais cet amour, si persuasif et
si suave, n'est qu'un bel accident de la vie ; il se
dissipe, tandis que la paix des campagnes nous
reste jusqu'à la dernière heure : la marguerite est
le signe patriarchal de ce doux repos. »

(SENANCOURT-OBERMAN.)

***

Sans doute, s'il s'agit d'art et de lettres, le milieu local n'est pas l'unique élément qui détermine
la nature d'un talent ; il y a aussi les tendances
individuelles et de race. L'aspect de la Suisse est
bien plus inspirateur que celui de la Hollande ou
des Flandres ; cependant, la Suisse n'a guère eu de
peintres, tandis que les écoles flamande et hollan-
daise sont dans les premières du monde. L'habitant de la Suisse, toutefois, en a-t-il moins subi
l'influence de son milieu local ? Non ; s'il n'y a pas
eu d'artistes en Suisse, il s'est rencontré là nombre d'écrivains de talent qui ont admirablement
peint les scènes de la nature [1] ; et c'est Rousseau,
un Suisse, qui a ouvert la voie à la littérature pit-

---

[1]. Saussure, Sénancourt, Toppfer et autres.

toresque de notre âge ; le résultat ici s'est produit sous une forme particulière à d'autres aptitudes, mais l'impression première est toujours là. Le milieu local, de même que le milieu social, a son influence sur l'art et les œuvres de l'esprit, tout comme sur les institutions des peuples.

LES PAYSAGES ALPESTRES

Après avoir passé la *Brunig*, on arrive à *Lungern*, et ici le pays commence à prendre un autre aspect ; l'on sort de l'*Oberland*, les sommets s'abaissent, la neige disparaît et les glaciers ; on le regrette presque, car cette nature sauvage, qui effrayait nos pères, a intéressé les générations de notre siècle.

Ce qui, dans ce spectacle alpestre, nouveau pour lui, arrête tout d'abord l'attention de l'étranger, c'est la neige qui en plein été recouvre ses altitudes perdues dans les airs ; c'est l'effet curieux du soleil levant ou couchant sur ces têtes chenues qui s'illuminent, tandis que leur base reste dans l'ombre ; ce sont les nuages vagabonds qui en parcourent les flancs et découpent la masse de diverses façons pittoresques. Les glaciers aussi, avec leurs aiguilles, leurs crevasses profondes, leurs réservoirs d'eau bleue dans leurs prisons translucides, voilà encore des choses d'une étrange beauté. Et au sein de cet amas de bouleversements plus ou moins considérables, se rencontrent des petits mondes isolés dans le creux des vallées, des défilés à l'aspect sauvage, des torrents impétueux, des lacs bleus, des cascades tombant des hauteurs et s'émiettant en gouttelettes d'où s'élèvent, avec le soleil du matin, de légers arcs-en-ciel; c'est cette variété d'aspects qui fait surtout l'intérêt des voyages aux pays des montagnes.

Une chose à observer pour le touriste engagé une première fois au milieu d'une telle contrée, c'est combien les accidents de terrain trompent souvent son œil peu exercé sur leur altitude ou leur éloignement. Du point où vous vous trouverez, vous jugez tel sommet moins élevé qu'un autre qui se dresse à côté; c'est le contraire qui est vrai, car ils sont à des plans différents; élevez-vous ou éloignez-vous, et vous reconnaîtrez votre erreur. De même pour les distances; ce n'est guère que par la nuance que revêtent ces sommets que l'on peut juger de leur plus ou moins grand éloignement: ainsi, plus le plan est reculé, plus les choses s'estompent de bleu, à cause de la couche d'air plus profonde que les rayons ont à traverser pour vous en apporter l'image. De loin encore, ces colosses, par une autre illusion, vous paraissent toujours plus approchés qu'ils ne sont en effet; vous jugez qu'une lieue tout au plus vous en sépare, et il vous faudra cinq ou six lieues pour arriver à leur pied.

Au sein de cette nature tourmentée, on aime à

rencontrer un chalet rustique, une jeune et fraîche
paysanne en costume du pays; on aime à entendre
la chanson du vacher, ou les clochettes des bestiaux qui paissent sur les hauteurs... Et ce spectacle qu'offre la nature alpestre intéresse et séduit.
On en retrouve une partie sur le chemin qui reste
à faire pour atteindre le lac de Lucerne par Alp-
nach; mais les vraies magnificences de ces contrées,
on les laisse derrière soi, dans l'Oberland qu'on
vient de quiter. (*Extrait de notes de voyages.*)

LES PLAINES FLAMANDES

Des Alpes aux grandes plaines flamandes, il y a
loin. Ici l'intérêt se concentre moins sur l'aspect
des lieux que sur les populations aux mœurs d'un
autre âge qui les habitent. Ces petits bourgs fla-
mands sont à comparer à leurs *béguinages :* aussi
tranquilles, aussi fervents dans l'observance des
vieilles pratiques religieuses, aussi peu préoccupés
des affaires du dehors; l'on y rencontre de ces
bonnes figures qui rappellent si bien les toiles des
vieux maîtres d'autrefois... C'est le passé, si différent du présent, et c'est aussi le régime ou l'image
de l'immobilité.

Ces béguinages, dont il existe encore de curieux
restes, constituent un trait de mœurs bien particulier aux Flandres. Une cour fermée, grande comme

une place publique, et tout autour de petites demeures simples, mais bien tenues, le tout d'une
propreté méticuleuse et d'un calme de cloître; avec
cela, le plus souvent une chapelle, voilà ce que c'est
qu'un béguinage, refuge pour des personnes du
sexe, qui, sans prononcer de vœux, se soumettent
à un régime de pratiques dévotes et de travaux
manuels. Cette vie médiocre, mais que l'habitude
a rendue chère, c'est la paix pour les âmes pieuses,
moins le couvent. Il existait autrefois de ces éta-
blissements ailleurs qu'en Flandre; mais si les couvents se sont rétablis un peu partout, il n'y a plus
de béguinages qu'ici.

Quand ce ne serait que pour les contrastes qu'elles
offrent avec les villes et les mœurs modernes, l'on
aime à se promener au milieu de ces cités flamandes qui évoquent les souvenirs de temps qui
ne sont plus, Ypres, Bruges et autres. Bruges surtout a bien sa poésie ; les gens positifs de nos jours
ont beau s'apitoyer sur ses allures de vieille, lui
reprocher le silence de ses rues et de ses grandes
places; voilà justement ce qui en fait l'intérêt pour
d'autres un peu fatigués des bruits de l'existence
nouvelle; dans l'air qu'on y respire on sent comme
le souffle d'une grande morte, et l'imagination est
hantée des visions du passé; ce n'est pas d'un intérêt banal que ses antiques monuments, ses tom-
beaux, ses vieilles maisons, ses promenades mé-
lancoliques le long des canaux que parcourent ses
cygnes blancs, le spectacle de ses mœurs d'un autre

âge, ces femmes du peuple qui font de la dentelle assises sur le seuil de leurs petites maisons, ou vont à la messe affublées de leurs manteaux noirs à capuchons ; c'est le spectacle de toute une autre existence ; on n'admire pas, pour cela, une civilisation qui affecte d'aussi vieilles allures ; mais les impressions du visiteur se diversifient et se renouvellent. Nul n'a mieux peint ni senti cette poésie de Bruges que son poète Georges Rodenbach ; il visite un béguinage : « Quelques religieuses passent, dit-il, déplaçant à peine un peu de silence, comme les cygnes des canaux déplacent un peu d'eau. »

Quand on va d'Ostende à Bruges, bien que la distance ne soit que de quelques kilomètres, on n'en franchit pas moins un énorme espace de temps ; vous quittez une ville où se trouvent réuni tout ce qui peut flatter les sens et les jouisseurs de notre époque ; le luxe et les plaisirs, toutes les recherches du bien-être et toutes les inventions de l'art moderne ; et voilà que vous tombez dans une autre qui n'offre plus que l'âme des choses passées. Mais pour peu que vous soyez vous-même capable de vous abstraire du présent, vous finissez, après un premier ahurissement, par trouver du charme dans ces impressions nouvelles qui viennent vous assaillir ; et les soirs d'été, sur la grande place, silencieuse, à moitié dans l'ombre que dissipent à peine quelques becs de gaz, vous rêvez, pendant que les cloches et le carillon de l'antique beffroi marquent les heures qui ont fui ainsi pour les ancêtres et qui fuyent ainsi

pour vous. Voilà la poésie de Bruges en opposition
avec l'éclat moderne d'Ostende [1].

(*Notes de voyage.*)

LES CATACOMBES DE PARIS

« Dans les catacombes, ces anciennes carrières
sur lesquelles reposent certains quartiers de Paris,
on a eu la singulière idée de consolider le terrain
avec des ossements humains. Tout cela est arrangé
avec un ordre et une symétrie remarquables. D'un
côté vous avez une galerie de crânes superbes, su-
perposés les uns sur les autres; les uns sont com-
plets, ont même des dents, la plupart sont privés
de la mâchoire inférieure; mais ce qui fait la force
et la solidité de l'édifice, selon un préposé, c'est
la résistance de la boîte crânienne qui supporte le
tout... Plus loin est la galerie des tibias; les crânes
sont remplacés par les jambes; les os des tibias
forment le cintre de résistance sur le devant de la
galerie, et derrière on jette les carcasses démanchées
et les os plus petits... Pour recruter ces matériaux,
on prend, dans tous les cimetières de Paris, après
une période de cinq ans, les cadavres des décédés
qui n'ont pas de concession, on les déterre et on
les conduit dans un immense charnier situé à une
des extrémités du cimetière; on met à part les
crânes et les tibias, ainsi que les gros ossements;

1. Cette mélancolie de Bruges perd quelque peu de son charme
aujourd'hui, depuis que la vieille ville tend à galvaniser à la mode
du jour l'intérêt si particulier qu'elle inspirait naguère.

les plus petits sont brûlés et réduits en poussière. »

Voilà ce que nous lisions un jour dans la correspondance française d'un journal étranger. Ce jour-là était justement le jour de la Toussaint, et l'on entendait partout les cloches solenniser sur un ton mélancolique la fête des morts. Nous avouons que cette lecture fit sur nous une singulière impression. Ainsi, tandis que chez nos pères, et jusque chez les sauvages, un respect instinctif, parfois méticuleux, presque toujours touchant, était observé à l'égard des dépouilles de ceux qui ne sont plus, à Paris on les emploie en guise de moellons; et voici un journaliste qui raconte la chose froidement; sa visite ne lui inspire pas la moindre pensée à la Hamlet. Il y a pourtant bien de quoi! mais que voulez-vous? Signe des temps nouveaux. On a prétendu —ce qui d'ailleurs n'est vrai qu'en partie — que les religions venaient du respect dont on entourait les morts; on pourrait dire réciproquement que la perte de respect vient de ce qu'on ne croit plus; tout se tient, en effet. En tout cas, ce peu d'égards pour les morts pourrait bien aussi signifier quelque mépris pour les vivants.

POUR LES MORTS

A d'autres égards pourtant, ou par d'autres considérations, nous honorons aujourd'hui en général les morts plus qu'aux siècles passés, pendant lesquels,

pour les plus illustres, on a montré parfois une indifférence qui nous étonne. Quand Montesquieu mourut
à Paris, en 1755, il n'y eut presque personne à ses
funérailles; Diderot, de tous les gens de lettres, fut
le seul qui y assista. Mozart meurt à trente-cinq
ans, dans la gêne, et pas un ami n'accompagna son
cercueil au cimetière; plus tard, on n'a pu même
trouver la place de sa sépulture. Spinosa fut enterré
dans la fosse commune. De grands artistes mou-
raient dans la misère : ce fut le cas de Rembrandt,
à qui on pourrait de nos jours élever une statue
d'or pur avec le produit de ses œuvres. Ruysdael
meurt à Harlem à l'hospice des pauvres; Hobbema
ne laisse pas même de quoi pouvoir subvenir aux
frais de sa sépulture. Plus récemment, une autre
célébrité, qui sans doute a moins fait pour l'art ou
la postérité, mais dont l'œuvre n'a pas moins eu un
retentissement universel, Rouget de l'Isle, l'auteur
de la *Marseillaise*, celui qu'on a appelé le Tyrtée
de la France, tombe dans la misère sous l'Empire
et la Restauration, est retenu pour dettes à Sainte-
Pélagie, sans que personne vienne à son secours, et
ce ne fut que le gouvernement de Juillet qui lui fit
un pension de douze cents francs jusqu'au moment
de sa mort, en 1836.

*
* *

La croyance grecque à l'immortalité de l'âme
conduisit à incinérer les corps; la croyance orien-

tale à la résurrection des corps fit, au contraire, choisir l'enterrement. Il serait peut-être digne d'une religion avancée, tout en honorant les cendres des morts, d'en revenir à celui des deux modes qui tient le moins compte de notre misérable enveloppe charnelle et l'expose à moins d'aventures humiliantes.

***

Chez les *frères Moraves*, la mort n'était pas entourée de ce sombre appareil auquel nous sommes habitués; on l'envisageait sous un aspect presque gai: pas de deuil, les cercueils peints en blanc, et portés en terre au son des instruments, dans des cimetières qui étaient de vrais jardins d'agrément.

***

Gœthe était un peu de la religion des frères Moraves. Il fut un grand esprit, mais un cœur sec et froid. Les mémoires du temps ne manquent pas de preuves à cet égard. Sa mère, Elisabeth Textor, était une femme tout à fait charmante et dont la coupable indifférence de son Wolfgang chéri ne parvint pas à refroidir le cœur chaud, ni à changer la bonne humeur. Sa femme, Christine Vulpius, une jeune fleuriste de Weimar qui avait d'abord été sa maîtresse, meurt en voiture à côté de lui, frappée d'un coup d'apoplexie pendant une promenade : Gœthe donne l'ordre au cocher de rentrer, et se contente de dire : « Quelle frayeur ils

vont avoir à la maison lorsqu'ils verront cette personne morte dans le voiture ! » Autre exemple de
cette indifférence olympienne:Quand Gœthe apprend
la mort subite du grand-duc de Saxe-Weimar, son
protecteur et son ami, il est à table en société :
« Ah, c'est affreux! dit-il, parlons d'autre chose; »
et le dîner continua paisiblement. C'était comme un
système chez lui.

***

A propos des cérémonies du mariage, Gœthe
avait aussi, comme sur la mort, ses idées particulières, mais à un point de vue plus humain et plus
acceptable. « Ne célébrons, dit-il, que ce qui est
heureusement terminé; toute cérémonie au début
épuise le désir et les forces qui produisent l'élan
et nous soutiennent dans notre labeur assidu. De
toutes les cérémonies, celles du mariage sont les
plus déplacées; rien ne devrait être plus enveloppé
de silence, d'humilité, d'espérance. » Ici, Gœthe
n'avait pas tort; et les fiancés, en particulier, on
peut en être certain, lui donneront raison; mais
quand nos mœurs y souscriront-elles?...

L'AMOUR ET LE MARIAGE

L'un mène à l'autre, et pourtant on dirait qu'ils
se fuient. L'expérience a prouvé que ce qu'on

appelle *coup de foudre* en amour est souvent une mauvaise entrée en ménage; l'éclair passé, il ne reste que des illusions qui passent, ou des misères auxquelles on ne sait se résigner. « Ne donnons pas à l'hymen les ailes de l'amour; ne faisons pas d'une sainte réalité un fantôme volage; » c'est Chateaubriand qui s'exprime ainsi. Et ce fantôme-là, c'est ce qu'on appelle l'amour *romanesque*, l'amour idéal de Pétrarque et de Laure, qui va jusqu'à l'amour mystique de Dante et de Béatrix. C'est de celui-là dont parle Cousin, lorsqu'il dit : « Si l'objet de l'amour n'est qu'un simulacre de la beauté véritable, capable seulement d'exciter l'ardeur de l'âme sans pouvoir la satisfaire, la réflexion rompt le charme qui retenait le cœur, dissipe la chimère qui l'enchantait; il faut être bien sûr de ses attachements pour oser les mettre à l'épreuve de la réflexion; ô Psyché, Psyché, respecte ton bonheur ! N'en sonde pas trop le mystère. » C'est cet amour-là qui est peu fait pour une entrée en ménage. Mme de Staël va plus loin lorsqu'elle dit, dans Corinne : « Peut-être est-il dans la nature d'un amour profond et vrai de redouter un moment solennel quelque désiré qu'il soit, et de ne changer qu'en tremblant l'espérance contre le bonheur même. »

Amour, fleur de jeunesse, qui, sur les sols généreux, charme par sa grâce et sa fraîcheur, enchante par sa beauté, et tombe desséchée une fois que son objet est atteint, pour n'en laisser que le fruit et ainsi satisfaire aux desseins de la mère nature. Vous, poètes, qui n'aimez et ne cultivez que les fleurs, ne vous mariez pas ; l'amour-poésie, tel est votre lot ; l'amour dans le mariage, c'est de la prose.

Mais les enfants ! Oui, voilà ce qui réconcilie avec tous les fantômes et justifie toutes les illusions ; l'amour est l'appas, la famille le but ; et le mariage est l'association de deux personnes pour fonder une famille.

Voici quelques autres pensées ou extraits d'auteurs sur le même sujet : — « A un homme d'esprit il ne faut qu'une femme de sens ; c'est trop de deux esprits dans une maison » (de Bonald). — « Celui-là, je le crois, connaît bien peu le cœur de la femme, qui s'imagine que des soupirs peuvent conquérir un objet aussi inconstant ! Que lui importe un cœur, alors qu'elle le possède ? Rendez à l'idole de vos yeux l'hommage qui lui est dû, mais n'y mettez pas d'humilité, si vous ne voulez qu'elle vous méprise, vous et votre hommage, quelles que soient les métaphores dont vous revêtiez l'expression ; dissimulez jusqu'à la tendresse, si vous êtes sage ; une confiance hardie est encore ce qui réussit le mieux auprès de la femme ; excitez tour à tour et calmez son dépit, et vous ne tarderez pas à voir couronner tous vos vœux. » Voilà une séduction à l'anglaise, et non à la française : elle est de lord Byron.

Méphistophelès, dans Faust : « Toutes les filles

trouvent leur compte à ce qu'on soit pieux et simple,
à la vieille mode ; s'il cède sur ce point, pensent-
elles, nous en aurons bon marché à notre tour. » —
Faust : « Ne vois-tu pas combien cette âme fidèle et
sincère — (Marguerite), — toute remplie de sa foi qui
suffit à la rendre heureuse, souffre saintement de
se sentir forcée de croire perdu l'homme qu'elle
chérit entre tous ? » — *Méphistophélès :* « Amoureux
insensé et sensible, une petite fille te mène par le
nez. » — Gœthe, dans cette scène entre le subor-
neur et sa victime, a bien rendu les sentiments
égoïstes du débauché sans cœur, opposés aux scrupules de l'honnête homme ; quelle vérité encore
dans cette opposition douloureuse entre la foi et
l'incrédulité, chez deux êtres qui s'aiment !

    — « Comment pouvais-je autrefois si bravement
déclamer quand je voyais défaillir une pauvre
fillette ? Comment se faisait-il que, pour les péchés
des autres, ma langue ne trouvait jamais de termes assez noirs ; et je me signais, et je me faisais
le signe aussi grand que possible... Et maintenant
je ne suis plus rien que péché ! Et cependant tout
ce qui m'y portait, mon Dieu, était si bon, était si
adoré ! »

(MARGUERITE, dans Faust.)

    — « Le plaisir de l'amant, dit Walter Scott,
comme celui du chasseur, consiste dans la pour-

suite, et la beauté la plus brillante perd la moitié
de ses attraits quand la main qui veut la cueillir
peut y atteindre trop aisément. » La diminution du
prix qui résulte pour nous d'un objet en vue une
fois qu'il est atteint, voilà en effet une observation
qui a bien souvent frappé les moralistes, ailleurs
encore qu'en amour. Misère de nous-mêmes! Nous
courons souvent après un mirage, et le bonheur est
plutôt dans l'espérance qui est le mobile de notre
poursuite. Nous sommes ainsi dupes de nos illusions; et pourtant que serait la vie sans ces illusions ?
Elles nous font agir, et il y a là une loi bienfaisante
plutôt que décevante, par laquelle se poursuivent
le train et le progrès du monde; cette loi tient
aussi sa place entre l'amour et le mariage.

LE ROMAN ET LES IMAGINATIFS

Les œuvres de pure imagination ont beaucoup
préoccupé les écrivains de notre époque. C'est un
genre qui séduit et qu'on peut, en apparence du
moins, aborder sans préparation. C'est aussi celui
dont on a le plus abusé, et qui a le plus justifié les
reproches qu'on adresse à la littérature moderne.
Ainsi, pour certaines gens, le mot *roman* équivaut
à celui d'un ouvrage immoral, parce que, en effet,
il s'est publié beaucoup de romans où les auteurs,
en vue de réussir, ne se sont pas refusés de recourir à ces séductions faciles qui ont une si funeste
influence sur les mœurs et les esprits. Il n'en est

pas moins vrai que le roman n'est pas de sa nature plus mauvais que tout autre genre littéraire, et qu'il offre même, sous une forme un peu frivole sans doute, un cadre des plus heureux pour agir utilement sur les sentiments et les idées du plus grand nombre des lecteurs de nos jours. « Dans notre existence moderne, surchargée de travail et avide de distractions, écrivait Villemain dans un de ses rapports académiques, les romans, il faut l'a- vouer, sont de puissants précepteurs pour le bien et pour le mal ; c'est la seule lecture de tous ceux qui n'ont pas le temps de lire. » « Le roman éloquent, le roman passionné, le roman moral et vertueux, dit ailleurs le même écrivain, est, sous certains rap- ports, le poème épique des nations modernes. »

A cette question si le roman est un genre mauvais Mᵐᵉ de Staël répondait un jour : « Je ne dissimu- lerai pas que les romans, même les plus purs, font du mal : ils nous ont trop appris ce qu'il y a de plus secret dans les sentiments. » Voilà peut-être une raison profonde, mais aussi une réponse faite à un autre point de vue, et applicable seulement au roman à passions et d'analyse psychologique; la raison, au contraire, est contestable pour le roman qui n'est qu'un tableau ou une étude de mœurs. Pourquoi le roman ne pourrait-il être un enseigne- ment, et le plus suggestif de tous? Walter Scott, qui intéressa tant nos pères, fut-il un corrupteur ? N'est-ce pas de lui que Taine a dit: « Par son hon- nêteté foncière et par sa large humanité, il s'est trouvé l'Homère de la bourgeoisie moderne. »

Pauvre Homère ! passé comme l'autre. En littérature comme ailleurs, les goûts changent selon les époques : il y a les genres et les maîtres *à la mode;* Lamartine, en France, est aussi un dieu délaissé; on lui a substitué Hugo, qui passera comme lui. Qui a tort pourtant de ces déchus ou de l'opinion régnante? Le raffinement des esprits dans les grands centres qui donnent le ton, n'est-t-il pas une décadence ? Il fait que l'on comprend de moins en moins *cette honnêteté foncière et cette large humanité,* comme dit Taine, qui est dans le génie des bonnes et simples natures.

*

Pour faire un bon roman, il faut des qualités beaucoup plus sérieuses qu'on ne croit généralement ; une œuvre telle comporte toutes les aptitudes du cœur et de l'esprit; lorsqu'elle est conçue avec force et vérité, lorsqu'elle est écrite avec un talent sain, elle est toujours et éminemment morale. Qu'est-ce que la moralité d'une œuvre d'imagination ? Certains critiques, pour se prononcer, usent ici de la même méthode qui leur sert à juger un ouvrage de philosophie, et ces critiques ont tort; Benjamin Constant indique, selon nous, le principe à suivre : « La morale d'un ouvrage d'imagination, dit-il, se compose de l'impression que son ensemble laisse dans l'âme; si, lorsqu'on pose le

livre on est plus rempli de sentiments doux, nobles,
généreux, qu'avant de l'avoir commencé, l'ouvrage
est moral et d'une haute moralité. »

*
**

Dans le roman anglais du dix-huitième siècle,
dans Foë, dans Richardson et autres, même dans
ceux de notre siècle — voir Dickens — l'intention
morale est très distinctement accusée. Et si les
romanciers en Angleterre, même les peintres —
voir Hogarth — ont toujours eu des tendances
moralistes, c'est que l'Anglais, avec sa nature
vigoureuse et un peu grossière, a toujours senti le
besoin d'être dirigé dans ses convictions et refréné
dans ses instincts ; il aime les raisons, les sermons,
son esprit est ainsi fait : sens droit dans un corps
trop nourri.

*
**

En littérature les genres réputés les plus frivoles
ne sont pas toujours ceux que l'on pense. La peinture d'une société, d'une époque, ou de l'être humain en général, faites avec des vues d'amélioration
et de progrès, est une œuvre très sérieuse et très
méritoire. En peut-on dire autant de certains travaux généralement plus appréciés? Par exemple,
un auteur passe toute sa vie à en commenter un
autre, jusque dans les détails les plus insigni-
fiants de fond et de forme, et sans intérêt ni utilité

pour personne; ou bien, il multiplie les recherches et les discussions à propos de faits historiques sans portée aucune ou de questions très secondaires : amours et caprices de savants, dira-t-on; oui, sans doute...et très permis; mais il ne faut pas y attacher d'autre importance, et un bon roman a sur les esprits une portée qui leur manque.

***

Aux beaux jours de la littérature mercantile de notre siècle, on a fait sur les romanciers une remarque qui déroute un peu les esprits du vulgaire. Quand une confidence publique ou secrète vous révèle qu'un livre d'imagination qui vous avait vivement intéressé, qui peut-être vous avait fait verser des larmes, que vous aviez sincèrement admiré, a été le résultat d'un besoin d'argent, d'un travail commandé, auquel l'auteur ne s'est prêté que malgré lui, ennuyé par les circonstances qui lui forçaient la main, cette révélation fait sur vous un singulier effet. Voilà donc ce livre que vous vous figuriez avoir été écrit avec amour, par un auteur entraîné et inspiré; on l'a, en réalité, fait comme une œuvre servile de manœuvre, par nécessité, presque sans plan, au jour le jour, pressé par le journal ou le libraire qui attend et qui, lui-même, doit satisfaire à l'impatience d'un public quelque peu niais! Eh bien, c'est le cas de plus d'un roman célèbre de nos jours, en France, en

Angleterre, ailleurs; il y a même eu des auteurs qu'on a renfermés pour les faire ainsi travailler de force; ils rappellent la Pythie antique qu'il fallait tourmenter pour lui faire rendre des oracles ; il est heureux pour nous que nous n'ayons pas su ce que ces livres et ces oracles avaient coûté.

*

J'ai relu la *Nouvelle Héloïse* : quelle abondance intarissable d'un cœur ému ! La forme et les sentiments n'y sont plus guère dans les goûts de notre temps; le style de nos romanciers est moins savant ou plus libre d'allures; l'on ne supporterait plus les longueurs auxquelles prête un roman par lettres ; mais l'éloquence émue de la plupart de ces lettres est encore faite pour les rendre souvent admirables. Les romans de nos jours paraissent froids à côté de celui-ci, et l'on sent que leurs auteurs ne sont pas, comme Rousseau, pleins de leur sujet; il n'y a pas ici œuvre voulue accomplie avec plus ou moins de talent, mais bien travail d'idéaliste qui cède au besoin de donner un corps aux imaginations d'une sensibilité excessive. — Ces mobiles avaient leurs dangers : Jean-Jacques manque souvent de tact et de mesure ; son imagination l'inspire mal parfois; il méconnaît certaines tendances du cœur humain, qui proteste; ajoutez qu'ici le mot de vertu se rend suspect en plus d'un endroit. Il est vrai encore de dire que chez les

romanciers de nos jours il y a en général une connaissance et une observation des hommes et des
choses qui manquaient à Rousseau ; donc, plus de
vérité ; sa part, à lui, c'est le génie de l'écrivain et
l'éloquence de la passion.

**

Dans la neuvième lettre de la première partie,
Julie supplie Saint-Preux de lui laisser le bonheur
de son amour pur, sans exiger davantage : « Mon
cœur a besoin d'amour, mais mes sens n'ont aucun besoin d'amant... La possession est une crise
d'amour. » Voilà l'amour des vierges ; Saint-Preux,
lui, n'aime qu'en égoïste cruel, comme la plupart
des hommes ; situation que Rousseau a rendue
avec un grand sentiment.

**

Mme de Staël insiste sur la raison qu'elle a déjà
donnée ailleurs à propos des inconvénients de certains romans passionnés : « Lorsqu'on a éprouvé
cette existence animée que donnent les sentiments
passionnés, dit-elle, l'on n'est plus accessible à
aucune des jouissances communes de la vie. » Fénelon avait déjà dit avant elle, à peu près dans la
même sens : « Craignons ces grands ébranlements
de l'âme qui préparent l'ennui et le dégoût. » Oui !
l'ivresse d'un jour amène le plus souvent l'ennui
du lendemain, tout comme les mouvements de
l'âme passionnée dégoûtent de la vie de tous les

jours. Chacun, plus ou moins, n'a-t-il pas éprouvé par lui-même cette vérité pratique? Quand le pendule a trop avancé dans un sens, il retombe en excès dans le sens contraire; c'est un grand art que de savoir en régler la course ; par malheur il ne dépend pas toujours de nous d'éviter ces situations où l'équilibre de l'âme se trouve rompu.

*
* *

Que d'hommes de génie de notre siècle dans le monde des lettres, poètes ou romanciers, ont été de ces déséquilibrés, affligés de nervosisme, en proie à une imagination maladive! Ainsi, Henri Heine et Baudelaire ont été frappés de paralysie générale et comme morts déjà avant de s'éteindre tout à fait; Gérard de Nerval, ce pauvre fou, s'est pendu; Schelley et Leopardi mettent comme lui fin à leurs jours ; Alfred de Musset se perd misérablement par ses excès; Hoffman, l'auteur des *Contes*, meurt fou; et de nos jours, Nietzsche et Maupassant finissent leur existence dans des maisons de santé ; et tant d'autres encore parmi les artistes ! Est-ce que le génie serait donc une maladie, une névrose, dit-on? Il semble tout au moins qu'il coïncide avec un trouble dans l'équilibre des facultés peut-être plus fréquent aujourd'hui qu'aux siècles passés.

*
* *

« L'abondance des points de vue, cette richesse

de l'intelligence, dit M. Paul Bourget, est la ruine
de la volonté, car elle produit le dilettantisme et
l'impuissance énervée des êtres trop compréhen-
sifs. » Avec le surmenage, c'est le mal du jour pour
plusieurs, selon l'auteur; et nous croyons qu'il a
raison. Mais quelle est au fond la signification de ce
mal de trop comprendre? Est-ce qu'il n'existe que
des vérités contradictoires, entre lesquelles nous
restons perplexes? Non; c'est plutôt un mal acci-
dentel et de circonstance. Cela signifie que le progrès des lumières à notre époque nous a placés
devant une telle abondance de matériaux, que nous
n'avons su encore en déterminer la place et la syn-
thèse, pour édifier le monument final où éclatera
l'idée simple fondamentale, seule capable de s'imposer à la foi et de fixer nos idées et nos volontés.
Ce monument toutefois sera-t-il jamais achevé? Ce
qui paraît au moins certain, c'est qu'à mesure
qu'il s'élève il nous permet de voir de plus haut et
plus loin vers l'avenir.

*
**

Platon, qui mettait les poètes à la porte de sa
république en les couvrant des chaînes d'or, n'é-
tait pas loin d'en faire autant avec les avocats. Il
faut rappeler ce passage. « Quoiqu'il y ait, dit-il,
un grand nombre de bonnes choses dans la vie
humaine, la plupart portent avec elles une sorte de
peste qui les corrompt et les infeste. Est-il rien, par

exemple, de plus excellent sur la terre que la justice,
à qui on est redevable d'avoir adouci les mœurs
des hommes? Mais la justice étant une bonne chose,
comment la profession d'avocat ne serait-elle pas
une profession honnête? Malgré tout cela, néanmoins, je ne sais quelle mauvaise pratique, déguisée
sous le nom d'art, a décrié cette profession. On
dit qu'il y a dans le barreau une espèce de routine
au moyen 'de laquelle, en plaidant pour soi-même
ou pour d'autres, on gagne aisément sa cause, soit
qu'on ait ou non le bon droit de son côté : il ne
s'agit que de payer à beaux deniers comptant ceux
qui possèdent cet art, et les plaidoyers qu'ils font
conformément à ces préceptes. Ce qu'il peut y avoir
de plus avantageux pour notre Etat — la République de Platon — c'est qu'il ne s'y trouve jamais
personne habile en cet art, ou, si l'on veut, dans ce
métier et dans cette routine sans art; ou, s'il y en a,
que du moins ils se rendent aux prières du législateur, et ne parlent jamais contre le bon droit;
sinon, qu'ils aillent exercer leur talent ailleurs. S'ils
obéissent, la loi se taira; s'ils n'obéissent point,
elle parlera en ces termes : au cas que quelqu'un
paraisse vouloir affaiblir dans l'âme des juges le
sentiment de l'équité, en les portant à des dispositions contraires, et qu'il le fasse à tout propos, en
plaidant pour lui-même ou pour les autres, tout
citoyen sera reçu à l'accuser d'être un mauvais
plaideur ou un mauvais avocat, et l'accusation sera
portée au tribunal des juges d'élite. » — Cette

façon de prendre les choses paraîtra peut-être à beaucoup aujourd'hui un peu... antique ; est-elle pourtant si mauvaise? Quoi qu'il en soit, on sait que Napoléon ne pensait guère autrement que Platon. Le barreau, disparu en France en 1790, avec les parlements, ne fut rétabli qu'en 1810, avec les cours de justice. Se figure-t-on pourtant Paris sans avocats pendant vingt ans!

***

« Pascal avait bien raison d'appeler la parole une puissance trompeuse; comment croire qu'on n'a pas affaire au plus capable, quand on a affaire au mieux disant? » (SAINTE-BEUVE.)

LA MUSIQUE ET SON INFLUENCE

Pourquoi la musique est-elle si puissante sur nous? Pourquoi est-elle le plus suggestif de tous les arts?

La musique est une suite ou combinaison de sons qui traduisent les impressions de l'âme et des sens et les transmettent des uns aux autres par l'ouïe, en associant souvent ainsi dans un sentiment commun tout un grand auditoire. La vue ne reproduit que l'image des objets; le dessin, la peinture peut

ainsi nous donner la sensation de la beauté, avec
toutes les jouissances qu'elle suggère; mais ce n'est
là qu'une impression que nous subissons par un
contact moins direct et moins intime. Dans sa
puissance magique, le son musical qui frappe l'o-
reille associe davantage le corps et l'âme, le cœur
et les sens; nous ne jouissons de la peinture que
par l'image, tandis qu'avec la musique nous éprou-
vons directement une pénétration instantanée de
tout notre être; le son, harmonique ou mélodique,
est une chose qui s'incorpore en nous, et dont le
charme n'est pas simplement, comme en peinture,
une sorte de répercussion extérieure; c'est une
impression plus sensuelle, si l'on veut, mais, quoi
qu'il en soit, plus capable qu'une autre d'éveiller en
nous ce qu'il y a de grand, de beau, et de divin.

Voilà le secret de la musique et de sa puissance.

« La musique, dit Schopenhauer, est la révélation
de l'âme des choses et leur expression directe. »

Ce n'est pas qu'en général la musique d'un maître fasse naître en nous des sensations ou des sentiments dont nous ne portions pas le germe ; mais
elle est puissante pour éveiller ce qui sommeille au
fond de nous-mêmes. Si certaines personnes sont
insensibles à la musique, on peut croire que c'est
par un vice d'organisation où l'ouïe manque de
certaines propriétés communes à d'autres et qui
font pénétrer les impressions jusqu'à l'âme.

« Il y a deux manières de voir sur la musique,
a écrit Mme de Staël à propos de musique drama-

tique : les uns veulent trouver en elle la traduction
des paroles ; les autres, et ce sont les Italiens, se
contentent d'un rapport général entre la situation
de la pièce et l'intention des airs. » « Quand on sent
la musique faiblement, selon la même, on exige
qu'elle se conforme avec fidélité aux moindres
nuances des paroles ; mais quand elle émeut jusqu'au fond de l'âme, toute attention donnée à ce
qui n'est pas elle ne serait qu'une distraction im-
portune ; et pourvu qu'il n'y ait pas d'opposition
entre le poème et la musique, on s'abandonne à
l'art qui doit toujours l'emporter sur tout autre.
Car la rêverie délicieuse dans laquelle il nous
plonge anéantit les pensées que les mots peuvent
exprimer ; et la musique réveillant en nous le sentiment de l'infini, tout ce qui tend à particulariser
l'objet de la mélodie doit en diminuer l'effet. »

Voilà comment l'auteur de *l'Allemagne* goûtait
la musique ; et, selon nous, elle n'avait pas tort.
La musique, plus intellectuelle ou conventionnelle
qu'instinctive ou inspirée, a peut-être plus de partisans dans le monde des professionnels, mais ce ne
sont pas en général ceux-là qui en reçoivent la plus
forte impression, ni même peut-être qui en jugent
le plus sainement.

Beaucoup de gens aiment ou font semblant d'aimer la musique ; mais que de différences dans les
impressions reçues ! Dans une salle d'opéra, à l'au-
dition d'une grande œuvre lyrique, y a-t-il seulement un auditeur sur dix qui se laisse émouvoir

ou charmer par la musique? Cela n'est pas certain;
les uns, comme on sait, sont là pour voir ou être
vus plutôt que pour entendre ; c'est un lieu de
rendez-vous mondain ; et puis, il y a une belle
mise en scène, un ballet, des danseuses, des danseuses surtout. D'autres, prétendant s'y connaître
et portant jugement sur l'œuvre ou les artistes avec
un aplomb imperturbable, ne sont même pas souvent en état de distinguer quand on chante juste
ou faux ; mais ils sont réellement remués quand
on chante fort ; c'est pour eux que tant de ténors
crient et s'époumonnent [1].

Quant aux vrais amateurs de musique eux-mêmes,
il faut distinguer : parmi eux, il y en a qui restent
indifférents et froids à certains moments qui, au contraire, font sur d'autres une profonde impression ;
opposition de tempérament ou peut-être d'éducation.
Ainsi, les scènes qui font appel aux grands sentiments de l'âme, celles, par exemple, où le compositeur a tiré parti de la musique religieuse, produisent un grand effet sur un certain nombre d'auditeurs qu'elles remuent profondément : nous citerons
ici, parmi les scènes les plus connues, celle de Marguerite à l'église et tout le final de *Faust*, celle du
Miserere du *Trouvère*, le cinquième acte de la *Favo-
rite*. C'est qu'il y a des voix du monde qui n'appar-

---

1. Et ce qui est étrange, c'est que ces prétendus amateurs, par
cela seul que le genre Wagner est aujourd'hui à la mode, iront
passer des heures à écouter avec dévotion les opéras les plus en-
nuyeux et les plus soporifiques qu'il y ait ; par snobisme !

tiennent pas à la terre, et que, seule, nous fait
entendre la musique des maîtres inspirés; mais tous
ne les entendent pas ; et nous avons toujours remarqué qu'à ces moments-là, d'une si dramatique et
touchante poésie pour les uns, les autres ne sen-
taient rien, sinon de l'ennui, et même se sauvaient.

Une musique qui, sans porter si haut, charme
infiniment encore, c'est celle que Henri Heine
définissait un jour ainsi, à propos du *Déserteur*
de Grétry : « La grâce la plus sereine, une douceur
ingénue, une fraîcheur semblable au parfum des
fleurs des bois, un naturel vrai et même de la
poésie; oui, mais la poésie sans le frisson de l'infini, sans le charme du mystérieux ; je dirai presque une poésie jouissant d'une bonne santé. » Voilà
la musique française d'autrefois. Plus récemment,
Gounod, le Lamartine de cette école-là, en a élevé
le charme naturel jusqu'à la plus haute poésie ;
son *Faust* mérite d'être l'opéra le plus populaire
de notre temps, tant par l'intérêt du drame et son
art varié, que par une musique comprise de tous,
et tout à la fois pleine de séductions et d'une haute
inspiration.

Pour sentir toutes ces choses, il y a donc en nous
telles dispositions naturelles ou innées, tels détails
d'organisation aussi, auxquels elles répondent. En
êtes-vous privés? Vos oreilles, frappées par les sons
musicaux, seront comme des pierres sourdes et
insensibles; peine inutile, vous ne sentez rien, et
vous vous étonnez que cela puisse remuer les autres.

Il y a toujours eu, et il y aura toujours, des personnes supérieurement douées du côté de l'esprit, et que la musique laisse complètement insensibles. Catherine II, impératrice de Russie, disait : « La musique n'a jamais été pour moi qu'un bruit[1]. » Certes, ces personnes-là sont privées d'une grande source de jouissances. Pour comprendre la musique, pour en jouir, même pour en juger, il n'est pas nécessaire d'en avoir fait une étude; qui sait même si trop d'étude ou de science ne fausse pas le goût naturel ? Mais il faut l'aimer et être fait pour l'aimer; c'est une langue que tout le monde ne comprend pas, et celui qui la comprend bien la sait de naissance. « La musique, pour être bien sentie, a dit Grétry, n'a besoin que de cet heureux instinct que donne la nature[2]. »

A propos de Grétry, il n'est pas sans intérêt de citer ici son opinion sur cette mode importée en France par Gluck, et restaurée aujourd'hui, avec de nombreuses additions, par Wagner, à savoir, attribuer à l'orchestre le premier rôle, qui, d'après Grétry, ne doit appartenir, dans les opéras, qu'à la scène. « Il fallait comme Gluck, dit-il, posséder l'art de faire

1. On cite encore, en France, Fontenelle, Théophile Gautier, Victor Hugo, Leconte de l'Isle. Il y a même des peuples dont on peut dire qu'ils manquent du sens musical : l'Angleterre, par exemple, qui n'a eu ni compositeurs, ni virtuoses.
2. Nous lisions naguère d'un critique français de nos jours, M. Henri Fouquier, à propos de beaux-arts : « J'ai la plus légitime défiance pour les drames qui ne sont compris que de vingt-cinq personnes, pour la musique que les musiciens entendent seuls, et pour les peintres qu'on ne peut goûter qu'en sachant les procédés de l'art. »

un grand tout bien ordonné, pour avoir osé renverser le principe en rendant principal ce qui par essence ne doit être qu'accessoire. » Et Grétry, après avoir montré son peu de goût pour l'aridité de cette *musique déclamée*, comme il l'appelle, prédit à la France, toute *dépourvue qu'elle est d'instinct musical*, un avenir brillant :« La France, dit-il, offrant une température mixte entre l'Italie et l'Allemagne, semble devoir un jour produire les meilleurs musiciens, c'est-à-dire qui sauront se servir le plus à propos de la mélodie unie à l'harmonie pour faire un tout parfait. Ils auront, il est vrai —les Français — tout emprunté à leurs voisins ; ils ne pourront prétendre au titre de créateurs; mais le pays auquel la nature accorde le droit de tout perfectionner pourra être fier de son partage. »

La prophétie de Grétry ne s'est-elle pas réalisée au cours du siècle qui finit? Depuis que Henri Heine, à propos du compositeur liégeois, a si bien parlé de la séduction de cette musique, tout en lui refusant *le charme du mystérieux*, on ne peut contester que les Gounod, les Halévy, les Ambroise Thomas, et autres maîtres français de nos jours, à la suite des Donizetti et des Verdi, des Mozart et des Weber, n'aient ajouté à cette grâce naturelle les accents d'une nuance dramatique émue, où l'âme s'élève à cette poésie de l'infini et du mystérieux que réclamait Heine. L'art wagnérien, avec tout son génie de science moins pittoresque que confuse et bizarre, n'a rien à voir avec cette musique de charme natu-

rel et d'inspiration, car, s'il a pour lui lui la force
savante et étudiée, il lui manque cette puissance
suggestive qui ravit l'âme sans jamais la lasser.

*
**

De toutes les manifestations de l'art, la musique
est celle qui tient la plus grande place dans l'esprit
des penseurs, parce qu'elle est celle qui remue l'âme
le plus profondément. La peinture, la sculpture,
l'architecture ont peut-être provoqué davantage la
critique et les vues esthétiques ; mais le cœur, l'imagination, le sentiment intime, n'y ont jamais pris le
même intérêt et ne s'y sont jamais trouvés engagés
aussi directement ni au même degré. « La musique, dit Cousin, est l'art sans contredit le plus péné-
trant, le plus profond, le plus intime ; il y a physi-
quement et moralement entre un son et l'âme un
rapport merveilleux. »

*
**

S'il est vrai que la musique est une langue que
tout le monde n'entend pas, quelque éloquente
qu'elle soit, il est aussi vrai qu'il y a des œuvres
qui ne sont et ne peuvent être comprises par personne : à qui la faute ? La musique n'est point faite
pour tout dire, et elle ne doit en général exprimer
que ce qui peut l'être en flattant l'oreille. C'est ce
que les Allemands, qui n'en sont pas moins de
grands et savants musiciens, n'ont pas toujours bien
compris, ainsi qu'on l'a fait souvent observer. La

musique est surtout un art d'inspiration, exclusif
de trop d'études et de recherches, et où les maîtres
les plus applaudis ne conforment les airs aux paroles que d'une manière générale.

*_**

Il y a une musique qui agite et remue fortement,
et il y a une musique qui calme et repose. Tandis
que les accents passionnés de l'amant ou les chants
mâles du guerrier appartiennent à la première, la
chanson du moissonneur ou du gondolier, la musique religieuse encore, portent les caractères de la
seconde. A propos de celle-ci, l'auteur des *Sources*,
qui comprenait si bien la puissance de la musique,
le père Gratry, a très bien dit : « Le rythme musical
régularise en nous le mouvement, et opère pour
l'esprit et le cœur ce qu'opère pour le corps le sommeil. » « La vraie musique, dit encore le même, est
sœur de la prière comme de la poésie ; comme la
prière et la poésie, elle ramène vers le ciel. » Oui,
la musique ouvre parfois des horizons nouveaux à
l'esprit, et il existe tels coins du ciel qui, par la
magie de certains accents, se découvrent à l'imagination.

*_**

Chez les natures bien disposées, un accord, un
simple frôlement de harpe, se produisant au milieu
de certaines circonstances, suffisent pour jeter
l'âme dans le ravissement et la rêverie ; l'harmonie

lointaine des cloches dans les champs silencieux encore. Les impressions et les idées qui se succèdent alors en nous, aucune autre cause souvent ne peut les faire naître. « Je sens que la musique touche dans les profondeurs de mon âme, disait le pasteur Channing, des cordes que nulle autre puissance ne fait vibrer. » « Il semble, dit Mme de Staël, qu'il y a des secrets de notre nature que notre esprit ne peut découvrir et qui nous sont comme indiqués par l'exaltation qu'inspire la musique. » Il y a là un fait digne d'attirer l'attention du philosophe, et c'est un philosophe français de nos jours, M. Paul Janet, qui écrivait naguère : « La philosophie est impuissante à exprimer l'inexprimable; à définir l'indéfinissable ; la musique semble le seul langage qui puisse nous mettre en communication avec cette source infinie ; là est peut-être le secret des émotions ineffables que produisent en l'âme un Beethoven par ses immortelles symphonies, ou encore les auteurs inconnus de nos Chants sacrés. »

*

Il y a en musique des auteurs dont on dit qu'il faut un long temps pour les comprendre. Mais peut-on donc appliquer ce mot *comprendre* au plaisir que fait la musique, comme s'il s'agissait d'une chose purement intellectuelle ou scientifique ? L'art musical traduit pour le charme de l'ouïe nos sensations ou nos sentiments, et non nos idées; la jouissance ici résulte d'une impression première, subite, peut-être vague, mais non obscure et à laquelle nos sens, notre cœur ou notre esprit se déroberaient tout d'abord ; de deux choses l'une, ou bien ceux à qui cela arrive sont dépourvus du sens musical — ce qui n'est pas rare — ou bien cette musique-là n'est pas la vraie musique d'inspiration, ce n'est qu'un travail ou une étude sur la gamme des sons. Une musique qu'on ne comprend pas ou qu'il faut faire effort pour comprendre : combien de gens de nos jours n'ont pas dit cela de certains opéras modernes, et pour ne pas s'avouer qu'ils les ennuyaient ? Mais quoi ! N'était-ce pas la musique à la mode du jour ? Il fallait entrer dans le mouvement sous peine de tomber honteusement devant l'opinion régnante ! Et ces gens ont fait effort, et après beaucoup de peines et d'ennuis, ils ont fini par comprendre... tous !

LE SON DES CLOCHES

Le son des cloches, dans le silence et la solitude des champs, jette l'âme dans la rêverie. Entendez-vous là-bas, au loin, leurs accents tristes ou joyeux ? C'est l'Angelus du soir ; c'est une joie qui n'est jamais profane, c'est une tristesse qui n'est jamais pénible. Il y a pourtant des gens que le son des cloches agace et qui n'ont jamais rien compris à l'impression qu'il fait sur d'autres ; tandis qu'il

charmait Chateaubriand, Gœthe ne pouvait le souf-
·frir. Que le bruit quelque peu tintamaresque que
font les cloches de toutes les églises, le dimanche,
dans les villes en pays chrétiens, n'ait rien qui flatte
l'oreille ni qui édifie, on peut l'admettre; mais leur
harmonie prend une tout autre expression dans
l'isolement et le silence des campagnes. Nous voici
au déclin d'une belle journée d'automne ; j'ouvre
ma fenêtre; la vue domine au loin sur les champs
paisibles; l'air est calme et d'une grande douceur ;
nul bruit que de temps en temps le mugissement
des bestiaux, ou le chant mélancolique d'un petit
rouge-gorge solitaire qui est là dans le buisson ; et
puis, au loin, les cloches de l'église de la Minerie;
elles m'annoncent que quelqu'un vient de passer
de vie à trépas; il y a entre les deux notes, qu'es-
tompe la distance, la différence d'un demi-ton; les
gens du pays prétendent que les cloches disent
ainsi : *Pauvre âme !* C'est plein de mélancolie! Et
pourtant cela a comme un charme de tristesse. Alors
on songe à ceux qui ne sont plus; et le souvenir des
années à jamais passées occupe notre esprit rêveur.
Oh ! souvenir, oh ! ruines antiques ou nouvelles, on
croit entendre votre voix [1]!

1. En France, vers 1800, à la suite des persécutions religieuses
et de la guerre aux églises, il résulte de tous les rapports locaux
qu'une des choses du Culte qu'on regrettait le plus, c'était le son des
cloches; selon Taine, l'expression de ce regret était fréquente, même
dans les cantons d'une piété assez tiède : « On aimerait mieux les
cloches sans prêtres que les prêtres sans cloches, » écrivait un représentant du peuple.

IV

ACTUALITÉS

Notre siècle, actif et affairé, est en réaction, ici comme un peu partout, avec un passé où le travail était tenu pour une déchéance. La révolution est heureuse; mais toute médaille a son revers. Aujourd'hui on peut dire que tout le monde travaille; chacun se choisit une carrière ou une occupation, et l'on y associe la question d'argent, ce qui double le zèle. Et, de ce milieu, sort une chose qui complique la situation présente, c'est-à-dire la concurrence, une concurrence effrénée, concurrence entre individus d'un même pays et concurrence des divers pays entre eux. Ajoutez à cela le machinisme en industrie, qui décuple la production, et vous vous rendrez compte des embarras de la lutte. On produit sans compter, toutes les positions et tous les services sont encombrés, et l'on pourrait en conclure qu'on travaille trop.

Mais c'est à l'avantage des consommateurs, dira-t-on.

Oui, si l'on ne considère que le bas prix des

choses; mais c'est, au contraire, au détriment du
producteur; or, chacun aujourd'hui à peu près est
producteur de quelque chose, ou tend à le devenir,
agent ou professionnel, maître ou ouvrier. Dans
cette mêlée, le maître ou chef d'industrie, pour ne
parler que de celui-là, se raidissant contre la défaite
menaçante, déprécie la valeur de ses produits, ou
bien il entre en lutte avec ses ouvriers, dont il ne
peut satisfaire les besoins ou les exigences. De là le
mal, et l'une des crises les plus embarrassantes de
notre temps.

***

— L'on travail trop? Mais peut-on jamais travailler assez pour des choses utiles ?

— Non, sans doute, seulement il y a peut-être
de nos jours trop de travailleurs intéressés.

— Et le pain quotidien ?

— Ne parlons pas de ceux que le travail fait
vivre et pour lesquels il est une nécessité; mais le
riche, dont l'avenir est assuré.

— Précisément, on lui reproche de vivre sans
travailler.

— Vaut-il mieux que, par un calcul égoïste, il
serve à augmenter la concurrence qui tue les autres?
Il y a un travail qui s'impose au riche, pour son
bien et pour le bien de tout le monde; ne le sait-on
pas depuis longtemps? C'est d'aider, par ses œuvres,
par ses services, par ses études, par son argent, au

progrès général des choses et des esprits; mais ce
n'est pas, par une fausse idée des obligations sociales
et des bienfaits du travail, de se jeter dans le tour-
billon des affaires, ou, par un calcul intéressé,
d'augmenter pour les autres les difficultés de la
lutte pour la vie. Etes-vous riche? Faites place à
ceux qui ne le sont pas, et que votre seule ambition
consiste, en les aidant, à servir le monde et la civilisation.

**

On dit qu'aux Etats-Unis d'Amérique les milliardaires ne sont ni mal vus, ni enviés comme les
riches dans certains milieux européens d'aujour-
d'hui. Faut-il donc s'en étonner? Les dévots n'en-
vient pas leurs saints; au contraire, ils les honorent et les prient. Or, les milliardaires sont les
saints des Américains; aux yeux de ce peuple, l'or
accumulé par eux a le même prestige qu'aux yeux
des dévots les actions saintes qui ont fait canoniser
les élus... Il faut rendre cette justice à quelques-
uns d'entre eux que, tandis que les autres combinent
des trusts, ceux-ci font un magnifique et généreux
emploi de leurs dollars.

**

Dans la grave question des rapports du capital
et du travail qui agite tant aujourd'hui les nations
industrielles, on peut croire que leur association,
si nécessaire à la grande industrie, aura fait un

grand pas quand l'ouvrier se trouvera admis à participer dans une certaine mesure aux bénéfices du
maître, et de telle sorte que, intéressé à la prospérité de l'entreprise, il la fasse sienne, et renonce
à refuser son concours à des grèves ruineuses pour
tout le monde.

*
**

Un fait généralement observé, qui semble en
contradiction avec l'opinion que l'indifférence ou la
dureté pour les inférieurs reprochée aux grands et
aux riches leur est particulière, parce qu'ils en ont
trouvé la tradition dans leur berceau, c'est que les
parvenus ou les ouvriers devenus patrons sont
souvent des maîtres plus impitoyables que les
autres. Eh bien, oui! Dans leur nouvelle situation,
ils se sont crus en droit d'adopter les procédés des
vieilles classes; on n'est pas entré dans la carrière
pour rien; ils y ont rencontré des usages et des
duretés qui sont traditionnelles, et ils se sont em-
pressés de les suivre; pourquoi n'agiraient-ils en
maîtres?. Ils sont maîtres à leur tour, et il faut
prouver à leurs subordonnés qu'ils en sont dignes.
C'est humain, et au fond ce n'est là que l'imitation
ou la conséquence d'un régime antérieur. — Une
autre raison s'ajoute souvent à celle-là : honnêtes,
durs pour eux-mêmes, certains plébéiens enrichis
le sont pour leurs ouvriers, qui ont à souffrir de
leurs exigences; de leur temps ils ont travaillé dur

pour les autres, ils demandent qu'on en fasse autant pour eux ; ils ont de petits calculs mesquins, ils se plaisent aux marchandages, et ils y mettent un certain amour-propre afin de ne pas passer pour dupes. Voilà ce qui les distingue des riches de plus vieille date ; ceux-ci, avec plus d'orgueil et une autre éducation, ont des idées plus larges et en apparence plus généreuse. Mais pour les uns comme pour les autres, l'ouvrier reste un serviteur dont il faut savoir tirer parti. Avec le progrès, les esprits et les cœurs s'élèveront jusqu'à ce que le mot démocratie se confonde un jour avec les mots de justice et de solidarité.

**

On est gêné de tout aujourd'hui ; tout ce qui fait, si peu que ce soit, obstacle aux intérêts, aux convenances, aux plaisirs, même aux caprices des gens, les met hors d'eux-mêmes ; il faut que cela finisse, et tout de suite, comme si c'était toujours possible ! Et l'on s'en prend alors à d'autres qui sont les gêneurs, ou aux lois, qui sont absurdes.

Cela se passe surtout dans cette classe de gens qui aiment leurs aises, la classe des enrichis du régime moderne, gâtés par les facilités de la vie, amollis ou entraînés par les progrès matériels du jour, ou chez les impatients de tout frein, dans un régime de grandes libertés. C'est tout ensemble une tendance au sybaritisme chez les uns, et chez les

autres une impatience d'arriver pour en partager
les jouissances.

Mais descendez d'un ou deux degrés l'échelle
sociale : là, il n'y a plus de gens gâtés par les circonstances, là on travaille de ses bras ou autrement ;
plus d'ennuis à chasser, de projets ambitieux à
poursuivre, de coups de fortune à tenter. Or, c'est
encore là le sort et peut-être le bonheur de la
grande majorité des gens de notre âge, condamnés
ou résignés à la part de gêne que doit accepter le
monde, vivant simplement, patiemment, avec les
quelques jouissances naturelles que leur permet
une existence modeste, mais à l'abri de la misère.

Que les bons côtés de la vie matérielle de notre
époque ne portent point l'ouvrier lui-même à se
créer des besoins et à augmenter ses exigences,
c'est peut-être vrai ; mais, chez lui, la puissance
d'un travail utile n'en est pas diminuée. Le contraire
n'arrive qu'à ceux qui sont déjà habitués à voir
tout céder à leurs désirs ou à leurs caprices ; les
bons ouvriers, eux, restent la réserve de l'avenir.

**
⁎

Il n'y a pas à dire, pour beaucoup de gens, le
progrès d'une chose est son exagération, une exagération faite tout ensemble d'impatience et d'a-
veuglement. Le progrès matériel de nos jours n'a
pas d'autre allure ; dans ses jouissances ou ses am-
bitions, il ne tient nul compte des mobiles supé-

rieurs que comprend encore la vraie civilisation ; *les affaires*, tout se résume en ce mot, et rien ne doit nous arrêter dans nos affaires.

— Mais cela ne contribue-t-il pas à la prospérité commune des petits comme grands ?

— Oui, peut-être ; mais il n'est, sans doute, pas moins vrai de dire que cet entraînement cache aussi à son inexpérience des pièges qui pourraient retarder pour longtemps le résultat final à espérer. N'y a-t-il d'ailleurs que des affaires qui profitent ? Il y en a tout autant de nos jours qui ruinent et épuisent. Dans un monde où il n'y a que des affaires, il s'établit fatalement et finalement une lutte dont plus aucun sentiment ni aucune idée généreuse ne viennent amortir la brutalité ou la mauvaise foi.

— Vous voudriez que tout marchât bien sagement, sans heurts et sans soubresauts ; est-ce pratique ?

— Je voudrais éviter tout ce qui nous rejetterait pour longtemps en dehors de tout vrai progrès social.

**

Ce n'est pas une vérité bien neuve que l'homme est enclin à abuser, jusqu'à les dénaturer, des choses et des idées nouvelles que les progrès du temps amènent, chacune à son tour, au seuil de son intelligence. Nous avons aujourd'hui la tête farcie de sciences physiques, mathématiques, ou

naturelles. C'est un entraînement dont les hygié-
nistes, les médecins, les législateurs, les diverses
administrations, les préposés aux travaux publics
doivent tenir compte pour en faire profiter le bien
général et la santé publique. Mais c'est ici aussi
que la pratique est appelée à corriger les erreurs et
les exagérations d'une théorie trop ambitieuse ou
trop exclusive ; que de sottises à relever et, sans
doute, destinées à disparaître à la suite d'une plus
longue expérience !

La science a découvert les microbes et c'est une
féconde découverte ; mais l'imagination voit aujourd'hui des microbes en tout et partout, et le
nombre des gens est inouï qu'ils jettent dans l'in-
quiétude et se croient infestés. — La tuberculose
a ses microbes comme tout le monde ; et pour éviter l'extension de cette terrible maladie, on va jusqu'à défendre aux gens de cracher sur le pavé des
rues où ils passent. — L'alcoolisme est un fléau de
notre époque que l'on ne peut assez combattre ;
mais on veut que vous ne buviez que de l'eau
pure, et cela suffit pour mettre en fuite pas mal de
gens même très sobres. — Le grand air, contre
tous ces maux et d'autres, est très hygiénique ; et
l'on vous dit de dormir avec les fenêtres ouvertes,
ce qui vous procure de gros rhumes. — Le progrès dans les moyens de locomotion est inouï, et le
monde moderne en a été changé à son grand avantage ; mais ce *sport*, comme on dit, coûte de la vie
à beaucoup de gens qui, pour supprimer l'espace

ou humer l'air avec délices, ne vont jamais assez vite, ou écrasent les malheureux piétons qui se trouvent sur leur chemin. — Le génie de la mécanique a fait des merveilles de nos jours ; aussi veut-on que tout marche mécaniquement, et tel bon vieux moyen simple et peu coûteux est remplacé par une machine brevetée ingénieuse, plus chère et qui se dérange, mais qui vous permet de faire en un tour de main ce qui en exigeait deux auparavant et vous mettait en retard d'une seconde.

L'on pourrait allonger indéfiniment la liste des abus, petits ou grands, auxquels les purs théoriciens, les systématiques à courte vue, les écervelés à la mode, ou encore les exploiteurs du neuf, entraînent, une fois le mouvement donné, les utiles découvertes du génie, et qui font qu'elles manquent leur but en le dépassant.

**

Aujourd'hui, grâce à la publicité, aux journaux, aux livres, aux représentations théâtrales, aux beaux-arts, à l'activité du négoce et aux voyages, ce sont les grandes villes, les grands centres, qui servent de modèles aux petits, et donnent le ton aux provinces jusque dans nos villages; vie toute artificielle, de luxe, de plaisirs, de vanités ou de frivolités mondaines, et qui constitue ce qu'on appelle *la mode* et le *bon ton*. Qu'arrive-t-il lorsque ces mœurs et ces idées sortent du milieu où elles

sont nées et qui seul leur convient, pour s'étendre
à d'autres où elles paraissent difficilement adapta-
bles? C'est que l'on se donne beaucoup de peines,
et que l'on perd beaucoup de temps et d'argent,
pour être un peu plus mal à l'aise, un peu plus
misérable ou un peu plus ridicule que si l'on ne
recevait pas la loi de Paris, de Londres, de Berlin,
ou de New-York.

*
* *

La possession de plusieurs langues, que l'on
comprend et que l'on parle, vous met aujourd'hui
en bonne posture devant le monde. Chez les grands,
c'est comme la marque d'une haute éducation; les
princes des maisons régnantes s'attachent à n'en
ignorer aucune. A vrai dire, il n'est pas rare de
voir de simples voyageurs, même des portiers ou
garçons d'hôtel, en parler plusieurs tout comme les
princes régnants. C'est qu'en effet cette instruction
est purement extérieure ; on la possède, les uns
comme un outil d'usage utile, les autres, moins
superficiellement, comme un ornement pour l'esprit.

Quoi qu'il en soit, si elle n'ajoute même rien au
fond de nos lumières, la connaissance des langues
modernes est, à notre époque d'affaires et de dépla-
cements multipliés, une grande ressource, et comme
un auxiliaire de sociabilité qui n'est peut-être pas
encore assez bien compris. Le temps qu'on continue
à perdre à l'étude des langues mortes dans les col-

lèges serait sans doute mieux employé à celle des
langues vivantes, en attendant qu'on ait trouvé la
langue universelle, au jour fameux et peu certain
où les ballons dirigeables remplaceront les chemins
de fer.

*
**

La langue universelle! Ce ne peut pourtant être
sérieux. Va-t-on l'inventer de toutes pièces, ou bien
l'empruntera-t-on par fractions égales aux six grandes puissances? Dans un cas comme dans l'autre,
il faudra débuter par l'apprendre, tout au moins
les cinq sixièmes. Et par quelle syntaxe relier les
divers éléments de ce salmigondis? Il vaudrait peut-
être tout autant se servir du doigté des sourds-
muets; il n'y aurait que les pauvres aveugles qui
se trouveraient exclus de cette entente cordiale. Mais
il serait encore plus simple, pourrait-on dire, d'a-
dopter une langue toute faite, pour servir d'organe
à tout le monde. Seulement, laquelle? Chaque nation
voudrait imposer la sienne.

C'est vrai. Mais pourquoi les autres peuples se
tiendraient-ils humiliés de continuer ce service à la
langue française? Je dis *continuer*, parce que le
français depuis plusieurs siècles et en diverses circonstances, particulièrement dans les négociations
diplomatiques, a été choisi comme instrument commun d'entente; et on l'a choisi pour deux raisons,
pour sa clarté, et pour sa connaissance plus généralement répandue.

— Pourtant, dit-on, le français ne vient qu'en troisième ou quatrième rang dans les langues parlées du globe.

— Oui, c'est possible, si l'on n'a en vue que l'usage des masses populaires; mais il en est, je crois, tout autrement pour les classes cultivées chez les nations civilisées, où le français s'est imposé dans l'éducation qu'elles ont reçue, et qui le parlent dans le monde. Dans la capitale de l'empire allemand, à Berlin, par exemple, on parle beaucoup français ; peut-être est-ce en souvenir affectueux pour le grand Frédéric. Voudrait-on imposer l'anglais, parce que l'anglais est la langue la plus parlée aujourd'hui ? Mais si l'anglais, pour être compris sans grande difficulté, peut s'apprendre, sur les bancs de l'école et dans les livres, il veut, pour être parlé convenablement, un exercice sur les lieux mêmes, ou peu s'en faut, à cause de son étrange prononciation, où presque aucune lettre de l'alphabet ne conserve la valeur qu'elle a ailleurs qu'en Angleterre; c'est là un grand obstacle pour les étrangers. Quelle facilité, au contraire, offre le français aux autres membres de la famille latine, les Italiens, les Espagnols !

Non, la recherche d'une langue nouvelle n'a aucune raison d'être, puisque en fait de langues on se plaint qu'il y en a déjà trop. Adopter une langue existante, toute faite, pour les besoins internationaux, et chercher à la répandre le plus possible, voilà l'important; et ici, le français semble avoir le plus de titres.

*

Guerres internationales. — « Les guerres internationales ne finiront que par la chute des États
militaires et monarchiques, disent les républicains
et les démocrates. » — Eh bien, et les Etats-Unis,
la grande république du Nouveau Monde ! Sont-ils
restés tant que cela les amis de la paix ? Si peu
que, les dernières années, ils ont entrepris des guerres de conquêtes, et qu'en ce moment il leur convient d'intervenir dans tous les démêlés qui peuvent
intéresser les grandes puissances européennes ou
asiatiques.

« C'est là uniquement le fait des accapareurs
capitalistes, qui agissent sur l'opinion publique
qu'ils exploitent, répliquent les socialistes; quand
ils ne seront plus les maîtres, les peuples que la
guerre ruine et dévore n'auront aucune raison de
rompre la paix qui les unit. »

Est-ce bien vrai? L'opinion populaire n'est-elle
donc pour rien dans les guerres internationales, et
l'histoire met-elle tout sur le compte des gouvernements du passé? Beaucoup, oui, on peut le con-
céder ; mais voyons les choses telles qu'elles existent
encore.

Quand nous serons tous républicains et socialistes, pourrons-nous faire qu'il n'y ait plus de frontières entre les peuples, et des intérêts divergents
compris entre ces frontières? Pourrons-nous faire

qu'il n'y ait plus, voisinant ou non, des races diverses par les caractères, les mœurs, les usages, les langues, les religions? Et ne se présentera-t-il plus, de ces chefs ou d'autres, des circonstances malheureuses qui mettront ces peuples en rivalité, et à la suites desquelles les foules elles-mêmes crieront aux armes, de telle sorte que les gouvernants, quelque sages qu'ils puissent être, seront obligés de les suivre? Cela, sans doute, sera de moins en moins à mesure que les peuples s'éclaireront, oui ! Mais on ne peut affirmer que cela ne sera plus. Si les chefs guerriers, despotes et ambitieux, des anciens régimes, ont été la plupart du temps responsables des guerres du passé, on ne dira point, l'histoire est là pour le prouver, que le populaire y soit toujours resté étranger. Les foules ont leurs colères, comme les grands qui les gouvernent.

C'est à l'empereur de Russie actuel, qui est un excellent homme, que l'on doit le tribunal de La Haye. Malgré ce grand acte récent d'un chef ami de la paix, il vient lui-même, provoqué par le Japon et peut-être dominé par son entourage, de s'engager dans une guerre nouvelle. Si, d'aventure, le Japon lui avait proposé de soumettre le différend au tribunal de La Haye, aurait-il lui-même accepté? C'est douteux. Cette institution internationale n'est sans doute pas faite pour adjuger des territoires pris sur le voisin, tout comme un tribunal ordinaire attribue l'objet litigieux à l'une des parties en cause. Or, c'est là souvent le prétexte des grandes guerres. Le

tribunal de La Haye n'a donc été institué que pour
prévenir les petites : c'est déjà quelque chose, et c'est
un excellent commencement. Quand gouvernants et
gouvernés seront plus avancés, ils en viendront
probablement à étendre ses attributions et son pouvoir; on peut l'espérer, mais ce ne sera pas demain.
Faudra-t-il pour cela attendre que nous soyons
tous républicains ou socialistes? Il vaut mieux
attendre le moment où nous aurons tous vraiment
horreur de la guerre.

*
* *

On est peut-être injuste envers les diplomates
de nos jours, que l'on accuse, dans la presse et
ailleurs, d'indifférence ou tout au moins d'impuissance dans l'œuvre de la paix entre les peuples.
Ils ont plutôt un intérêt particulier de travailler à
la maintenir, car la guerre rend leurs services plus
inutiles et les fait descendre à un rang secondaire.
Mais en est-il de même des militaires ou chefs de
nos innombrables armées, dont la guerre est le
métier, le goût et l'ambition? Non, évidemment;
et ce sont eux pourtant dont les gouvernants prennent l'avis en certaines circonstances, et qui alors
ont voix prépondérante dans les conseils de cabinet.

*
* *

Guerres scolaires. — Elles préoccupent à l'intérieur presque autant de nos jours que les guerres

internationales. Cela se passe surtout dans les pays
catholiques. « A moi les enfants, leur éducation
m'appartient, » dit l'Église qui veut s'en faire des
adeptes. — « L'enseignement doit aussi en faire
des citoyens, répond l'État, et ici je ne puis avoir
confiance que dans mes écoles. »

L'État a peut-être raison, et l'Église n'a pas tort.
Toute société civilisée a son côté religieux ; l'histoire le prouve, et la philosophie comme le cœur
humain en rendent compte. « Cette vérité, votre
science laïque n'y a nul égard, dit l'Église à l'État ;
voilà pourquoi je ne veux pas de vos écoles sans
Dieu. » — « Elles enseignent la science, qui n'est
peut-être pas assez catholique à vos yeux, répond
l'État ; mais il vous reste l'enseignement à l'église
pour en redresser les erreurs, s'il y en a, servez-
vous-en. » — « C'est diviser la société en deux
camps ennemis. » — « Vous avez peut-être raison,
mais qu'y puis-je? J'ai mes devoirs qui sont
différents des vôtres, et je n'entends pas vous les
sacrifier. »

Ce dialogue entre l'État et l'Église peut durer
indéfiniment. Ne jugera-t-on pas un jour qu'il
serait bon pour tout le monde, et à tous égards, de
faire à chacun mieux sa part? Ainsi, que l'enfant,
jusqu'à l'âge de sa première communion, appartînt
uniquement à la famille ou au prêtre chargé de son
éducation religieuse? L'enseignement primaire, obligatoire et communal, en s'inspirant de cet esprit,
donnerait, avec les éléments de la science, une pre-

mière base religieuse à la vie de l'enfant, qui importe plus qu'on ne le croit aujourd'hui à son bien-
être et à son avenir, comme à l'avenir de la société
et de la civilisation. A l'enfant élevé en dehors de
toute culture et de tout sentiment religieux,
il manquera toujours quelque chose. « L'homme
vaut par proportion du sentiment religieux qu'il
emporte avec lui de sa première éducation. »
Qui a dit cela? Renan, un libre penseur; avait-il
tort?

Ce serait donc la part de l'Eglise ou de l'influence religieuse dans l'enseignement scolaire.
Mais après ces premières années consacrées à l'enfance, commence la tâche de l'État, de l'État dont
l'enseignement doit être prépondérant pour former
le citoyen d'un pays libre ; l'Église n'y suffirait que
dans une théocratie ; hors de là, qu'est-ce d'ailleurs
que l'État moderne ? L'État moderne c'est la société
elle-même, représentée au Gouvernement par des
hommes qui ont sa confiance, et qui y exercent le
pouvoir civil, distinct et indépendant du pouvoir
religieux, que représente l'Église ; et tel est son
enseignement, valant ce qu'il vaut, conforme tout à
la fois à la vérité scientifique, aux devoirs civiques
et aux nécessités sociales, mais non nécessairement
antireligieux ou hostile à l'Église, ce qui serait contraire à sa destination et à son caractère. Voilà
comment l'État doit être le meilleur éducateur de
la jeunesse en âge d'en faire des citoyens utiles et
dévoués, et comment on n'a nulle raison théorique

de se défier de ses écoles, qui ne sont que l'expresion de l'enseignement national.

Mais quoi ! peut-on espérer de convaincre deux partis, dont l'un entend que l'enseignement soit non seulement religieux, mais encore clérical, et dont l'autre le veut si peu religieux qu'il exige même que le maître d'école soit athée ?

***

L'anarchisme. — Les sociétés restent aujourd'hui hésitantes devant l'anarchisme. On attend que les attentats soient consommés avant de s'alarmer et de réprimer ; et en attendant les doctrines font leur œuvre.

Le cas ne laisse pas que d'être embarrassant pour beaucoup de gens de notre époque, qui mettent au-dessus de tout la liberté des opinions ; on a beau leur dire qu'il s'agit ici d'un régime sauvage ayant pour objet le meurtre et la destruction ; tant que la pensée ne se traduit pas en fait, on ne peut, selon eux, la réprimer, ni rechercher ceux qui la propagent, ce serait contraire à nos libertés modernes.

Cela rappelle un peu l'histoire de certains médecins d'autrefois qui, selon la légende, se permettaient de tuer leurs malades selon la formule, mais qui n'auraient jamais pardonné à un confrère de les guérir contrairement aux bons principes. Le

malade ici, c'est la société : quel que soit le péril
qu'elle coure, il y a des principes, et il faut observer avant tout ces principes.

Eh bien ! ces fanatiques des bons principes
ne s'apercevront-ils pas un jour que ces anarchistes, qu'ils ne semblent répudier que du bout
des lèvres, compromettent précisément tout ce
qu'il y a de respectable et de nécessaire dans le
régime des libertés modernes, et que l'expérience
apprend que chaque attentat profite presque toujours aux ennemis de ces libertés ? Il en est ainsi
pourtant.

Quoi qu'il en soit, voilà comment les gouvernements, les administrations et leurs policiers connaissent presque toujours tous les anarchistes existant dans un certain milieu de leur dépendance,
et se contentent de les surveiller de loin, sinon de
les laisser faire ; ce dont ceux-ci, bien entendu, ne
manquent pas de profiter. Ils se rencontrent dans
les pays aux lois les plus hospitalières, et d'où ils
partent en mission pour supprimer ceux qui les
gênent, rois, ministres ou présidents de république.
Et l'on n'en continue pas moins à ne pas les déranger. Pourtant, une fois connus, ces sauvages-là,
ne serait-il pas juste et humain de les mettre hors
la loi des peuples civilisés, rien qu'en raison de
leurs principes ?

— « Hors la loi ? Quel mauvais mot ! Il n'est
plus de notre âge ; la loi aujourd'hui est faite pour
protéger tout le monde. »

— « Oui, excepté, je suppose, ceux qui n'en veulent pour personne. »

*
**

Aux électeurs dont dépendent les gouvernements de nos jours, on sait qu'il importe, l'heure arrivée, de faire subir certain entraînement.

Dans une fiction où j'imaginais un pays formé de trois îles, représentant trois états différents de sociétés; j'écrivais un jour ceci à propos de l'une d'elles : « Trois sortes de gens y faisaient les élections, les journalistes, les avocats et les cabaretiers; les uns par la plume, les autres par la parole; quant aux cabaretiers, *les hommes du ventre*, comme on les appelait, ils refusaient régulièrement leurs voix à quiconque les empêchait d'empoisonner le public à leur gré [1]. »

Voilà à peu près vingt ans que cela a été écrit, et l'on ne peut dire que les choses aient beaucoup changé depuis. Le cabaret reste le rendez-vous où les meneurs font l'éducation des électeurs, sous le contrôle et au bénéfice du patron ; et après nombre de libations, l'on sort de là plein de patriotisme et de zèle pour la chose publique, bien qu'on

[1]. *Petits contes d'un philosophe*, Paris, Ollendorff, 1886. Ce petit livre, d'abord adopté par la *Bibliothèque des chemins de fer* (Hachette), fut ensuite retiré sur des instances officielles, m'a-t-on dit, et comme trop peu à l'avantage des idées du moment.

ne voie pas toujours plus clair devant soi, ni qu'on marche d'un pas plus assuré dans sa politique ; c'est là son faible.

***

Voulez-vous vous faire une grande vogue, appeler autour de vous un monde de snobs qui ne demandent que du neuf pour réveiller l'intérêt de leurs esprits ou de leurs sens fatigués et épuisés ? Singularisez-vous, soyez paradoxal, niez ce qui avait toujours été tenu pour indéniable jusque-là, ou donnez pour vrai ce qui ne paraît qu'étrange ; et avec cela, ayez assez de talent ou d'originalité comme initiateur ou novateur, et bientôt on vous proclamera dieu. C'est ce qui s'est vu autrefois, et c'est encore ce qui se voit de nos jours.

Ainsi, la science orgueilleuse de l'Allemagne a produit des types curieux en ce genre : Schopenhauer et son bouddhisme, Nietzsche et son surhomme; Wagner et sa musique de l'avenir transportée sur la scène de l'opéra renouvelé. En France, cette tendance s'est comme détaillée dans les petits chemins de la littérature ou des formes littéraires; de là les idoles du siècle dernier et leur postérité de décadents de tous calibres.

Il a été imprimé trois exemplaires sur papier de Hollande Van Gelder.

Dans l'avant-propos de sa première édition, je disais :

« Ce livre n'est, en somme, qu'un coup-d'œil rétrospectif sur les idées qui ont dominé dans le siècle qui va finir, et sur les considérations qu'ont suggérées leurs conséquences à l'esprit de ceux qui se sont préoccupés des progrès et de l'avenir des sociétés.

« Pour juger des idées nouvelles d'un temps, il faut bien rappeler les idées de tous les temps ; c'est encore ce que nous avons voulu faire sommairement.

« Nous croyons que le lecteur, comme nous-même, conclura de ces considérations que le secret de la vie, tant publique que privée, c'est l'art de l'équilibriste, entre des chutes à droite et des plongeons à gauche. »

Cette nouvelle édition n'a pour but que de mieux préciser ma pensée. Ce livre, à propos des diverses questions qu'il agite, est autant l'œuvre des autres que la mienne. On lui a reproché de manquer d'unité et d'embrasser trop d'objets : son caractère de revue l'exigeait. Est-ce donc là un si grand défaut pour un livre de nos jours, quand

beaucoup de gens ne trouvent jamais le temps de
lire, sans fatigue, trois ou quatre cents pages sur
un sujet unique?

L'on a bien voulu dire aussi de ce livre, sans
même en partager toutes les idées, qu'il faisait
réfléchir et aidait à réfléchir : Je n'en demandais
pas davantage.

M. J.

**

En voyant ce qui se passe, et au milieu du désordre et de la confusion des idées actuelles, l'on se
demande s'il y a encore des principes incontestés
qui peuvent nous servir de guides. Dans l'ordre du
vrai, du bien et du beau, on n'entend soutenir que
des doctrines qui se contrarient et se combattent,
et la grande publicité de nos jours semble tout entière au service d'intérêts particuliers et divergents
qui luttent entre eux ; du neuf que l'on donne pour
le progrès, du vieux auquel on voudrait revenir, et
des raisons pour ou contre entre lesquelles parfois
les plus sages hésitent. Où est le vrai et le bien, et
y a-t-il des principes pour en décider?

Qu'il existe des principes absolus qui nous montrent les bons chemins à suivre et que savent distinguer les esprits sincères, clairvoyants et éclairés,
cela est incontestable ; tout comme il en est, à côté
de ceux-là, d'autres entre lesquels se meut la liberté,
qui ne sont que des *préférences*, et qui nous invi-
tent, suivant les cas, à nous en tenir au contingent
plutôt qu'à viser à l'absolu. Dans l'incertitude pour
le choix à faire et se décider, on pourrait dire que
la vraie pierre de touche de la supériorité morale
et intellectuelle d'un homme, c'est la raison qui
l'empêche de quitter les voies moyennes pour les
extrêmes, et les voies larges pour les voies étroites.

Et c'est encore ce qui m'engage ici à insister sur cette réflexion par laquelle je débutais en publiant la première édition de ce livre, à savoir, qu'en pratique le secret de la vie, tant publique que privée, c'est l'art de l'équilibriste, entre des chutes à droite et des plongeons à gauche.

FIN

TABLE DES MATIÈRES

POITIERS

IMPRIMERIE BLAIS ET ROY

7, RUE VICTOR-HUGO, 7

www.ingramcontent.com/pod-product-compliance
Lightning Source LLC
Chambersburg PA
CBHW071627270326
41928CB00010B/1808